ISDS
넌 누구냐

지금+여기 ⑩

ISDS 넌 누구냐
―론스타와 엘리엇은 어떻게 한국에 수조 원을 청구할 수 있었나

2021년 6월 11일 초판 1쇄

지은이 | 노주희, 이종태

편　집 | 김희중
디자인 | 경놈
제　작 | 영신사

펴낸이 | 장의덕
펴낸곳 | 도서출판 개마고원
등　록 | 1989년 9월 4일 제2-877호
주　소 | 경기도 고양시 일산동구 호수로 662 삼성라끄빌 1018호
전　화 | (031) 907-1012, 1018
팩　스 | (031) 907-1044
이메일 | webmaster@kaema.co.kr

ISBN 978-89-5769-481-7 (03300)
ⓒ 노주희, 이종태, 2020. Printed in Goyang, Korea

론스타와 엘리엇은 어떻게
한국에 수조 원을 청구할 수 있었나

ISDS
넌누구냐

노주희 · 이종태 지음

개마고원

일반 시민도 ISDS를
알아야 하는 이유

이 책을 손에 든 분들 가운데 상당수는 지난 2000년대 중반 한국과 미국의 자유무역협정FTA 협상 당시 전국이 들썩했던 기억이 있을 것이다. 정치권과 학계, 시민사회단체 등이 '한미 FTA 찬반'으로 나뉘어 격렬하게 대립했다. 그때 가장 뜨거웠던 이슈가 한미 FTA의 주요 조항인 '투자자-국가 분쟁해결절차ISDS'였다. FTA 찬성 측은 ISDS가 꼭 필요한 제도라고 홍보했지만, 반대 측은 그것이 나라를 흔들 위험한 제도라고 거세게 비판했다. ISDS가 무엇이었기에 그렇게 중요한 대립 지점이 되었을까? 그리고 그 후 십수 년이 지난 지금, ISDS는 우리 사회에서 어떤 영향력을 발휘하고 있을까? 이 책은 바로 그 문제를 다루고자 한다.

ISDS를 아주 간단하게 요약하자면, '우리' 나라에 투자한 외국인이 '우리' 정부의 어떤 처분 때문에 직·간접적인 투자 손해를 봤다고 생각할 때 '우리' 나라를 상대로 손해배상을 청구할 수 있는 국제적 시스템이다. 이에 대해 '정부가 잘못해서 외국인 투자자에게 손해를 입혔다면 배상하는 것이 당연하지' 혹은 '투자자를 보호해야 외국자본이 많이 들어와 경제가 활성화되지'라고 볼 수도 있을 것이다. 그러나 그렇게 단순하게 판단할 수는 없다. ISDS를 비판하는 국내외의 시민·사회단체·연구자는 물론 큰 나라의 정부들까지 최근엔 ISDS가 국가주권sovereignty과 그 시민들의 이익을 치명적으로 침해할 위험이 크다고 주장한다.

ISDS는 국가간의 투자에서 통용되는 하나의 규칙이다. 그러나 최근 여러 나라들은 ISDS로 인해 '자기 자신에 대한 권리', 즉 국가주권을 잃게 될까 걱정하고 있다. 예컨대 축구시합을 하려면 '손으로 공을 잡으면 안 된다' '두 팀의 구성원 수는 동일해야 한다' '상대 팀 구성원을 때리면 안 된다' 같은 규칙이 필요할 것이다. 그러나 어떤 규칙이냐가 문제다. 축구시합에 끼기 위해 '하루에 한 끼만 먹어라' '직장에 나가지 마라' '책 따위는 절대로 읽지 마라' '연애를 하지 마라' 같은 규칙까지 지키라고 하면 말이 될까? 이런 규칙을 따르지 않는 경우에 축구시합에서 쫓겨나야 한다면 받아들여야 할까? 아마 축구를 광적으로 좋아하는 사람이라 할지라도 절대 다수가 반발할 것이다. 이런 규칙까지 따르다 보면 결국 '자기 자신에 대한 권리'까지 잃게 될 것이니 말이다.

세계 양대 경제권인 미국과 유럽연합EU이 2013년 논의를 시작한 TTIP(범대서양 무역 투자 동반자 협정) 협상이 8년여가 흐른 2021년까지 타결의 실마리를 찾지 못하고 있는 것 역시 그런 이유 때문이다. 다른 자유무역협정처럼 TTIP에도 ISDS가 포함되어 있는데, EU 측은 ISDS를 받아들였다가 국가주권을 상실할까봐 두려워하고 있다. EU만이 아니다. 지난 십수 년 동안 다른 나라들이 자유무역협정 협상을 벌일 때도 'ISDS를 협정문 안에 넣느냐 마느냐'가 거의 언제나 타결의 최대 걸림돌이었다.

심지어 ISDS 시스템의 국제적 확산을 주도해온 미국마저도 최근 북미자유무역협정NAFTA을 개정하면서 미국-캐나다 사이의 ISDS를 폐기했다. 미국 정부로서도 캐나다 투자자들로부터 ISDS를 제기당하는 사태는 아주 끔찍했던 것이다. ISDS를 어떤 거부감도 없이 순순히, 심지어 자못 환영하는 제스처까지 취하며 받아들인 희귀한 경우는 한미 FTA 협상 당시의 한국 정부뿐이었다.

그런데 도대체 ISDS가 얼마나 무서운 것이기에 지난 수십 년 동안 자유무역 및 '투자자 보호수단으로서의 ISDS'를 주창해온 미국과 EU마저 이제 와서 이런 입장으로 돌아섰을까? 이에 대해서는 본문에 상세히 서술했으므로, 여기서는 한국의 평범한 시민들이 ISDS에 대해 알아야 하는 이유만 이야기하고 넘어가자.

얼핏 ISDS는 절대 다수의 시민들과는 아주 무관한 문제로 보인다. ISDS는 그 이름처럼 외국의 투자자와 국가(정부) 사이의 문제다. ISDS 절차에 직접적으로 관련된 사람들은 통상 부문의 고위 관료, 국제통상법 전문가, 이름도 낯선 해외기관 등이며, 사용하는 용어들도 무지하게 똑똑한 사람들만 알아들을 것처럼 어렵다. 이런 사정들만으로도 ISDS는 먼 하늘 건너편의 이야기인데, 그나마 관련 정보들마저 시민들에겐 공개되지 않고 있다. 대다수의 ISDS는 이 절차에 참여한 극소수 관료와 전문가 그룹 밖으로 정보가 새어나가는 것을 사실상 금지하고 있기 때문이다. 가끔 한국이 제기당한 ISDS 관련 뉴스들이 포털에 뜨지만 읽어도 이해하기 힘든 경우가 대부분이다. 내용 자체가 워낙 까다롭고 복잡해서 이를 전달하고 있는 기자들도 제대로 이해하지 못하거나, 쉽게 설명하는 데 어려움을 겪는다.

문제는 이처럼 시민들이 잘 알지도 못하는 ISDS가 사실은 그 시민들의 일상적 삶을 실제로 크게 바꾸거나 옥죌 막대한 위력을 갖고 있다는 것이다. 한국 정부가 외국인 투자자가 제기한 ISDS 절차에서 지는 경우 시민들의 혈세로 배상금을 지급해야 하는데, 그 액수가 적게는 수십억 원에서 많게는 수조 원에 이른다.

그러나 훨씬 더 큰 문제가 있다. ISDS가 보편화되면서 정부(와 입법·사법부 등 다른 국가기관)는 ISDS로 손해배상금을 물게 될 위험을 의식하며 외국인 투자자들의 눈치를 볼 수밖에 없다는 것. 그래서 어떤 국가 정책을 추진하려 할 때도 'ISDS에 걸리지 않을' 정책만 고르게 된다. 물론 외국인 투자자의 이익과 시민들의 이익이 언제나 같다면 괜찮겠지만, 세상 일이 어디 그런가. 두 집단의 이익이 상반되는 경우도 많다. 그런데 ISDS의 존재로 인해, 정부는 대다수 시민들에게 이로운 공공정책이라고 해도 혹여나 외국인 투자자의 이익을 해칠 가능성이 있다면 추진하지 못하거나 꺼리게 되고, 심지어 이미 존재하는 괜찮은 정책을 바꿀 수도 있다. 이런 측면에서 ISDS는 외국인 투자자가 자신의 이익을 위해 다른 나라의 정책에 영향을 미칠 수 있도록 허용하는 시스템이라고 할 수 있다. 국가가 '자기 자신에 대한 권리'를 잃는 것이다.

지난 수년 동안 외국인 투자자들이 한국에 제기한 ISDS들을 보면 이 문제가 확연히 들어온다. 이들은 세금, 국민연금기금 운용, 대기업집단(재벌), 금융, 부동산 등의 부문에서 시행된 정부 정책과 규제, 행정절차, 법률 등으로 '손해를 봤다'며 거액의 배상금을 청구하고 있다. 심지어 우리 법원의 판결 때문에 손해를 봤다며 배상을 요구하기도 한다.

만약 외국인 투자자들이 한국의 부동산 관련 정책에 대해 제기한 ISDS가 승소한다면, 한국 정부는 주택가격을 억제할 수 있는 정책수단을 포기해야 할지도 모른다. 또 국민연금공단의 기금 투자 방향에 대한 ISDS 때문에 기금 운용 방침을 외국인 투자자에게 유리한 방향으로 바꿔야 할 경우 연금 재정이 불건전해질지도 모른다. 그리고 금산분리 정책을 포기한다면 대기업 집단이 더욱 비대해지면서 독점력을 강화해 시민들의 경제생활이 더 어려워질 가능성도 있다. 이처럼 ISDS는 잠재적으로 한국 시민들의 실제 삶에 큰 영향을 미칠 수 있다. 그렇다면 이와 관련된 지식과 정보 역시 시민들 사이에서 널리 공유되어야 마땅하다.

게다가 외국인 투자자들이 각국 정부를 상대로 ISDS를 제기하는 건수는 지난 수년 동안 글로벌 차원에서 급증하고 있다. 본래 ISDS가 생겨나기 시작한 것은 지난 1950년대였다. 당시는 제2차 세계대전 이후 식민지 신세에서 해방된 신생 독립국들이 연대해서 국제사회에 만만치 않은 영향력을 행사하던 시기였다. 선진국 투자자들로서는 '옛 식민지 국가'들에 투자했다가 '옛 식민 모국'에 대한 적대감으로 충만한 현지 정부로부터 어떤 피해를 당할 가능성을 우려하지 않을 수 없었다. 예컨대 옛 식민지의 풍부한 자원과 저렴한 인건비를 보고 공장을 지었는데, 그 나라 정부가 해당 공장을 제대로 된 보상도 없이 국유화해버리면 어떡하나? 소송을 하면 된다지만, 그 나라 법원은 또 어찌 믿을까? 그래서 다른 나라에 대한 투자를 보호받을 수 있는 수단을 강구하기 시작했고, 그 수단 중 하나가 바로 ISDS였던 것이다.

그러나 정작 그때는 ISDS가 제기된 경우가 많지 않았던 것 같다. 조사기관들마다 조금씩 통계 수치가 다르긴 하지만, 1950년대에서 2000년까지는 전세계적으로 제기된 ISDS가 50건을 살짝 넘기는 수준이었던 것으로 추산된다. 그러나 최근 한국 법무부 자료에 따르면, 2019년 7월 말까지 983건의 ISDS가 제기되었다고 하니 ISDS 건수는 2000년대 들면서 기하급수적으로 증가해온 셈이다. 이런 추세가 계속된다면, 평범한 시민들의 일상이 ISDS로 타격받을 가능성 역시 계속 커지리라.

또 만약 국제통상, 나아가 국제관계 같은 부문에 관심을 갖고 있는 독자라면, ISDS는 꼭 알아야 할 중요한 주제다. 국제통상 및 국제관계의 실체와 모순이 ISDS라는 뜨거운 주제에 응축되어 있기 때문이다. 서구사회는 전통적으로 '중재arbitration'를 '개인 대 개인 간의 사적私的 분쟁'을 해결하는 데 사용해왔다. ISDS는 이 중재를 '개인(외국인 투자자) 대 국가(피투자국) 간의 분쟁'을 해결하는 방법으로까지 확장해놓은 시스템이라 할 수 있다. 개인들 사이의 '사적' 분쟁을 해결하던 방법이 '공적公的' 영역을 대표하는 국가에도 적용되는 제도인 것이다. 굉장히 모순적인 상황 아닌가? 실제로 ISDS에서 국가는 주권을 가진 공적 권력이 아니라 '개인(기업)'과 동등한 지위를 가진 분쟁 당사자로 간주될 뿐이니 말이다.

더욱이 ISDS에서 국가와 개인 간의 시시비비를 결정짓는 중재판정부 역시 특정 국가의 권력이나 국제사회의 합의에 기반한 '공적 법원'이 아니라 이 나라 저 나라의 민간 전문가들로 구성된 '사적 영역의 민간단체'에 불과하다. 그렇지만 신기하게도 국가가 이런 민간단체에서 나온 판정을 그대로 따를 수밖에 없는 장치를 국제적 차원에서 겹겹이 만들어놓았다. 현대 국제사회에서 가장 강력한 공적 권력인 주권국가가 민간단체(중재판정부)에서 사적 분쟁을 해결하는 방법(중재)으로 내린 판정에 굴복할 수밖에 없는 현실은 정말이지 마술처럼 보인다. 그러나 이 마술을 이해해야 국제통상 나아가 국제사회가 어떻게 구성되어 있으며, 어떤 생각에 의해 지배되고 있는지를 알 수 있다.

이렇게 우리들의 삶에 엄청난 영향을 미치게 될 ISDS라면, 그 신비로운 외양과 아우라를 벗겨 적나라한 알몸을 우리들의 눈앞에 드러나도록 만들어야 한다. ISDS가 이해하기 쉬운 제도는 아니지만, 인구의 0.0001%에도 미치지 못할 절대적 극소수의 통상 관료들과 전문가들이 어려워 보이는(!) 용어들을 남발하면서 절대다수의 시민들을 바보 취급하는 지금까지의 ISDS 논의 구도는 결코 바람직하지 않다. 저자들이 이 책을 쓴 이유다. 법률이나 국제관계, 국제경제 등과 관련된 지식을 갖지 못한 독자라도 1장부터 천천히 읽어 나가면 ISDS를 개괄적으로 이해하고 사회적 논의에 발언을 보탤 수 있도록 하는 것이 이 책을 쓴 중요한 이유였다. 이 목표가 어느 정도 달성된다면 저자들로서는 정말 기쁘겠다.

1, 2장에서는 '일상적 분쟁'으로 시작해서 분쟁해결 방법으로서 소송과 중재의 차이, 중재 절차, 다른 나라의 개인들 간에 발생하는 분쟁에 대한 중재(국제상사중재) 등을 거친 다음 ISDS에 대해 설명한다. 3장부터는 론스타와 엘리엇, 다수의 한국계 미국인, 나아가 이란 및 아랍에미리트의 거부巨富와 왕족들이 한국 정부에 제기한 ISDS의 실제 사례를 통해 ISDS의 참모습을 보여주고자 했다. 1, 2장이 ISDS의 기본적 이론을 다룬다면, 나머지 장들은 '실전 ISDS'라고 할 수 있겠다. 부디 유익하고 재미있는 독서가 되기를.

2021년 5월

저자들 씀

제**1**장

ISDS를 만나기
100미터 전

IS DSInvestor-State Dispute Settlement는 '투자자-국가 분쟁해결 절차'로 번역될 수 있다. 그러나 이 번역 용어 자체에 담긴 정보는 대단히 빈약하다. ISDS가 뭔지 거의 아무것도 알려주지 않는다. 이 장에서는 ISDS를 본격적으로 파헤치기에 앞선 사전 준비로서 몇몇 용어와 개념부터 차근차근 짚어보도록 하자.

우선 ISDS의 배경이 '국경 간 투자'란 점을 알아야 한다. 국경 간 투자는, 기업이나 개인이 자국이 아니라 다른 나라에 투자하는 경우다. ISDS에 등장하는 '투자자investor'는 모든 투자자가 아니라 국경 간 투자를 하는 해외 투자자만을 가리킨다. 한국인이 미국에, 혹은 미국인이 한국에 투자하는 식의 경우 말이다. 따라서 국내 투자자들(한국인이 한국, 미국인이 미국에 투자)은 ISDS와 아무런 관계가 없다. 마찬가지로 이 용어에 나오는 국가state 역시 '해외 투자자로부터 투자를 받은 국가의 정부'만을 의미하는 개념이다.

ISDS의 '관할jurisdiction'은 이처럼 '해외 투자자'와 '피被투자 국가' 사이에 발생하는 분쟁dispute 이다. 분쟁의 순우리말 표현은 싸움. 해외 투자자와 투자 받은 국가 사이에도 다양한 갈등이 있고, 거기서 비롯된 수많은 이유로 싸움이 벌어진다. ISDS는 그중에서도 해외 투자자가 피투자 국가의 정책 때문에 투자자로서의 이익을 침해당했다고 느끼는 경우에 초점을 맞춘 제도다. 물론 피투자 국가 측이 스스로 잘못했다고 인정하고 '우리 정책으로 인한 손해를 배상해 드리겠다'며 무릎을 꿇으면 분쟁 자체가 발생하지 않을 터이다. 그렇지만 대다수 정부들은 '우리는 자국민의 공익을 증진시키기 위해 정당한 정책을 수행했을 뿐이다. 손해배상 따윈 꿈도 꾸지 마라'며 굽히지 않는다. 이렇게 되면 드디어 '분쟁 상태'가 조성되는 것이다.

그런데 ISDS와 관련된 싸움의 구조는 꽤 복잡하다. 이와 비교할 때, 한 국가 내에서 '개인(기업) 대 개인(기업)' 사이에 발생하는 분쟁은 차라리 단순하다고 볼 수 있다. 이런 분쟁들은 대개 해당 국가권력이 주재하는 '소송litigation'으로 해결된다. 즉, 소송은 '국가권력의 작용'이다. 바꿔 말하자면, 국가권력이 소송을 통해 주로 자국에서 일어난 개인 간 사적 분쟁(민사소송) 또는 개인과 국가기관 간 분쟁(주로 행정소송)을 해결하는 것이다.* 국가권력이 뒤에 있기 때문에 분쟁 당사자들은 소송에서 나온 해결책(판결)에 승복한다(판결의

● 국가기관도 개인으로부터 물건을 구입한다든지 하는 과정에서 발생한 분쟁 등의 사적私的 분쟁은 '민사소송'으로 해결한다. 개인에는 자연인과 법인이 모두 포함되고, 한국 시민이 아니어도 한국 법원의 관할이 인정되기만 하면 외국 국적의 시민도 소송의 당사자가 될 수 있다.

효력). 소송은 이렇게 당사자들에게 강한 구속력●을 가진다.

그런데 해외 투자자들 중 일부는 자신이 투자한 외국에서 소송하기를 꺼려할 수 있다. 해당 국가의 법원이 외국인인 자신에게 부당하게 판결을 할지 모른다는 두려움 때문이다. 그런 '리스크'를 아예 제거해버린다면 투자는 보다 안전하고 수익성 있는 일이 된다. 이렇게 '해외 투자자와 피투자 국가 간 분쟁을 소송 외에 다른 방법으로 어떻게 해결settlement 하느냐'가 바로 ISDS의 핵심이다. 그 방법은 무엇일까? 정답부터 말씀드리자면, ISDS의 분쟁해결 수단은 '(국제)중재'다. 분쟁 당사자들이 상호 합의하에 중립적인 '민간인'을 중재인으로 선정해서 분쟁을 해결하도록 하는 것이다.

중재는 어느 정도 일상적인 용어다. 그 의미를 모르는 사람은 많지 않을 것이다. 친구들 혹은 직장의 동료들이 다툴 때 신망 있고 중립적인 제3자가 끼어들어 양측을 화해시키는 이미지가 머릿속에 그려진다. 그러나 우리가 일상적으로 아는 중재와 ISDS의 맥락에서 사용되는 '중재arbitration'는, 많이 다르다. 이 '중재'는 한 나라 내에서나 국제적으로나 광범위하게 분쟁해결 수단으로 채택되어 있는 제도다. 더욱이 재판과 비견될 만한 강한 구속력을 갖추고 있다.

일단 친구들끼리의 싸움을 일상적으로 중재하는 경우를 생각해보자. 같은 친구 사이지만 두터운 신망을 받는 다른 동료가 끼어들어

● 법률용어로서 '판결의 구속력'은 하급법원이 상급법원의 판결에 구속된다는 좁은 의미를 지닌다. 그러나 여기서는 일반적인 의미에서 이해되는 구속력, 즉 판결이 한 번 내려지면 이를 번복할 수 없고, 법원, 당사자, 제3자가 모두 이를 따라야 한다는 의미로 사용하고자 한다.

'자네는 이렇게 하고 또 자네는 이렇게 해서 화해하게'라는 식으로 해결책을 제시한다. 싸우던 친구들이 중재하는 친구의 말을 받아들여 악수하고 소주라도 한잔 마시러 간다면 정말 아름다운 광경이 될 것이다. 그러나 친구 중 한 명이 '왜 나에게만 양보하라고 난리야'라며 그 해결책을 따르지 않을 수도 있다. 그는 무리 사이에서 다른 친구들과 서먹해지는 등 일상적 불이익을 감수해야겠지만, 자존심이 상해서 도저히 해결책을 받아들일 수 없다면 어쩔 수 없는 일이다.

그러나 ISDS에서 중재인이 내놓은 해결책(이를 '판정award'이라고 부른다)은 분쟁 당사자들에게 절대적 구속력을 갖는다. ISDS 중재인의 판정이 아무리 못마땅해도, 분쟁 당사자인 해외 투자자와 국가는 그 판정을 그대로 따르지 않으면 안 된다.

슬기로운 독자들은 이쯤에서 이런 의문이 떠오를 것이다. 조금 전에 ISDS의 중재인을 한낱 '민간인'이라고 표현했다. 그런데 이런 민간인의 판정이 개인이나 기업뿐 아니라 현대세계에서 최강의 권력이라고 할 수 있는 국가권력마저 굴복(판정을 받아들여야 한다)시킨다고? 그렇다면 ISDS가 가진 이런 권위의 '뒷배'는 도대체 무엇인가? 한 국가 내의 소송에서는 판사가 판결을 내리고 모두가 거기에 승복한다. 그러나 판사는 민간인이 아니라 국가권력의 대행자다. 그렇기에 판사가 판결을 내리면, 그것이 '다른 사람에게 1억 원을 지급하라'든 '국가기관의 승인 취소 처분을 취소하라'든 따를 수밖에 없게 되어 있다. 소송의 뒤에는 국가권력이 있기 때문이다.

그렇다면 ISDS의 뒤에도, 소송에서 국가가 맡는 지위에 비견할 만한, 무지막지하게 강력한 권력이 존재하는 것일까? ISDS에서 나오는 판정엔 한국은 물론이고 미국 같은 글로벌 패권국가의 정부마저 승복할 수밖에 없으니 말이다. 그렇다면 혹시 ISDS의 뒷배는 '세계정부' 같은 것이 아닐까? 이 세계정부가 개별 국가의 정부 정도는 좌지우지할 권력을 갖고 있기 때문에 ISDS라는 제도가 성립할 수 있는 것 아닐까?

결론부터 말씀드리자면, 세계정부 따위는 없다. 그런데도 ISDS는 꽤 순조롭게 운영되면서 세계 각국의 정부들을 실제로 압박하고 있다. 그런 처지에 놓인 정부 중 하나가 바로 한국 정부다. ISDS 때문에 상당수의 국민들에게 혜택을 줄 제도를 입안조차 못하는 경우도 얼마든지 생길 수 있다. 도대체 이런 일(세계정부는 없는데, ISDS는 그것이 있는 것처럼 작동)이 어떻게 가능할까? 여기엔 논리적 모순이 존재한다.

한국에서는 ISDS를 소송litigation이라 부르는 것으로, 정말 ISDS를 관할하는 권력기관이 있는 양 표현하는 것으로, 이 논리적 모순을 해결해버린다. 심지어 유력 언론들이나 백과사전들마저 이런 잘못된 표현을 사용한다. "ISDS 소송"이라든가 "외국인 투자자가 피투자 국가에게 직접 소송을 제기" 같은 표현들이 난무한다. ISDS를 '소송'이라고 불러야 그 판정의 엄청난 구속력을 모순 없이 해설하기 쉬운 까닭이다.

그러나 ISDS를 소송으로 간주하는 식의 이런 설명은 치명적으로 잘못되었다. 독자들에게 존재하지도 않는 '세계정부'란 이미지를 상상하게 만들면서, ISDS란 제도에 반영되어 있는 글로벌 지배구조 및 무역관계의 본질로부터 눈을 돌리게 한다. 오히려 제대로 된 이해에 조금도 도움이 되지 않는다.

저자들은 이 장에서 분쟁에서 중재, 국제법, 국제중재, ISDS로 이어지는 줄거리를 통해 앞서 언급한 '이런 일이 어떻게 가능한지'를 알려드리고자 한다. 기본적인 용어 점검부터 시작해보자.

분쟁

태초에 분쟁이 있었다. 뱀이 먹어보라고 유혹한 선악과를 두고 아담과 이브는 의견이 달랐다. 물론 이 분쟁은 아담이 이브의 권유에 승복함으로써 삽시간에 정리되지만 말이다.

의견이 다르면 분쟁이 발생한다. 우리는 셀 수 없을 정도로 많고 다양한 분쟁을 겪으며 살아간다. 사귀는 연인 사이에선 서로 다툰 원인이 누구에게 있는지를 두고 격렬히 다툴 수 있다. 교통사고가 발생하면, '누구에게 책임이 있으며 얼마를 배상해야 하느냐'를 둘러싸고 사고 당사자들의 의견이 갈린다. 이혼하는 부부들은 재산을 어떻게 분배할 것이냐를 놓고 다툰다. 나아가 두(혹은 다수의) 업체에서 원·하청 계약이 깨지는 경우, 그 책임을 둘러싸고 분쟁이 벌어진다.

이런 분쟁을 어떻게 해결할 것인가? 여러 가지 방법이 있다. 우선 상대방을 설득하거나 힘으로 짓눌러 '나'의 의견을 받아들이게 할 수 있다. 성경에 이브가 아담을 설득한 것처럼 이야기 속에서는 물론 현실 사회나 국제관계에서 실제로 많이 사용되는 방법이다.

가장 바람직한 경우는 화해와 타협일 터이다. 양측이 성의를 갖고 숙의하면서 조금씩 양보하는 것이다. 모두가 큰 이익을 거둘 수는 없지만 큰 손실엔 이르지 않도록 문제를 풀어나갈 수 있다.

그러나 분쟁이란 당초부터 한쪽이 이익을 보면 다른 쪽은 손실을 감수해야 하는 구조로 짜이기 쉽다. 양측 모두 기꺼워할 해결책이 아예 존재하지 않을 수도 있다. 양측에 모두 이로운 화해와 타협이 언제나 순조롭게 이뤄지기를 기대할 수는 없다.

힘으로 한쪽의 의사를 관철할 수 없는데 화해나 타협도 어렵다면, 어떻게 분쟁을 해결할 수 있을까? 인류 사회가 분쟁을 평화롭게 해결하기 위해 발명해낸 것이 바로 '제3자의 개입'이다. 분쟁 당사자들이 모두 신뢰할 수 있는 중립적인 제3자를 세워 해결책을 내도록 하고 이에 따르는 방식 말이다.

소송

중립적인(혹은 중립적이라고 간주되는) 제3자가 개인 간의 분쟁에 끼어드는 분쟁해결절차는 우리에게 결코 낯설지 않다. 가장 대표적으로는 소송이 있다. 소송은 국가가 주재하는 재판으로 법정에서 분쟁을 법률적으로 해결하는 절차다. 분쟁 당사자들은 법정에서 각자의 의견을 피력하고 이를 뒷받침할 증거와 증인들을 제시한다. 판사는 양측의 주장과 이를 뒷받침하는 증거를 검토한 뒤 법률에 따라 해결책(판결)을 내놓는다. 당사자들은 그 판결이 아무리 마음에 들지 않아도 일단 판결이 확정된 뒤엔 더 이상 다툴 수 없다. 법원의 판결을 그대로 받아들여야 한다.

분쟁해결절차 중 하나로서 소송의 가장 큰 장점이자 매력은 이런

'판결의 구속력'이다. 갑돌이와 갑순이가 어떤 사업을 함께 벌였는데, 갑돌이가 약속을 파기하는 바람에 갑순이가 1억 원의 재산피해를 입었다고 가정하자. 두 사람이 사는 곳에 마을회의 같은 것이 있어서 동네 어른들이 갑론을박을 펼친 뒤 '갑돌이가 갑순이에게 1억 원의 손해를 입혔다'고 판단했다. 그러나 마을 어른들이 아무리 '갑순이에게 1억 원을 주는 것이 인간의 도리다' '네가 사람이라면 1억 원 줘'라고 타일러봤자 갑돌이는 거부할 가능성이 크다. 그가 평소 마음이 고운 사람이었다고 쳐도 마을회의의 결정으로는 '갑순이에게 1억 원을 줄' 의무가 발생하지 않기 때문이다. 더욱이 마을회의의 결정을 따르지 않아봤자 이른바 '사람 취급'을 못 받는 정도지 다른 물질적 피해를 입지는 않을 것이다.

그러나 소송 과정에서 판사가 같은 내용으로 판결하면, 갑돌이는 1억 원을 갑순이에게 지급하지 않을 방법이 없다. 갑돌이가 끝까지 안 주고 버티면 어떻게 될까? 갑순이는 다시 국가에 '갑돌이의 재산을 팔아서 내가 받아야 할 돈을 달라'고 신청할 수 있다. 국가는 갑돌이가 부동산이나 예금·보증금·주식 등의 재산을 마음대로 처분할 수 없게 금지할(압류할) 수 있다. 또한 국가가 갑돌이의 이런 재산들을 제3자에게 팔아서 만든 돈으로 갑순이가 배상금을 받을 수 있도록(강제집행) 해준다. 이 같은 '판결의 집행력'이 없다면, 지금처럼 대다수의 시민들이 분쟁을 해결하기 위한 방법으로 소송에 의존하는 일은 없을 터이다.

이러한 판결의 힘은 국가권력에서 나온다. 재판을 진행하고 그 판결을 강제로 집행하는 권리 역시 국가에 독점되어 있다. 위의 사례에서 설사 갑순이가 '갑돌이로부터 1억 원을 받으라'는 판결을 받아 냈다 하더라도, 갑돌이의 집에 쳐들어가 물리력을 동원해 1억 원을 빼앗는 것(사력구제私力救濟)은 불법행위다. 갑돌이의 재산을 빼앗을 물리력 역시, 오직 국가가 법률이 정한 절차에 따라 적법하게 수행할 때만 정당화될 수 있는 것이다.

이처럼 소송의 배경이 국가권력이라면, ISDS를 '소송'이라고 묘사한 서술은 매우 잘못된 것이다. 외국인 투자자가 자기 나라가 아닌 국가를 상대로 모종의 중재를 통해 투자 손해에 대한 배상을 청구하는 행위의 배경은, 특정 국가의 권력이 아니기 때문이다.

소송과 중재

정리하자면, 소송은 중립적 제3자가 개인들의 분쟁에 끼어들어 해결책을 제시하는 절차들 중 하나다. 다만 여기서 '중립적 제3자'는 국가권력을 대리하는 판사다. 덕분에 판사가 제시한 해결책(판결)은 분쟁 당사자들에게 구속력을 발휘한다. 당사자들은 판결을 자신의 의사와 무관하게 수용해야 한다. 그러나 모든 개인 간의 분쟁이 법정으로 가지는 않는다. 또 다른 강력한 분쟁해결절차가 있기 때문이다. 바로 중재arbitration다.

중재 역시 개인 간의 분쟁에 중립적인 제3자가 개입해서 해결책을 내는 제도다. 다만 중재에서 활약하는 중립적인 제3자, 즉 중재인arbitrator은, 소송의 제3자인 판사와 달리 민간인이다. 중재는 소송과 달리 민간인들 사이에서 이뤄지는 분쟁해결절차인 것이다. 중재

소송과 중재의 차이점

구분	목적	판결 주체	구속력	판정 방식	공개 여부
소송	분쟁해결	법원(사법기관)	강함	최대 3심	공개
중재	분쟁해결	중재인(관련 당사자가 선정)	강함(법원 판결과 동일)	단심	비공개

인은 판사와 달리, 국가권력을 '직접적'으로 대리하지는 않는다.

그러나 중재인이 중재 과정에서 하는 일은 판사와 매우 비슷하다. 분쟁 당사자들의 사이에서 심판과 결정자 노릇을 겸한다. 중재인의 판정이 내려지면 분쟁 당사자들은 사실상 강제적으로 중재인의 판정을 따라야 한다. 어떻게 보면 중재인은, 분쟁 당사자들이 직접 고용한 '민간인 판사'라고 볼 수 있다.

중재를 가장 흔히 볼 수 있는 사례는 아무래도 기업들 간의 분쟁이다. 이를 상사중재commercial arbitration 라고 한다. 이외에 노사 간이나 소비자와 기업 간 분쟁 역시 중재로 해결되는 경우가 있다.

국가권력을 업지도 않은, 민간인에 불과한 중재인의 판정이 어떻게 이토록 강한 구속력을 가질 수 있는 것일까? 그 이유는 몇 쪽 뒤에서 자세히 설명하겠다. 다만 중재인의 강한 권력이 현대국가가 작동하는 방식의 한 단면을 암시하고 있다는 정도만 미리 말씀드린다.

중재합의

이처럼 중재에서는, 당사자들이 분쟁을 해소할 수 있는 권력을 사실상 중재인에게 통째로 넘기게 된다. 한낱 민간인에게 자신(혹은 자사)의 운명을 위탁하는 셈이다. 중재는 국가의 보장을 받는 소송(여기서는 국가가 중재인 역할)이 아니라 민간 차원에서 국가개입 없이 자율적으로 '알아서' 문제를 처리하겠다는 일종의 결단이다. 이러한 결단은 이해관계 당사자들이 미리 '앞으로 우리 사이에 분쟁이 발생하는 경우 소송이 아니라 중재로 해결한다'는 약속(사전합의)을 해두는 방식으로 이루어진다. 이를 '중재합의'라고 한다.

예컨대 어떤 두 기업이 원·하청 계약을 체결한다고 치자. 상호간에 계약이 잘 지켜지기를 바라겠지만, 세상엔 예기치 않은 일이 벌어지는 법이다. 하청업체가 원자재를 매입하지 못해서 원청업체에 정해진 기간과 양, 가격에 맞춰 부품을 공급하지 못할 수 있다. 코로나19 팬데믹 같은 사태로 인해 완성품 판로가 막힌 원청업체가 약속한 부품 중 일부만 사들이겠다고 배짱을 부리기도 한다. 이런 식으로 분쟁이 발생하는 경우에도 소송으로 가기를 원치 않는다면, 양 업체는 계약서에 '분쟁시엔 소송이 아니라 중재로 해결한다' 같은 '중재합의' 조항을 삽입해두는 것이다.

이 중재합의엔 단지 '분쟁시 중재로 간다'만 약속할 수 있는 것이 아니다. 구체적으로 중재 절차를 어떻게 진행할지도 합의한다. 예컨대 중재인을 몇 명으로 하고 어떻게 선정할지, 중재인들이 어떤 법률을 기준으로 옳고 그름을 판단하도록 할지, 언제까지 어떤 절차를 진행하고 언제쯤 판정을 낼지 등이다. 이런 조항들을 따로 두지 않더라도, 분쟁 당사자들은 분쟁 발생 이후에 그 절차를 어떻게 진행할지 합의할 수도 있다.(물론 현실적으로는 분쟁이 발생한 이후 이런 절차적 합의에 이르기는 쉽지 않다.)

이렇듯 중재에서는 당사자들의 자율성이 매우 중시된다. '중재에 들어갈 것인지'부터 중재의 구체적 절차에 이르기까지 모두 당사자들이 자유롭게 합의해서 정하는 형식을 띠고 있다. 그러나 일단 합의한 뒤엔 '무조건' 따라야 한다. 예컨대 계약서에 중재합의가 삽입되어 있다면, 한 당사자가 분쟁 발생 이후에 '중재가 아니라 소송으로 가겠다'라고 번복할 수 없단 얘기다.

중재를 선택하는 이유

그렇다면 분쟁 당사자들이 법정으로 가지 않고 굳이 중재로 가기로 미리 정해두는 이유는 무엇일까?

우선, 소송으로 가면 오랜 시간이 걸린다. 1심에서 끝나면 모르겠지만, 2심 또는 3심까지 가게 되면 수년이 소요되기 일쑤다. 이에 비해 중재는 단 한 번의 판정으로 끝나게 되어 있다.

소송은 법령으로 정한 장소(법정)에서 엄격한 절차에 따라 진행된다. 당사자들 일정 외에도 판사(들)의 업무량과 일정이 고려되기 때문에 진행 속도가 느려질 수 있다. 당사자들이 법원이 아니라 더 편리한 곳에서 진행하자거나, 정해진 절차와 다르게 간단히 진행하자거나, 빨리 끝내고 싶다고 해서 그렇게 할 수 없다. 반면, 중재는 당사자들이 합의하기만 하면 장소와 절차도 바꿀 수 있고 서둘러 진행할 수도 있다. 사업 진행을 위해 하루라도 빨리 분쟁을 해결해야 할 필요가 있는 기업의 경우 중재를 더 선호하게 되는 이유다.

소송과 중재의 가장 큰 차이 중 하나는, 전자가 공적인 행사인데 비해 후자는 비밀스런 사적 미팅에 가깝다는 것이다. 재판 절차는 특별한 사정이 없는 한 일반인에게 공개되는 것이 원칙이다. 중재에는 일반인은 물론 언론인이나 시민단체가 취재 또는 참관 목적으로 들어갈 수 없다. 분쟁 당사자들이 다투는 도중에 어떠한 주장을 하고 어떤 증거를 제출했는지는 물론 중재의 결과도 공개되지 않는 것이 보통이다. 심지어 분쟁이 발생했다는 사실 자체까지 숨길 수 있다. 분쟁 사실을 감추고 싶거나 또는 기업 비밀을 보호하고 싶은 기업, 언론의 주목이나 시민단체의 비판을 피하고 싶은 기업이라면 당연히 소송보단 중재를 선호할 것이다.

이밖에도 고도의 전문성이 요구되는 분야, 가령 기술·스포츠 등의 분야에서는 아무래도 '제너럴리스트generalist'인 판사보다는 그 분야에 정통한 '스페셜리스트specialist'를 중재인으로 선정해 사안을 판단하고 결정하게 하는 것이 더 적절할 수 있다.

한편, 중재가 사회적 비용을 절감시킨다는 긍정적 효과에도 점수를 줄 수 있겠다. 모든 분쟁이 오직 소송을 통해서만 해결된다면 법원의 부담은 이만저만이 아닐 것이다.

중재 절차

일반적으로 중재는 한쪽이 다른 쪽에, 혹은 사전에 정해놓은 '중재기관(중재기관이 무엇인지는 조금 뒤에 설명한다)'에 중재의향서를 보내는 것으로 시작된다. '우리는 계약서상의 중재합의에 따라 중재 요청 권리를 행사한다'라고 통보하는 것이다. 의향서엔 '해당 분쟁이 중재합의의 조항에 해당되는 이유' '우리 측의 입장' '상대방에 대한 요구사항(손해배상액)' 등을 담는다. 의향서를 받은 측은 답변서를 보내야 한다. 설사 답변서를 보내지 않더라도 정해진 절차에 따라 중재는 진행된다.

중재는 소송이 아니기 때문에 반드시 변호사를 법률대리인으로 선정할 필요가 없다. 그러나 중재인이 '옳고 그름을 따지는 기준' 중 하나가 법률이다. 그러므로 분쟁 당사자들은 법률전문가인 변호사를 자기 측의 대리인으로 선임해서 중재에 나서는 것이 보통이다.

중재 절차의 초기 단계에서 가장 중요한 것은 중재인의 선정이다. 중재인이 선정되어야 중재판정부가 구성되고, 이 중재판정부가 법원과 같은 역할을 하면서 중재를 이끌어갈 수 있기 때문이다. 중재인을 누구로 지명할지 역시 양측의 합의에 따라 정해진다. 분쟁 당사자들이 모두 동의하는 인물이 중재인으로 선정되어야 중립성이 보장될 것이다. 방법은 양측의 합의에 따른다. 한 명의 중재인을 정할 수도 있고, 세 명을 정할 수도 있다. 양측이 각자 중재인 한 명을 뽑고, 그 두 명의 중재인들이 나머지 한 명의 중재인을 선정할 수도 있다. 이 경우 후자의 중재인이 '의장중재인'이 된다. 다만 중재인의 수는 홀수여야 한다. 그래야 다수결로 결정했을 때 판정이 나오지 않을 위험을 줄일 수 있다.

판사와 달리 중재인에게는 별도의 자격이 요구되지 않는다. 다만 중재는 소송과 유사한 측면이 많고, 중재인에게는 법률 및 문서의 해석과 관련된 고도의 숙련성이 요구되기 때문에, 주로 법학 교수, 전

중재 절차

중재합의	중재신청	중재판정부 구성	중재심리	중재판정
계약서에 중재조항을 명시하거나 별도 합의	사전에 정한 중재기관에 중재신청서 제출	중재인을 선정하여 중재판정부 구성	양쪽 주장과 증거 청취 통상 2~4회로 비공개 진행	중재인의 판정 판정 사항 미이행시 강제집행

직 판사, 변호사 등 법률가들이 하는 경우가 많다.

그 다음 절차는 소송과 비슷하다. 각 당사자들은 자신의 주장과 이를 뒷받침할 증거와 증인을 제시한다. 중재인은 당사자들이 중재합의에서 적용키로 한 법률에 기반해서 또는 그런 법률이 없는 경우 가장 적절하다고 스스로 판단한 법률에 기반해서 판정문을 작성한다. 판정문엔 그렇게 판단한 이유도 들어간다.

중재의 구속력

앞에서 거듭 강조했듯이, 이렇게 나온 판정문은 굉장히 강력한 구속력을 발휘하게 된다. 사실은 매우 이상한 일이다. 만약 분쟁이 민사소송을 통한 판결로 해결되었다면, 구속력이 강할 수밖에 없다. 국가의 대리인인 판사의 결정이기 때문이다. 그러나 중재인은 어디까지나 민간인에 불과하다. 어떻게 보면 민간인인 분쟁 당사자들이 자기 멋대로 심판(중재인)을 정해놓고 말싸움을 벌인 뒤 그 과정의 끝에 나온 판정을 법원의 판결과 비슷한 지위로 올려놓은 것이다. 아니, 중재판정문은 법원의 판결보다 훨씬 권위적으로 보이기까지 한다. 항소가 불가능하기 때문이다.

어떻게 보면, 마을회의의 결정과도 비슷한 중재판정에 엄청난 권위가 실리게 된 원리는 무엇일까?

답변은 간단하다. 그렇게 하도록 국가가 법률로 정해놓았기 때문이다. 각국의 중재 관련 법률들은 중재인이 내린 판정이 현실에서 실행(집행)될 수 있도록 돕는다. 민간 차원에서 이뤄진 판단이 구속력을 가질 수 있도록 법률로 보장한 것이다. 한국의 중재법에 따르면, "중재판정은 양쪽 당사자 간에 법원의 확정판결과 동일한 효력을 가진다." 당사자들이 중재판정을 따르지 않으면 법원 판결을 어긴 것과 동일한 불이익을 각오해야 한다는 의미다.

더욱이 중재법은 "대한민국에서 내려진 중재판정은 '다음 각 호의 어느 하나'에 해당하는 사유가 없으면 승인되거나 집행되어야 한다"라고 규정한다. 즉 특별한 경우가 아니라면 중재판정이 마치 판결과 같은 구속력을 갖고 집행되어야 한다는 의미다. 게다가 '다음 각 호의 하나'의 내용은 어느 정도 정상적인 중재에서는 발생할 수 없는 일들이다. 예컨대 한쪽 당사자만의 의사로 중재인을 선정했다면 그 중재판정은 지키지 않을 수 있다. 편파적인 중재가 이뤄졌을 것이기 때문이다. 혹은 선량한 풍속 및 사회질서에 위반되는 중재판정도 인정되지 않는다. 예컨대 중재인이 분쟁의 한 당사자에게 '스스로 목숨을 끊어라' 같은 사회질서에 위반되는 판정을 했다면, 구속력을 발휘할 수 없다는 것이다. '다음 각 호의 어느 하나'는 실제 중재에서는 잘 일어나지 않는 사례다. 즉 대한민국 중재법은 중재 과정이 아주 기괴하게 이루어지지 않았다면 승인·집행되어야 한다고 규정해놓은 것이다. 결론적으로 중재판정은 (소송처럼 3급심을 거치는 것이 아니라) 단 한 번 나오게 되지만 이에 대한 불복은 매우 어렵다.

또한 분쟁 당사자들이 계약을 체결할 당시 '분쟁을 오로지 중재로 해결하겠다'는 내용의 중재합의를 삽입해놓았다면, 분쟁 발생 이후엔 어느 한쪽이 원하더라도 소송으로 갈 수 없다. 중재법에 따르면, "중재합의의 대상인 분쟁에 관하여 소가 제기된 경우에 피고가 중재합의가 있다는 항변抗辯을 하였을 때에는 법원은 그 소를 각하却下하여야 한다." 즉 분쟁 당사자 중 한쪽이 상대방에게 소송을 제기했다 해도 그 상대방이 '이미 중재로 갈 것으로 약속했다'고 항변한디면, 그 소송은 각하된나는 의미다. '각하'는 '패소' 중에서 '기각'보다 나쁜 패소다. 재판에서 시비를 가렸는데도 패배하는 게 기각이다. 각하는, 해당 사건이 소송으로 시비를 다툴 자격을 갖춘 사안도 아니기 때문에 법정에선 아예 취급도 하지 않는다는 의미다.

중재법은 중재판정이 구체적으로 실현되는 과정까지 배려한다. 앞에서 든 사례를 인용하면, 갑돌이와 갑순이의 분쟁이 소송이 아니라 중재로 가서 '갑돌이가 갑순이에게 1억 원을 지급하라'는 판정이 나왔다고 치자. 갑돌이가 돈을 주지 않고 버티면 갑순이는 법원에 강제집행을 신청할 수 있다. 법원은 중재판정이 있다면 그 분쟁의 시시비비를 더 이상 가리지 않고 곧바로 강제집행을 허가해준다. 덧붙이자면 '허가해주는' 것이 아니라 '허가해야 한다'. 중재법에 "집행은 당사자의 신청에 따라 법원에서 집행결정으로 이를 허가해야 한다"고 되어 있기 때문이다. 이 점에서도 민간인이 내린 중재판정은 법원의 판결과 동일한 효력을 발휘한다.

중재 제도로부터, 현대 국가가 작동하는 양태의 한 단면을 엿볼 수 있다. '사적私的 영역'에서 벌어지는 개인들 간의 분쟁 해결이 순조롭고 확실하게 이뤄지도록 '공적 영역'을 대표하는 국가가 법률로 보장하는 것이 중재 제도다.

일반적으로 현대 국가의 법률체계는 크게 공법公法과 사법私法으로 분류된다. 이 같은 분류는 사회에 대한 일반적 인식을 느슨하게 반영하고 있는 것으로 보인다. 사회는 대체로 '공적 영역'과 '사적 영역'으로 나눌 수 있으니 전자는 공법으로, 후자는 사법으로 규율된다.

예컨대 물건을 훔치고 다른 개인을 다치게 하거나 살해하는 행위는 공익을 해치는 것으로 공법의 규율을 받는다. 이런 행위들이 처벌되지 않으면 사회질서가 파괴돼 공공에 악영향을 미칠 것이다. 그러나 누군가가 계약을 위반해서 다른 개인의 자산에 손실을 끼치는 행위는 사회 전체가 아니라 둘 사이의 개인적 문제다. 즉 사익과 사익 간의 충돌이다. 그러나 이런 충돌을 그대로 방치하면 사회 전체의 유지·발전에 좋지 않은 영향을 미칠 터이다. 그래서 국가(그 대리인인 판사)가 개인들 간의 분쟁에 개입해서 해결책을 제시하고(민사소송) 심지어 그 해결책의 시행까지 대리해주는(강제집행) 서비스를 제공하는 것이다.

그런데 중재는 여기서 한발 더 나아가, 민간이 스스로 해결책을 내고, 이 과정을 국가가 법률과 강제력으로 보장해주는 절차라고 할 수 있다. 소송과 비교할 때 개인 혹은 민간의 자율성을 한층 우대하는 제도인 셈이다.

국제적으로도 중재가 가능할까?

중재에 대한 이야기를 길게도 썼다. 그러나 아직 끝나지 않았다. 지금까지 이야기의 주제는 '한 국가 내에서의 중재'에 한정되어 있었기 때문이다. ISDS를 이해하려면 일단 중재에 대한 관점을 '한 나라'에서 '여러 나라'로 확장할 필요가 있다.(국제중재) 경제 시스템이 글로벌화된 지금의 세계에서는 각각 다른 나라에 거주하는 개인(기업) 사이의 분쟁이 일상적 사건이 되었으며, 이와 관련된 국제중재 역시 활발히 이뤄지고 있다.

그런데 이쯤에서 독자들은 다시 한 번 의문을 제기할 법하다. 우리는 이제 한 국가 내에서의 중재 절차가 법률(중재법)에 의해 보장된다는 사실을 알고 있다. 한국의 경우라면, 한국 중재법의 규정에 따라 국내에서 이뤄지는 중재판정이 판결에 버금가는 구속력을 얻어 실행될 수 있는 것이다. 그런데 각각 다른 나라에 속한 개인(기업)들 간의 중재에서 판정이 나온다면, 그 판정은 어떻게 집행될 수 있는 것일까? 예컨대 어떤 한국 기업과 미국 기업 사이에 분쟁이 발생했다. 두 기업은 계약서에 미리 '중재합의'를 삽입해뒀기 때문에 중재에 들어가게 되었다. 그리하여 중재판정부는 '미국 기업이 한국 기업에 1억 달러의 손해배상금을 지급하라'는 판정을 내렸다. 그런데 한국 기업은 미국 기업으로부터 실제로 1억 달러를 지급받을 수 있을까? 지급받을 수 있다면, '미국 기업이 한국 기업에게 1억 달러를 지급하게 만드는 권력'은 어디서 나오는 것일까? 더 나아가 한·미 양국의 기업에게 중재판정에 승복하도록 강제하는 법률은 한국의 중재법인가, 미국의 중재법인가?

사실 굉장히 복잡한 문제다. 사실 우리가 아는 법률은 기본적으로 한 국가 단위에서 제정되고 그 국가 내에서 시행된다. 개인과 기업의 일상을 규율하는 것은 통상 그들이 국적을 두고 거주하는 국가의 법률이다. 이 지점에서 국가 주권이 작동한다. 권력은 자신의 의지를 다른 주체에게 강요할 수 있는 힘이다. 국가의 권력인 주권sovereignty 은 영토 내의 시민들을 법률에 따라 배타적으로 통치하고 이에 관한 한 외부세력의 간섭을 배제한다. 이는 주권이 다른 나라의 시민에겐 무력하다는 말도 된다. 특수한 경우를 제외하면, 한국인은 미국 법률에 따라 규율되지 않으며, 미국인 역시 한국 법률의 지배를 받지 않는다.

그렇다면 위의 사례에서 미국 기업이 1억 달러를 한국 기업에 주도록 강제하는 힘(구속력)은 어디서 나오는 것인가? 이는 혹시 미국의 주권을 침해하는 조치는 아닐까? 이 낯선 상황을 이해하기 위해 일단 국가주권과 국제법이란 주제로 우회해보자.

국가주권

개인에게도 주권personal sovereignty 이 있다. 자신이 할 일을 스스로 결정하며, 다른 사람이 이 같은 '자율권'을 침범할 수 없도록 방어할 권리다. 만약 누군가가 당신을 납치해서 당신이 할 일을 매일 매 순간 결정해준다면, 당신은 주권을 상실한 것이다. 그 결정이 설사 당신의 건강이나 지식 축적에 결과적으로 유리하다고 해도 말이다.

국제사회의 기본 단위는 국가들이다. 즉 한국에 사는 개인, 미국에 사는 개인, 에티오피아에 사는 개인들이 국제사회를 이루고 있는 것이 아니라 한국·미국·에티오피아 같은 국가들이 국제사회를 구성한다. 그리고 각 국가는 주권sovereignty 을 갖고 있다. 그 나라의 정부는 외세의 개입 없이 자주적으로 자국을 운영할 권리를 갖는다. 당연히 외세의 침략에 맞설 권리도 갖는다. 국제사회에서 국가주권은 가장 중요한 동시에 기본적인 권리다. 세계 각지의 사람들은 기본적으로 자기 나라의 법률에 따라 통치된다. 어떤 나라도 공공연하게 다른 나라의 이런 주권을 유린하려 들지는 않는다.

사실 국가주권에 대한 명확한 정의는 없다. 대체로 일정한 영토, 국민, 국민들에게 편의를 제공하는 법적·사회적 시스템을 국가의 기본적 구성 요소라고 할 수 있을 것이다. 그러나 이것만으론 부족하다. 예컨대 경기도나 경상북도가 어느 날 갑자기 '대한민국으로부터 독립된 국가'라고 선언하면서 미국과 외교관계를 체결하려 한다고 가정해보자. 쉽지 않을 것이다. 이미 대한민국이 국제사회에서 '주권적 실체'로 인정받고 있기 때문이다. 대한민국 헌법은 영토 내에서 특정 지역이 독립적 정부를 수립하는 것을 금지하고 있다. 이로부터 국가주권이란 배타적 권리는, 대내적으로뿐 아니라 국제사회에서 승인받아야 성립할 수 있다는 것을 알 수 있다. 일반적으로 유엔 같은 국제기구로부터 승인받아야 국가주권이 성립한다고 본다. 개인의 각종 권리가 사회를 전제하고 있듯이, 국가주권 또한 국제사회를 전제하고 있다.

국제법

이처럼 주권은 배타적인 권리로 국제사회에서 인정되고 있다. 어떤 나라 정부가 자국 시민들을 대상으로 벌이는 일을 다른 나라가 간섭할 수 없다. 그런데 이런 국가주권의 배타성이 언제나 보장되는 것은 아니다. 2021년 현재, 미얀마 군부는 쿠데타에 평화적으로 저항하는 시민들에게 총격을 가하고 있다. 아프리카나 중동 같은 지역에서도 정부가 자국민들을 대량 학살하는 일이 종종 일어난다. 이런 경우, 국제사회는 그 학살을 저지하기 위해 해당국에 개입해야 할까 아니면 그 나라의 주권을 중시하여 보고만 있어야 할까? 혁명이라도 일어나 기존 정부를 무너뜨리고 새 정부가 세워져 그 나라 법률에 따라 재판하지 않는 한 그 학살의 주동자(그 나라의 최고지도자인 경우가 많다)를 처벌할 방법도 마땅치 않다. 다른 나라 정부로서는 그 나라 정부의 주권을 존중해야 하기 때문이다.

다만 학살 같은 중범죄에 대해서는 그 책임자를 처벌할 수 있는 국제적 장치가 존재한다. 국제적으로 통용되는 법률(국제법)과 이를 기반으로 학살자를 기소하고 재판을 통해 처벌하는 법정도 있다. 국제형사재판소ICC: The International Criminal Court다. 학살 문제에 있어서만큼은 국가주권이 후순위 권리가 되었다고 볼 수도 있다.

그러나 20세기 초까지만 해도 학살을 금지하는 국제법 따윈 없었다. 제1차 세계대전 전후의 국제적 혼란 속에서 여러 나라에서 대량 학살이 자행되었지만, 그 책임자를 처벌하자는 국제여론은 형성되지 못했다. 국가주권이 우선시되었기 때문이다. 사실 학살자나 침략

전쟁을 일으킨 자(전범)를, 해당 국가(들)의 주권에서 벗어나 국제적 차원에서 처벌할 수 있어야 한다는 합의가 만들어지고 시행된 것은 얼마되지 않았다. 제2차 세계대전 직후, 미국·영국·소련 등 승전국들이 나치 독일의 전범들을 처벌하기 위해 협정을 통해 설립한 '뉘른베르크 국제군사재판'이 최초다. 이 법정은 당시 나치 독일의 공군 총사령관이자 제국원수였던 헤르만 괴링, 루돌프 헤스 부총통 등 24명을 기소해서 12명에게 사형을 선고했다. 이 재판에서 '평화를 짓밟는 범죄를 공모한 죄' '침략전쟁을 계획·실행한 죄' '전쟁범죄' '반인도적 행위를 범한 죄' 등의 혐의가 규정되고 심판되었다.

어떻게 보면 승전국들이 일방적으로 국제법정을 만들어 다른 주권국가의 정부 수뇌부들을 처벌한 것이다. 주권 침해라 할 수도 있다. 오로지 승전국들이 독일이나 일본 같은 패전국에 비해 압도적인 군사적 힘을 유지하고 있었기 때문에 가능했던 일이다.

뉘른베르크 국제군사재판을 계승한 국제기구가 바로 2003년 설치된 ICC다. 재판소 내부에 국제범죄자를 기소하는 검찰국과 판결하는 재판부가 있다. 심리할 수 있는 범죄는 뉘른베르크 재판과 비슷하다. '전쟁범죄' '반인도적 행위를 범한 죄' '집단학살죄' 등이다. ICC는 이런 죄를 범한 개인에 대해 영장을 발부하고 신변을 인도받아 재판한 뒤 처벌할 수 있다.

ICC는 지난 2012년 콩고민주공화국에서 15세 미만 소년병 징집 및 적대행위 참여 이용 등 혐의로 이 나라의 민병대 지도자였던 토머스 루방가에게 14년형을 선고한 바 있다. ICC가 내린 최초의 유죄판결이었다. ICC는 같은 해 라이베리아의 찰스 테일러 전 대통령에게도 내전에서 자행된 소년병 징집과 대량학살 등에 대한 책임을 물어 50년형을 선고했다. 찰스 테일러에겐 재임중이던 2003년부터 국제적 차원의 체포영장이 발부되어 있었다. 그러나 ICC에서 재판받기까지는 꽤 오랜 시간이 걸렸다. ICC는 '국제'재판소로 자임하고 있긴 하나 테일러를 잡아올 경찰력을 보유하고 있지는 않다. 설사 경찰력을 갖고 있다 해도 주권국가에 보내 물리력을 행사할 수는 없는 일이다. ICC의 재판은, 테일러가 나이지리아로 망명해 그곳에서 보호를 받다가 미국의 압박으로 다시 라이베리아(테일러 정부를 무너뜨린 혁명정부가 수립되어 있었다)로 보내진 다음에나 가능했다. 라이베리아 경찰이 그를 체포해서 ICC로 넘긴 것이다.

이런 측면에서 ICC는 뉘른베르크 법정과는 많이 다르다. 둘 다 전쟁이나 학살과 관련된 개인을 단죄할 수 있다는 것은 같다. 그러나 ICC는 국가주권을 존중한다. ICC는 이 조직의 결정에 승복하기로 동의한 나라들, 즉 'ICC 협약국'과 관련된 사건에만 관여할 수 있게 되어 있다. 100여 개국이 ICC 협약국이지만 미국·중국·이스라엘 등은 자기 나라의 주권이 침해당할 것을 우려해 ICC에 참여하고 있지 않다. ICC는 국제 범죄자가 협약국 내에 있지 않다면 신병을 확보할 수도 없다. 또 설사 협약국이라 해도 ICC의 요구를 받아들이지 않을 수 있다.

지금까지 봤듯이 전쟁이나 학살에 관련된 국제법과 국제법정이 있지만, 법률에 대한 우리의 일반적 생각과는 상당히 다르게 작동한다. 우리는 법률(국내법)이 어떻게 집행되는지 알고 있다. 누군가 범국가는 법률을 위반한 시민들을 처벌할 집행력을 갖고 있다. 그 법률

또한 국민들이 뽑은 의원들에 의해 제정되므로 정당성도 있다. 국내법은 그 시민들에게 압도적 실재감을 갖고 있다.

국제법은 그렇지 않다. 국제법은 글로벌 시민들이 만든 법이 아니다. 국가들끼리 합의한 규율일 뿐이다. 합의하지 않은 국가는 그 규율을 지킬 필요 역시 없다. 그나마 앞에 나온 전쟁과 학살 관련 국제법은 국제적인 합의와 집행력에서 어느 정도 자리를 잡고 있는 편이다. 하지만 그 외의 분야는 그렇지 않다.

국내법에서는 재판이 국가권력을 배경으로 강제적으로 시행되고 그 판결이 집행된다. 소송을 당한 국민이 '내가 잘못한 것도 없는데 왜 재판을 받아야 해'라고 우겨봐야 소용이 없다. 그에게는 강제적으로 재판의 당사자라는 지위가 부여된다. 반면 국제법은 국가들 사이의 합의를 통해서만 집행된다. 분쟁 상대방이 된 국가가 '그런 재판 받기 싫다'고만 해도 재판은 열릴 수조차 없다. 예컨대, 영토분쟁 등 국가 간 분쟁을 취급하는 국제사법재판소ICJ: International Court of Justice라는 사법기관이 유엔 산하에 있다. 그러나 ICJ에서 재판이 열리려면, 분쟁 국가 쌍방의 동의가 필요하다. 2021년 2월 일본군 위안부 피해자 이용수 할머니가 위안부 문제를 국제사법재판소ICJ 에서 해결하자고 주장했는데, 한국과 일본 양측 정부가 모두 그렇게 하자고 동의하지 않으면 재판은 열리지 않는다. 즉 국제법은 주권국가들이 거기에 종속되겠다고 동의할 때만 구속력을 갖게 된다.

이제까지 학살 같은 형사 부문의 국제법에 대해 이야기했지만, 국적이 다른 개인들 사이의 사적私的 분쟁을 다루는 중재도 이와 비슷한 원리를 갖고 있다. 국제중재에서 나온 판정이 구속력을 가지려면, 그 판정보다 먼저 해당 국가들 간의 합의와 약속이 존재해 있어야 한다.

조약

바로 그 국가들 간의 합의와 약속이 조약이다. ICC나 ICJ도 조약에 의해 만들어졌다. 조약은 독립적 정부들 사이에서 공식적으로 결정된다. 조약의 쌍방 혹은 여러 측이 승인해야 발효될 수 있다. 일단 발효되면 조약은 국제법의 지위를 갖게 된다. 이 국제법에 합의한 모든 국가들에게 구속력을 발휘할 수 있다.

체결된 조약이 해당 국가의 법체계에서 어떤 지위를 갖는지는 국가마다 조금씩 다르다. 한국의 경우, 조약은 법률과 같은 지위를 갖는다. 조약의 상위법은 헌법뿐이고, 헌법에 어긋나는 조약은 효력이 없다. 법률과 조약이 충돌하는 경우, 국내 법률들이 충돌하는 경우와 마찬가지로 해석된다. 프랑스는 조약을 법률과 같은 지위에 놓지만, 국내 법률과 충돌하는 경우 조약을 우선시한다. 네덜란드의 경우, 조약이 헌법과 충돌하면 오히려 헌법을 수정한다. 이렇기 때문에, 조약 체결시 조약과 상충하는 국내법은 개정해야 한다거나 조약 이행을 위한 국내법을 제정해야 한다는 의무를 조약 안에 넣기도 한다. 가령, ICC 협약국은 ICC가 요청하는 경우 국내 인사를 ICC로 인도한다는 국내법을 제정해놓아야 한다.

조금 있다 설명하겠지만, 국제중재의 경우에도 중재판정이 구속력을 갖도록 설정해놓은 조약이 존재한다.

국제상사중재가 소송보다 선호되는 이유

이제 국제적 차원에서 이뤄지는 중재로 돌아가자. 앞서 한 나라 내에서 개인이나 기업 간의 분쟁에 중재가 자주 사용되는 이유를 말한 바 있다. 당사자들의 의사를 최우선으로 하여 비교적 짧은 시간 내에 일회적인 해결책이 나올 수 있다는 점, 중재 절차와 관련 정보들(판정문, 관련 자료, 심지어 중재가 진행되었다는 사실 자체)이 외부로 공개되지 않는다는 점, 기술 분야 등 전문성이 요구되는 분야에서는 전문가를 중재인으로 선정하여 합리적 판정을 기대할 수 있다는 점 등이 그 이유들이다. 무엇보다, 이 모든 장점이 있으면서 판결과 마찬가지로 강력한 구속력을 가진다는 것이 중재의 가장 큰 장점이라고도 했다.

그런데 다른 나라의 기업들 간에 분쟁이 발생하는 경우, 국내 기업 간 분쟁에서보다 중재가 해결절차로 더욱 선호될 만한 이유들이 있다. 무엇보다 어떤 기업도 상대 기업이 소속된 국가의 법정에서 소송을 진행하고 싶어 하진 않을 것이다.

소송은 특정 국가의 법정에서 정해진 절차에 따라 그 나라의 법률로 진행된다. 나라마다 법률체계가 다르다. 다른 나라 기업의 경우, 낯선 법률로 판결받는다는 것 자체가 공포스러울 수 있다. 다른 나라 기업들 간의 분쟁이 같은 나라 기업들 간의 분쟁보다 법정으로 가기가 더욱 힘든 이유다. 만약 국제중재라는 것이 없다면, 어느 국가의 법정에서 소송을 진행할 것인지 자체가 굉장히 중요한 분쟁거리로 등장할 것이다.

그러나 국제중재로 가면, 직접적 이해관계가 없는 제3국인을 중재인으로 선정할 수 있다. 가령, 미국 기업과 프랑스 기업 사이의 상사중재 때 한국인이 중재인으로 선정되는 것처럼 말이다. 소송이라면 당사자들이 자신들의 마음에 드는 판사를 고르는 건 상상조차 할수 없다. 그러나 중재인은 민간인이며 특정한 국적을 요구받지 않는다. 한국에서 진행되는 중재의 중재인이 미국인이나 호주인일 수도 있다. 분쟁 당사자들은 중재인을 하겠다는 사람들 중에서 자신들이 원하는 사람을 선택할 수 있다. 심지어 중재 과정에서 어떤 법을 적용할지, 어떤 언어를 사용할지, 어느 나라에 있는 사무실에서 '중재 심리hearing'를 진행할지도 분쟁 당사자들이 합의해서 정할수 있다. 이렇게 함으로써 어떤 쪽도 '홈 코트 어드밴티지home court advantage(본거지에서 경기를 하는 경우의 이점)'를 누릴 수 없게 한다. 중립성을 확보하는 것이다. 이처럼 서로 다른 나라에 속한 개인(기업)들 간의 분쟁을 해결하기 위한 중재를 가리켜 '국제상사중재'라고 한다.

그러나 국제상사중재의 경우, 법원 없이 분쟁 당사자들이 알아서 해결절차를 진행하려면 너무 복잡하고 힘들지 않을까? 사실 법원은 소송에 필요한 규칙·장소·인력 등을 미리 준비해놓고서 소송 당사자들에게 제공하는 '국영 서비스 기관'이라고 할 수 있다. 중재는 법원 밖에서 이뤄지기 때문에 이 같은 국영 서비스를 기대할 수 없다. 그러나 대안이 있다. 국제상사중재의 분쟁 당사자들은, 소송이었다면 법원이 제공했을 서비스들을 다른 곳에서 구입할 수 있다. 어느 정도 국제적으로 공인된 '중재규칙(중재의향서를 어떻게 보내고, 이후

심리를 어떻게 진행하며, 어떤 증거와 증인이 유효한가)'에 따라 중재 절차를 진행해주고 그 대가(수수료)를 받는 국제중재기관들이 존재하기 때문이다.

국제중재기관

국제중재기관들을 '국제법정'쯤으로 여기는 경우가 있다. 실제로 일부 언론들은 국제중재기관을 국제법정으로 표현하기도 한다. 그러나 국제중재기관은 '국제적 협의'에 기반한 법정과는 거리가 멀다. 단지 중재 진행에 필요한 각종 서비스를 국제적 차원에서 판매하는 사실상의 영리업체일 뿐이다.

예컨대 어떤 가상의 국가에, 시민들이 개인 간의 분쟁을 권투로 해결하는 관행이 있다고 치자. 이 나라엔 모든 시민이 승복할 수 있는 '민법'이 존재하지 않는다. 마치 지금의 국제사회처럼 말이다. 그래서 권투시합에서 이기는 사람의 의견이 무조건 옳은 것으로 간주된다. 중요한 시합인 만큼 분쟁 당사자들은 어떤 수단을 동원해서라도 이기려 할 것이다. 칼을 가져오거나 상대방의 급소를 공격할 수도 있다. 그래서 규칙이 필요하다. '흉기를 사용해서는 안 된다' '벨트 위의 상반신만 공격한다' '정해진 두께의 글러브를 사용한다' '한 경기당 3라운드' 같은 규칙 말이다. 또한 시민들이 권투시합을 벌이려면 링, 라운드 개시와 종료 때마다 벨을 울리는 사람, 의사 등 유무형의 인프라 및 전문인력도 있어야 한다. 그러나 시민 각자가 직접 이런 인프라와 인력을 동원하기는 힘들다. 시민들 간의 권투시합이 성행한다면, 관련 서비스를 제공하고 수익을 얻으려는 사업자들이 여럿 생길 것이다. 사업자들은 저마다 조금씩 다른 규칙과 인프라를 제공하며 고객(권투시합을 벌이려는 사람들)을 유치하려 한다. 예컨대 어떤 업체는 '경기당 3라운드'인데 다른 업체는 '경기당 5라운드'다. 링의 넓이도 저마다 다를 것이다. 권투시합을 벌이려는 시민들은 서로 합의해서 이런 업체 중 하나를 골라 서비스를 받으면 된다. 다만 누가 이겼는지 판정하는 심판은 양측 선수의 합의로 선정한다.

국제중재는 위의 사례에 나오는 권투시합과 비슷하다. 규칙과 인프라를 판매하고 돈을 받는 서비스 업자는 국제중재기관에 비유될 수 있다.

이제 현실 세계로 돌아가자. 국제중재기관이란, 국제중재라는 굉장히 복잡한 절차를 깔끔하게 진행할 수 있는 규칙과 절차 그리고 중재를 진행할 장소와 통신수단 등을 제공하고 돈을 받는 일종의 서비스 업체다. 분쟁 당사자들은 중재인 선정부터 모든 중재 절차를 합의로 결정할 수 있지만, 실제로 모든 절차를 일일이 합의해 수행하기란 쉽지 않다. 소장을 접수하기만 하면 법원이 알아서 진행해주는 소송과는 다른 탓이다. 누군가는 양 당사자들이 중재인을 합의해서 선정하는 절차를 진행하도록 연락하고, 중재인과 분쟁 당사자들이 모이는 자리도 마련해야 한다. 그 누군가는 사건 기록과 증거를 보관하며, 증인들의 증언을 녹취하는 등 행정 처리를 담당해야 한다. 더욱이 분쟁 당사자들이 서로 이해를 다투는 과정이므로 하나하나의 세부 절차들에서도 입장이 갈리기 마련이다. 이런 문제들을 해결할 수 있는 중재규칙도 필요하다. 중재규칙은, 예컨대 어떤 증거와 증언이 어떻게 제출되어야 하며, 중재과정에서 나오는 서류를 언제까지 누구에게 보내야 하는지 등을 규정하고 있다.

국제중재기관은 세계 곳곳에 있으며, 분쟁 당사자들을 고객으로 유치하기 위해 치열하게 경쟁하고 있다. 홍콩과 싱가포르의 경우, 국제중재기관을 일종의 고부가가치 산업으로 간주하고 정부 지원을 통해 육성해오기도 했다. 한국도 2016년 「중재산업 진흥에 관한 법률」을 제정하고, 국제중재기관을 하나의 산업으로 육성하기 위해 애쓰고 있다.

대표적인 국제중재기관으로는 세계은행World Bank 산하의 국제투자분쟁해결기구*ICSID: International Centre for Settlement of Investment Disputes, 국제상공회의소ICC: International Chamber of Commerce, 홍콩국제중재센터HKIAC: Hong Kong International Arbitration Centre, 싱가포르국제중재센터SIAC: Singapore International Arbitration Centre, 런던국제중재법원LCIA: London Court of International Arbitration 등이 있다. 한국에도 대한상사중재원KCAB: Korea Commercial Arbitration Board이 있다.

국제상사중재와 ISDS

각각 다른 나라에 사는 개인(기업)들도 국제중재기관의 서비스를 받아 중재 절차(국제상사중재)를 밟을 수 있다. 그렇다면 여기서 나온 판정은 어떻게 집행될까?

● ICSID는 국가가 얽힌 국제중재, 즉 ISDS와 SSDS(다음 장에서 설명) 관련 서비스만 제공한다.

예컨대 한국의 A기업이 미국의 B기업에게 1억 달러를 배상받으라는 중재판정이 나왔다. 그러나 이 판정이 나왔다는 것과 B사의 통장에서 A사의 통장으로 1억 달러가 실제로 옮겨지는 것은 좀 다른 문제다. 국가주권이 기본 단위인 국제사회에서, B사는 미국 정부에게 중재판정을 거부해달라고 요청하거나 미국 법원에서 그 분쟁을 한 번 더 다루자고 하면서 중재판정에 승복하지 않을 수 있지 않을까? 이런 경우가 잦다면 혹은 그럴 가능성이 있다면, 어떤 기업도 국제상사중재를 분쟁해결절차로 삼지 않을 것이다.

따라서 국제상사중재가 어떻게 이루어지든 그 판정이 어느 나라에서나 강력한 구속력을 발휘하게 만드는 것이 중요하다. 우리는 그 방법을 이미 알고 있다. 바로 조약이다.

지난 1958년 수십 개국이 참여한 가운데 미국 뉴욕에서 체결된 조약이 있다. 주로 '뉴욕협약'이라고 불린다. 이 협약에 가입한 국가들은 국제상사중재에서 나온 판정이 자국에서 승인되고 집행될 수 있도록 약속했다. 자국 기업에 불리한 판정도 자국에서 집행될 수 있도록 보장하겠다는 의미다. 뉴욕협약에 가입한 나라는 2020년 현재 157개국에 이른다. 한국도 협약국 중 하나다.

한국의 중재법은 "「외국 중재판정의 승인 및 집행에 관한 협약」의 적용받는 외국 중재판정의 승인 또는 집행은 같은 협약에 따라 한다"라고 규정해놓고 있다. 이 「외국 중재판정의 승인 및 집행에 관한 협약Convention on Recognition and Enforcement of Foreign Arbitral Award」이 바로 뉴욕협약이다. 즉 뉴욕협약에 따라, 국내에서 나온 중재판정뿐 아니라 외국에서 나온 중재판정 역시 한국 내에서 판결과 마찬가지로 집행될 수 있게 보장한다는 의미다. 이처럼 국제상사중재의 판정은 조약에 따라 각국 내의 법정에 의해 집행될 수 있다.

한 국가의 법정에서 소송을 통해 개인 및 기업 간의 국제적 분쟁에 대한 판결이 나온 경우, 그것을 다른 나라에서 어떻게 집행하게 될지는 나라마다 다르다. 나라마다 외국 판결의 승인·집행에 관하여 다른 법제도를 가지고 있기 때문이다. 따라서 판결이 나왔더라도 다시 이것을 어떻게 집행해야 할지 골치를 썩여야 한다. 집행만을 위한 소송을 다시 해야 하는 경우도 많다. 당연히 더 많은 시간과 돈이 들어간다. 이런 측면에서 국제상사중재의 장점을 다시 확인할 수 있다. 어느 나라에 가더라도 그 나라에서 나온 법정 판결인 양 집행하기가 쉽다는 점이다. 일단 판정만 얻어낸다면 뉴욕협약에 가입한 전세계 150개국 이상의 국가에서 간단한 승인 절차를 거쳐 바로 집행을 할 수 있다. 점점 더 많은 초국적 기업들이 국제상사중재를 자사의 이익을 지키기 위한 전장으로 삼게 된 이유다.

그렇다면 문제의 ISDS도 국제상사중재의 일종일까? 국제상사중재가 다른 나라의 개인(기업)들 간 분쟁을 중재로 해결하는 절차인데 비해 ISDS는 어떤 나라의 '기업'과 다른 나라 '정부' 간의 분쟁을 중재로 해결하는 방법이라고 할 수 있다. 둘은 모두 중재의 일종이며 국제중재기관의 서비스를 받는 등 비슷한 점이 많다. 그러나 국제상사중재가 다른 나라에 살지만 어디까지나 개인에 불과한 당사자들 사이의 분쟁을 다루는 반면, ISDS는 분쟁 당사자 중 하나가 국가라는 점에서 근본적으로 다르다. 자세한 내용은 다음 장에서 다루기로 한다.

제2장

ISDS는 어떻게
작동하는가

이제 본격적으로 '투자자-국가 분쟁해결절차', 즉 ISDS로 들어 갈 차례다. 1장에서 봤듯이 ISDS는 '중재'의 한 종류다.

우리 주변에서 가장 흔하게 볼 수 있는 중재는, 분쟁 당사자가 '한 국가 내의 개인'인 경우다. 여기서 개인이란 자연인은 물론 기업 도 포함하는 개념이다.(앞으로 이 책에서 언급하는 '개인'은 특별한 설명 이 없는 한 자연인과 기업을 모두 의미한다.) 이 개인들이 분쟁을 중재로 해결하려면, 상호간 체결해둔 계약서에 '분쟁이 발생하면 중재로 해 결한다(중재합의)'는 문구가 삽입되어 있어야 한다. 그렇다면 이 중 재의 판정은 그 나라의 중재법에 근거해서 집행이 보장된다. 현재 대 다수의 자본주의 시장경제 국가들은 중재법을 갖추고 있다. 한 국가 안에서 일어나는 이런 중재를 '일반상사중재'라고 부른다.

서로 국적이 다른 개인 간에 발생한 분쟁을 중재로 해결하는 것 이 '국제상사중재'다. 형식은 일반상사중재와 크게 다르지 않다. 분쟁 당사자 간의 계약서에 '중재합의'가 명시돼 있어야 한다. 다만 분쟁 당사자들이 일반상사중재에선 '한 국가 내의 개인들'인 반면 국제상사중재에서는 '서로 다른 나라의 개인들'일 뿐이다. 그래서 국제상사중재에는 판정 결과가 확실히 이행되도록 할 방도가 필요하다. 예컨대 미국 기업이 '우리는 그딴 판정 못 따르겠다'라고 억지를 쓰는 경우, 한국의 중재법으로 판정 이행을 강제할 수는 없는 현실에 대한 대비책 말이다.

그래서 1장에서 이미 언급한 '뉴욕협약' 같은 국제조약이 체결되었다. 이 조약에 가입한 국가에 소속된 기업은 국제상사중재에서 나온 판정을 이행할 수밖에 없도록 되어 있다. 예컨대 뉴욕협약 가입국인 A국의 a사가 같은 뉴욕협약 가입국인 B국의 b사에게 1억 달러를 손해배상하라는 국제상사중재 판정문이 나오면, A국과 B국은 물론 다른 뉴욕협약 가입국들도 이 손해배상이 이루어지도록 법·제도적으로 협조해야 한다. 가령, a사가 중재판정문에 불복한다고 가정하자. a사는 A국 기업이므로 이 회사의 자산 중 상당 부분은 A국에 있을 것이다. b사는 A국 법정에 'a사는 b사에 1억 달러를 지급하라'는 내용의 중재 판정문을 제출할 수 있다. 뉴욕협약에 따르면, A국 법정은 이 판정문을 특별히 예외적인 사유가 없는 한 승인하고 a사에 대한 강제집행(A국 내의 a사 자산을 강제로 팔아 그 매각대금으로 손해를 배상)을 허가해야 한다.

중재의 특수한 형태로 이 책의 주제인 ISDS 중재가 있다. 분쟁 당사자를 기준으로 볼 때, ISDS는 외국인 투자자(기업)와 피투자국 사이의 중재라는 측면에서, 일반상사중재(한 국가 내부의 개인들)나 국제상사중재(서로 다른 나라의 개인들)와 다르다. ISDS가 다루는 분쟁도 여타 중재에서 다투는 분쟁과 다르다. 일반·국제상사중재의 영역은 개인/기업들끼리 상업적 관계를 맺었다가 계약 위반으로 발생하는 분쟁이 대부분이다. ISDS의 관할은, 외국인 투자자가 피투자국(국가는 개인이 아니다)의 어떠한 행위(또는, 해야 마땅한 행위를 하지 않은 부작위) 때문에 피해를 입었다고 주장할 때 발생하는 분쟁이다.

또한 우리는 중재가 진행되려면 이에 앞서 중재합의가 있어야 한다는 사실을 알고 있다. 외국인 투자자와 피투자국이 중재로 분쟁을 해결한다면, 이 둘 사이에도 중재합의가 이미 존재한다고 짐작할 수 있다. 그러나 어느 나라든 외국인이 자기 나라에 투자한다고 해서 그 외국인과 '우리나라 때문에 당신(외국인)이 피해를 본다면 기꺼이 손해를 배상하겠다'는 따위의 계약서를 쓰진 않는다. 다만 정부와 외국기업이 재화를 사고파는(정부는 주로 사는 입장에 있다) 거래 때문에 계약서를 쓸 수는 있다. 그러나 이 계약에서 정부는 어떤 정책으로 해당 기업의 투자에 손해를 끼칠 수 있는 존재라기보다 재화 거래의 한 당사자일 뿐으로 '사인私人'에 가깝다. 이런 종류의 정부-외국기업 계약으로 발생한 분쟁이 중재로 해결된다면 그것은 ISDS가 아니라 국제상사중재로 보아야 한다.(이런 차이에 대해서는 뒤에 나올 '한국-콜트 분쟁' 단락에서 설명하겠다.)

계약서가 없다면, 다른 종류의 중재들(일반상사중재와 국제상사중재)에선 계약서에 담기 마련인 중재합의 역시 존재하지 않을 것이다. 그러나 현실에선 ISDS 중재가 버젓이 이루어지고 있다. 그렇다면 ISDS의 중재합의는 도대체 '어디에' 있는 것인가? 바로 해당 국가와 '외국인 투자자가 소속된 국가' 사이에 체결되어 있는 조약에 있다. '양자 간 투자협정BIT: Bilateral Investment Treaty'이나 '자유무역협정FTA: Free Trade Agreement의 투자챕터*'에 다음과 같은 내용으로 일종의 중재합의가 들어가 있는 것이다.

'우리나라의 투자자가 당신 나라에 투자했다가 당신 나라 때문에 손해를 입는다면, 우리나라 투자자는 당신(상대국)에게 중재를 신청할 수 있다. 또한 당신은 그 중재를 거부하면 안 되고, 거부할 수도 없다.' 즉 투자자들이 외국 정부를 상대로 중재를 신청하는 근거는, 투자자와 정부 간에 개별적으로 맺은 계약서가 아니라 '투자자 소속 국가'와 '피투자 국가' 간에 체결되어 있는 조약(BIT나 FTA)이다.

그런데 ISDS에서 피투자국이 패배하는 경우 손해배상금을 지급할 것이라는 보장은 있는가? 있다. BIT와 FTA라는 조약 덕분이다. 대부분의 나라에서 조약은 그 나라 국내법과 사실상 같은 효력을 가진다. 또한 ISDS는 국제중재로서 다른 국제상사중재와 마찬가지로 뉴욕협약에 의해서도 그 효력이 보장된다. 아무리 간 큰 정부라도 국제사회에서 고립되지 않으려면, ISDS에서 나온 판정을 거부하긴 어렵다.

또 하나 중요한 ISDS만의 특징이 있다. 일반·국제상사중재에선 계약을 맺은 양측이 모두 상대방에게 중재를 걸 수 있다. 그러나

● FTA은 체결 당사국 간 상품 무역 및 서비스 무역과 관련한 장벽을 완화하고, 상대국 투자자의 투자를 보호하는 것을 주된 목적으로 하고 있으며, 이때 투자 보호는 일반적인 BIT과 유사한 내용을 담고 있다. FTA에는 BIT가 들어가 있다고 보아도 무방할 것이다.(뒤에서 다시 설명할 것이다.)

일반상사중재와 국제상사중재, 그리고 ISDS

	일반상사중재	국제상사중재	ISDS
중재대상	• 한 국가 내의 개인 및 기업	• 서로 다른 국가에 속한 개인 및 기업	• 한 국가와 외국인 투자자 사이(투자자만 중재 요구 가능)
중재합의	• 계약서에 명시 또는 별도 합의	• 계약서에 명시 또는 별도 합의	• BIT, FTA 등 양국 간 협정에 명시
판정의 구속력	• 법률상의 중재법으로 보장	• 뉴욕협약('외국 중재판정의 승인 및 집행에 관한 UN협약')으로 보장	• 양국 간의 협정과 뉴욕협약으로 보장

ISDS 중재의 경우, 외국인 투자자가 중재를 신청할 수는 있으나 피투자국이 먼저 외국인 투자자에게 중재를 제기할 수는 없다. 왜 그러냐고? BIT와 FTA에 그렇게 규정되어 있기 때문이다.

지금까지 중재의 세 종류, 즉 일반상사중재와 국제상사중재, ISDS를 각각의 특징에 따라 간략하게 분류해보았다. 그러나 ISDS를 본격적으로 탐구하기에 앞서 ISDS가 아니지만 ISDS처럼 보이는 국제분쟁 하나를 짚고 넘어갈까 한다. 어떤 것의 개념을 정확히 잡으려면, 그 어떤 것처럼 보이지만 사실은 그것이 아닌 것을 파악하는 과정이 필수적이기 때문이다.

한국-콜트 분쟁

지난 1984년 미국의 무기제조 업체인 콜트는 당시 한국의 전두환 정부를 상대로 중재를 신청한 바 있다. 미국의 민간업체(외국인 투자자)가 외국인 한국을 상대로 중재에 들어간 것이다. 자연스럽게 이건 ISDS의 사례일 거라는 생각이 떠오른다. 한국은 이미 1984년에 ISDS에 휘말렸던 것일까?

결론부터 말하자면, '한국-콜트 중재'는 ISDS가 아니다. 그보다는 국제상사중재라고 봐야 한다.

지난 1971년, 한국과 미국 정부는 M16 소총의 한국 내 생산과 관련된 양해각서에 합의했다. M16 소총의 특허권은 미국의 유명한 무기제조업체인 콜트에 있었다. 양해각서에서 미국 측은 한국 측이 국영 무기제작소인 국방부 산하 부산조병창에서 60만 정의 M16 소총과 부품을 생산할 수 있도록 허용했다. 대신 한국 측은 M16 소총 1정당 7달러의 로열티를 콜트에 지급해야 했다. 이렇게 생산된 소총은 한국 군대에서만 사용될 수 있었다. 한국에서 만든 M16 소총을 다른 나라에 수출하는 행위는 금지되어 있었다는 이야기다.

그런데 1980년 전후, 여러 가지 상황이 변하면서 분쟁의 불씨가 만들어진다. 우선, 콜트 측의 M16 특허권이 1979년 말에 만료되었다. 1981년, 전두환 정부는 당시 국내 최대 기업집단 중 하나인 대우그룹에게 국방부 산하의 조병창을 인수하도록 했다. 이렇게 해서 출범한 기업이 바로 당시의 대우정밀공업(현 S&T모티브)이다. 일종의 민영화였지만, 국가는 여전히 대우정밀의 운영에 엄청난 영향력을 미치고 있었다. 이런 가운데 대우정밀 측은 M16 특허권 만료 이후 생산된 소총들에 대해서는 로열티를 지급하지 않겠다고 콜트 측에 통보했다.

콜트 측이 반발할 소지가 있었다. 콜트에 지급되던 로열티는, 한국의 개별 생산업자(조병창 또는 대우정밀)와 미국 민간기업(콜트) 간 계약이 아니라 한미 양국의 조약(한미 양해각서)에 기반하고 있었다. 실제로 콜트와 미국 측에서는, 특허권 만료와 상관없이 '국가간 약속(콜트에 로열티 지급)'이 계속 준수되어야 한다고 주장했다. 콜트는 외형상 민간기업이었던 대우정밀 측에 여러 차례에 걸쳐 협상을 시도했으나 거부당한 것으로 알려졌다. 결국 콜트는 1984년 한국 정부를 상대로 국제중재를 신청하게 된다.

콜트의 '총구'가 대우정밀이 아니라 한국 정부를 겨냥한 데는 나름의 합리적 이유가 있다. M16을 생산하던 조병창은 국방부 산하였으니 국가기관으로 볼 수 있었다. 조병창을 인수한 대우정밀 역시 민영화되긴 했으나 한국 정부의 강력한 영향력 아래 '총기 국산화'라는 국가시책을 실현하고 있는 것으로 보였다. 실제로 대우정밀은 1982년에 'K1 기관단총'을 독자 개발하는 데 성공하고, 1984년부터는 한국형 제식소총 K2를 생산·보급하면서 M16을 대체하기에 이른다.

이후 '한국-콜트 국제중재'가 어떻게 진행되었는지는, 지금도 잘 알려지지 않고 있다. 이상한 일은 아니다. 1장에서 봤듯이, 중재는 매우 비밀스런 과정이기 때문이다. 다만 당시 한국-콜트 중재에 행정 서비스를 제공한 국제중재기관인 ICSID 홈페이지를 뒤져보면 단편적인 정보를 입수할 수 있긴 하다.

그 자료들에 따르면, 콜트의 대對 한국 중재신청이 ICSID에 등록된 것은 1984년 2월이다. 6개월 뒤인 같은 해 8월 15일, 중재판정부가 구성되었다. 한국 측은 우루과이 법률가, 콜트 측은 캐나다 법률가를 중재인으로 선정했다. 중재판정부의 의장중재인은 자메이카인인데, 분쟁 당사자인 한국 정부와 콜트가 각자 선정한 중재인들이 합의해 뽑은 사람이었을 가능성이 높다. 한국-콜트 분쟁은, '무기 제조에 대한 기술 및 특허권 협약'에서 발생한 것으로 기록되어 있다. 중재 발동 근거는 한국과 콜트 간의 계약이었다.

마지막으로, 중재 절차의 결과는 '알 수 없다'. ICSID 자료엔, 중재신청 등록으로부터 6년여 뒤인 1990년 8월 3일, '중재 절차 진행 중 양측 합의로 종결'이라고만 되어 있다. 확실한 사실은 중재 절차가 양측 모두에게 구속력을 발휘하는 '판정award'에 이르지 못했다는 것이다. 중재 절차가 진행되던 중 양측이 '원만하게 합의'한 것으로 보인다. 1980년대 말부터, 한국이 M16 소총을 제3국으로 수출했다는 시비가 미국 하원 청문회에서 거론되면서 당시 전두환 정부가 압박감을 느낀 영향이 없지 않았을 터이다. 그 합의 내용은 아직까지도 아무도 모른다. 한국 정부가 일정한 금액을 콜트 측에 줬는지, 콜트가 특허권 만료에 따라 로열티를 포기했는지조차도 알 수 없다. 중재의 장점(?)인 비밀 보장이 너무도 잘 지켜지고 있는 것이다.

지금까지의 내용이, '한국-콜트 중재'에 대해 알려진 거의 전부다. 그러나 이 정도의 단편적 자료로 봐도, 한국-콜트 중재는 ISDS가 아니라 국제상사중재에 가깝다는 것을 알 수 있다. 먼저 한국-콜트 중재는, 한국 정부가 미국 정부와의 BIT나 FTA를 위반했다는 이유로 제기된 것이 아니다. 이 중재를 ISDS로 볼 수 없는 가장 확실한 이유다. 또한 ICSID 자료에 따르면, 콜트가 한국 정부를 대상으로 중재를 신청한 근거는 '한국(의 국가기관) 측 계약 위반'이다.

1971년에 체결된 한미 양해각서의 핵심 내용은, 한국의 국가기관인 조병창이 미국 민간기업 콜트의 특허권을 사용해서 M16 소총을 생산하고 그 대가로 로열티를 지급하는 것이었다. 그런데 콜트가 한국 정부를 상대로 중재를 신청했다는 사실 자체에서 우리가 추정할 수 있는 거의 확실한 사실이 있다. 국가 간 조약인 양해각서 이외에 국가기관인 조병창과 콜트가 따로 계약을 체결했다는 것이다. 그래야 중재가 가능하다는 것을, 우리는 이미 알고 있다. 추측컨대 조병창과 콜트 간 계약서엔 '분쟁 발생시엔 중재로 해결'하며, 'ICSID로부터 중재 절차 진행에 필요한 각종 서비스를 제공받는다'는 조항이 들어가 있었을 터이다.(분쟁이 발생한 이후에 한국 정부와 콜트가 분쟁을 국제중재로 해결하자는 중재 계약을 체결했을 가능성도 완전히 배제할 수는 없으나, 가능성은 희박하다.) 콜트가 계약서의 해당 조항을 근거로 중재를 신청하면 한국 정부로서는 좋든 싫든 응하는 것 외엔 방법이 없었다.

또한 한국-콜트 중재는, ISDS와 달리 콜트 측이 한국 정부의 국가적 행위 때문에 손해를 입어 제기한 것이 아니다. 한국 정부는 주권을 발휘해 정책을 입안·집행하면서 한국 내부는 물론 한국 내로 들어온 외국인 투자에도 엄청난 영향을 미칠 수 있다. 그러나 정부가 단지 물건을 사고파는 거래의 한 당사자인 경우도 있다. 콜트 측의 입장에서 볼 때 내 물건을 가져간 상대방이 돈을 주지 않는다면, 그 상대방이 옆집의 철수든 대한민국이라는 정부든 그냥 '나와 거래한 나쁜 개인'에 지나지 않는다. 콜트 측에게 한국 정부는 직접적 거래의 상대방으로 '개인'이나 마찬가지였던 것이다.

콜트는 한국 정부가 '특허권을 사용하는 대신 로열티를 준다'는 계약을 위반한 것으로 봤다. 이는 한 나라의 기업이 '다른 나라의 기업'과 체결한 계약이 이행되지 않았을 때 신청하는 중재(국제상사중재)와 거의 똑같다. 다만 '다른 나라의 기업'이 '다른 나라'로 바뀌었을 뿐이다. 한국-콜트 중재는, 분쟁 당사자 중 한쪽이 정부였던 국제상사중재였다.

이로써 우리는 국가(정부) 역시 국제상사중재의 한 당사자가 될 수 있다는 점을 알 수 있다. 되풀이하지만, 중재는 '한 국가 내의 개인 사이(일반상사중재)'에서든 '다른 국가의 개인들 사이(국제상사중재)'나 '국가와 외국인 투자자 사이(ISDS)'에서든, 원리와 절차가 거의 동일하다. 분쟁 발생시 중재로 해결한다는 근거(중재합의)를 미리 마련해두어야 하고, 분쟁 당사자들이 중재인을 선정하며, 중재 절차 서비스를 외부의 전문기관(ICSID는 그런 기관 중 하나일 뿐이다)으로부터 받는다. 중재인의 판정은 강력한 구속력을 발휘한다. 일반상사중재와 국제중재(국제상사중재와 ISDS) 사이에 차이가 있다면, 전자의 구속력은 국내 중재법에 기반을 두는 반면 후자의 구속력은 궁극적으로 국제협약(조약)에서 나온다는 것이다.

이제 ISDS를 본격적으로 설명할 수 있게 되었다.

해외 투자자와 피투자국 사이의 분쟁 모델

A국의 화장품 기업인 a사가 B국에 투자해서 현지 자회사인 b사

를 설립했다고 가정하자. a사가 다른 나라(B국)에 지사를 설립한 이유는, 현지에서 화장품을 생산·판매하면 노동비용 절감뿐 아니라 그 나라 화장품 수요자들의 트렌드를 유연하게 반영해서 시장점유율까지 크게 높일 수 있다는 기대감 때문이었다.

그러나 a사의 야망은 암초에 부딪치고 만다. B국 정부는 화장품 생산을 국가전략산업으로 키우고 싶었으며, 자국의 토종 화장품업체인 z사가 기존의 우월한 시장지위를 계속 누릴 수 있기를 바랐다. 그래서 B국 내에서 운영되는 모든 화장품업체들에게 지급하던 보조금이나 세금감면 혜택에서 b사를 제외해버렸다. 심지어 한창 인기몰이중이던 b사 제품에만 함유된 특정 화학성분을 유해물질로 규정했다. 당연히 그 제품의 생산은 금지되었다.

a사와 그 자회사인 b사의 간부들을 더욱 격앙시키는 사태가 발생했다. B국엔 다른 해외 국가인 C국 화장품회사가 투자한 c사도 영업 중이었다. B국 정부는 이 c사에 대해서는 보조금을 계속 지급했다. B국의 국내 자본이 c사에 일부 투자되어 있었던 것이다. 분노한 a사와 b사는 B국 정부에 강력한 항의문을 보냈다. 결국 미운 털이 박혔다. 어느 날 갑자기 B국 검찰은 '오랜 수사 끝에 b사가 탈세는 물론 외환관리법까지 위반한 사실을 밝혀냈다'고 발표했다. B국 정부는 a사의 투자로 B국 내에 형성된 b사 명의의 각종 자산(공장부지, 기계설비, 예금 등)을 모두 몰수한다고 발표했다.

b사의 모기업인 a사 CEO는 치밀어오르는 울화를 꾹꾹 누르며 손해를 보전할 수 있는 합리적 방안을 고민하기 시작했다.

소송

일단 외국인 투자자인 a사가 피투자국(여기서는 B국)의 법원에 그 나라 정부를 상대로 소송을 제기하는 방법이 있다. 이를 '국내적 구조절차'라고 부른다. 이길 수만 있다면 가장 확실한 대안이다. 강력한 구속력 덕분이다. 어느 국가에서든 그 나라 법원의 판결만큼 확실한 구속력이 보장되는 분쟁 해결 방안은 없다. 'B국 정부가 a사에 1000만 달러를 배상하라'는 판결이 B국 법원에서 나오면, B국은 a사에 그 금액을 지불하지 않곤 배길 수 없을 것이다. 정부가 자기 나라 법원의 판결을 수용하지 않기는 어렵다.

만일 B국 정부가 지급하지 않는 초유의 사태가 벌어질 경우, a사는 '이미 나온 판결'을 '집행'해달라고 B국 법원에 신청서를 낼 수 있다. B국이 형식적인 법치주의라도 이뤄지는 국가라면, B국 집달관들이 B국 정부의 자산(정부 청사, 국유 토지, B국 정부가 보유한 다른 나라 채권 등)을 압류·매각한 뒤 a사에 1000만 달러를 전달하게 된다. B국 내엔 B국 정부의 자산이 엄청나게 많이 존재할 것이므로, 강제집행을 하는 데 큰 어려움도 없다.

그러나 이 '국내적 구조절차'엔 치명적 약점이 있다. 피투자국(여기선 B국)의 법원이 공정할 것이라는 보장이 없다는 점이다. 더욱이 외국인 기업의 자산까지 몰수하는 행태로 비춰보건대, B국 정부는 법원에도 엄청난 영향력을 미칠 것으로 보인다. B국 법원이 B국 정부에 일방적으로 유리한 판결을 낼 가능성이 크다는 이야기다.

소송으로 문제를 해결하는 또 하나의 방법이 있다. a사가 자국(A

법원, '강제징용' 일본제철 압류자산 감정 마쳐

매각명령 통한 배상금 지급만 남아

법원이 일제강점기 강제징용 가해 기업인 일본제철의 압류된 국내 자산을 매각하기 위한 마지막 사전 절차인 주식 감정을 마친 것으로 13일 확인됐다.

대구지법 포항지원은 일본제철과 포스코의 합작사인 '포스코-닛폰스틸 제철부산물재활용(RHF) 합작법인(PNR)' 주식 가치에 대한 감정서를 올 1월 15일 접수했다고 13일 밝혔다. 강제징용 피해자 이춘식 씨 등 6명은 2018년 10월 "일본제철은 강제징용 피해자들에게 각 1억 원의 배상금을 지급하라"는 대법원 확정 판결 뒤에도 일본제철이 배상금을 지급하지 않자 일본제철의 국내 자산인 PNR 주식을 압류·매각해 달라고 신청했다.

2019년 1월 법원은 이 씨 등이 신청한 사건과 관련해 PNR 주식 8만1075주(액면가 3억8000만 원)를 압류했다. 이번에 접수된 주식 감정서는 이 8만1075주의 실제 가치를 감정한 결과인 것으로 알려졌다. 이 씨 이외에도 징용 피해자들이 추가로 압류·매각명령 신청 2건을 내 법원은 PNR 주식 총 19만4749주(액면가 9억7397만 원)를 압류한 상태다. 추가로 접수된 매각명령 신청에 대해선 아직 주식 감정이 완료되지 않았다.

이에 따라 감정된 주식을 매각해 이 씨 등 6명에게 배상금을 지급하는 절차만이 남게 됐다. 매각명령은 채무자(일본제철) 심문과 자산 가치 감정을 거쳐 내려지는데, 일본제철은 법원이 보낸 심문서를 받지 않고 주식 감정에도 협조하지 않으며 시간을 끌어왔다. 법원은 지난해 10월 "채무자 심문서를 받아본 것으로 간주하겠다"는 공시송달 결정을 내렸다.

박상준 기자 speakup@donga.com

법정 판결의 구속력은 다른 국적을 가진 개인 및 기업에 대해서는 약할 수밖에 없다. 2018년 한국 법원은 일제 강점기 강제징용 피해자들이 일본제철을 상대로 낸 손해배상 소송에서 피해자들에 대한 배상을 명령했지만, 3년이 지난 지금까지도 집행되지 않고 있다. 또한 우리가 보았듯이 압류·매각 등의 강제 절차는 외교 분쟁으로도 이어지게 된다.(동아일보, 2021년 5월 14일)

국)의 법원에 B국 정부를 상대로 손해배상 소송을 내는 것이다. B국과 비교할 수 없을 정도로 민주화되어 있는(삼권분립이 자리 잡은) A국의 법정은 원고와 피고의 국적과 상관없이 비교적 공정하고 객관적인 판결을 내리는 것으로 정평이 높다고 하자. 그러나 여기에도 문제가 있다. a사가 자국 법정에서 승소한다 치더라도 B국 정부로부터 실제로 손해배상금을 받아내기는 어렵다는 것이다. B국 정부로서는 A국 법원의 판결에 따를 하등의 이유가 없기 때문이다.

판결문이란, 조금 심하게 이야기하면 '권리(1000만 달러를 받을 a사의 권리)'와 '의무(1000만 달러를 줘야 할 B국 정부의 의무)'를 확정한 문건일 뿐이다. 판결문 자체만으로는 a사가 돈을 받는다는 보장이 없다. 판결문이 실제로 집행되어, B국 정부의 자산 가운데 1000만 달러 상당을 압류·추심할 수 있어야 a사의 기대가 충족된다. 만약 a사의 본국인 A국에 B국 정부의 자산(가령, B국 정부가 A국 은행에 예금한 돈, B국 국유기업이 A국에 설치한 자회사)이 있다면, 집행 역시 비교적 쉬울 수 있다. A국 법원이 'B국 정부는 a사에 1000만 달러를 배상하라'는 판결을 냈다면, 집행 역시 같은 방향으로 허용될 가능성이 크다. 그러나 이 경우에도, 따로 소송을 내야 하고 그 과정에서 'A국과 B국 간 외교관계'나 '외국인 자산에 대한 A국 법률' 등을 따져야 하므로 번거롭기 짝이 없다.●

　다른 방법으로는 a사가, B국 정부의 자산이 있는 다른 나라(가령 H국)의 법정에 A국 법원에서 받아낸 판결문을 제출하고, 이에 대한 '승인 및 집행'을 원한다는 소송을 진행할 수도 있다. 물론 H국이 외국, 특히 A국 법원의 판결을 존중하는 법률 체계를 갖고 있을 때 가능한 일이다. 만약 H국 법원에서 A국 판결문에 대한 '승인 및 집행'을 받아들인다면, 그 법원은 국가의 강제력을 동원해서 H국 영역 내에 있는 B국 정부의 자산을 압류해서 a사에 건네게 될 터이다. 그러나 이 또한 별도의 소송을 거쳐야 하는데다 A국-B국-H국 사이의

● 가까운 예로, 일제 강점기에 강제 동원된 피해자들이 일본제철, 미쓰비시중공업 등 일본 전범기업을 상대로 우리나라 법원에 제기한 손해배상청구 사건이 있다. 피해자들은 승소했지만, 이들 기업은 배상을 하지 않고 버텼다. 피해자들은 하는 수 없이 이들 기업이 국내에 보유하고 있는 자산(주식·특허권·상표권 등)을 팔아 그 매각 대금으로 배상을 받는 강제집행 절차를 진행중이다. 정당한 절차지만, 일본 아베 정부는 이 강제집행 절차를 막기 위해 일본산 반도체 부품의 한국 수출을 규제하고 나섰고, 이것이 지금도 계속되는 한일 간 무역분쟁의 시작이다.

외교관계를 복잡하게 만들어 새로운 변수를 추가할 가능성이 크기 때문에, a사 CEO는 여전히 골치를 앓게 될 가능성이 크다.

외교적 보호

이처럼 소송이라는 까다로운 국제분쟁 해결절차에 진저리를 친 a사는 또 다른 방법을 선택할 수도 있다. 본국인 A국 정부에 이렇게 호소하는 것이다. "B국에 투자했는데, 그 나라 정부의 불법적 조치로 큰 손해를 입었다. B국 정부와 '외교적 절차'를 밟아 우리 회사를 구제해 달라." 외교적 보호는, 정부가 나서서 다른 정부를 압박하거나 타협하는 방법으로 자국 기업의 이익을 보호하는 것이라 할 수 있다.

그러나 외교적 보호를 시행하려면, a사의 피해 양상이나 정도가 A국의 국정 및 외교관계에 엄청난 영향을 미치는 정도여야 한다. 더욱이 자국의 해당 기업을 보호하기 위한 조치라 할지라도 일단 국가가 나서면 '외교문제'로 비화될 수밖에 없다.

'외교적 절차'의 범위는 매우 넓다. 양국의 관련 고위 공무원들이 만나 대화로 원만한 해결책을 모색할 수도 있겠지만, 타협안이 나오지 않는다면 어떻게 할 것인가? 상대국을 정치적·경제적으로 압박하는 수단을 동원할 수밖에 없고, 이는 양국 모두에게 엄청난 부담을 안기게 된다. 더욱이 팽창주의 세력이 집권한 국가라면 자국민을 외교적으로 보호한다는 명분하에 침략 행위를 벌인 사례가 역사적으로도 드물지 않다.

'국가 대 국가' 분쟁해결절차

국가들이 정부 대 정부 차원에서 투자 관련 분쟁을 중재로 해결할 수도 있다. '국가 대 국가 분쟁해결절차SSDS: State to State Dispute Settlement라고 한다. 정부 대 정부란 차원에서는 '외교적 보호'를 떠올리게 하지만, 국가 차원의 압박이나 타협이 아니라 중재라는 분쟁해결 방법을 응용한다는 데서 많이 다르다. 물론 이 SSDS 역시 사전에 BIT나 FTA 같은 투자협정으로 '분쟁 발생시 국가 대 국가로 중재 절차에 들어갈 수 있다'라고 합의되어 있어야 가능하다.

앞의 사례를 다시 적용해서, A국의 투자자(a사)와 B국 정부 간에 분쟁이 발생했다고 치자. 다만 A국과 B국 간엔 이미 '해외 투자자(A국 입장에서는 B국 투자자, B국 입장에서는 A국 투자자)'를 보호하는 내용의 투자협정이 체결되어 있었다. A국 정부 입장에서 볼 때, 자국 투자자가 B국 정부로부터 부당한 대우를 받았다. 그러나 B국 정부는 그렇지 않다고 주장한다. 투자협정이라고 해봤자, 이렇게도 저렇게도 해석될 수 있는 문장들의 집합이다. 이해관계가 다르면 해석도 다를 수밖에 없다.

A국 투자자와 B국 정부 간의 분쟁이 일정한 시기 안에 해결되지 않는 경우, 양국 간 협정에 따라 A국 정부는 B국 정부를 상대로 중재를 신청할 수 있다. 양국의 투자협정 해석 가운데, 어느 쪽이 옳은지 가리기 위한 절차다. 한쪽이 투자협정에 기반해 SSDS를 요청하면 상대국은 이를 거부할 수 없다. 다른 중재 형태들과 비슷한 원리다. 절차도 '국가 대 국가'란 것 외엔 크게 다르지 않다.

대부분의 경우, 양국이 각자 1인씩의 중재인을 선정하고, 2명의 중재인은 다시 양국의 국적이 아닌 다른 나라의 전문가를 의장중재인으로 선출한다. 양국이 함께 합의할 수 있는 의장 후보가 없다면 가령 국제사법재판소ICJ 소장에게 중재인 선정을 요청할 수도 있다. 다른 방법도 있겠지만, 중재판정부는 (다수결로 결정할 때 뚜렷한 승패가 가려지는) 홀수로 구성해야 한다. 또한 중재판정부가 내리는 판정 (예컨대 'B국 측의 협정문 해석이 옳다')은 양국 정부에 구속력을 발휘하게 된다.

오늘날의 거의 모든 투자협정은 분쟁해결 방법으로 ISDS와 SSDS 조항을 함께 갖고 있다. 하지만 SSDS는 투자자 개인이 제기할 수 없고, 투자자의 국가가 자국 투자자를 보호하고자 할 때 마음 먹었을 때만 가능하다. 투자자 입장에서는 원하는 대로 제기할 수 없는 한계가 있는 것이다. 그래서 ISDS는 세월이 흐를수록 자주 활용되는 반면 SSDS는 거의 쓰이지 않는 추세다.

투자자-국가 분쟁해결절차

이제 드디어 ISDS다. 앞의 사례를 다시 끌고 온다면, ISDS는 A국의 민간기업인 a사가 B국 정부를 상대로 국제중재를 신청하는 경우다. 이 역시 A국과 B국이 미리 '분쟁 발생시엔 투자자가 상대국 정부에게 중재를 신청할 수 있다'라고 조약(BIT나 FTA)으로 약속해두어야 한다. ISDS는, '한국-콜트 중재'와 비교할 때, 민간기업이 외국 정부에게 중재를 요청한다는 측면에서는 비슷하다. 그러나 완전히 다른 경우다.

'한국-콜트 중재'에서, 한국 정부(기관)와 콜트는 총기 거래 계약의 당사자였다. 콜트는 한국 정부의 계약위반으로 피해를 입었다고 주장하면서 해당 계약에 명시되어 있었을 '중재' 조항을 발동시킨 것이다.

그러나 이 'a사-B국' 분쟁의 경우, a사와 B국은 계약 따위를 맺은 바 없다. B국 정부는 a사로부터 뭔가를 사들인다거나 그 대가로 로열티를 준다고 계약한 적이 없다. 외국 투자자인 a사가 B국의 정책(세제, 보건, 외환관리법 위반에 대한 검찰수사와 재판, 그 결과인 b사 자산 압류) 때문에 큰 손해를 봤다고 주장할 뿐이다. B국 정부로서도 할 말이 없을 리 없다. 자국 시민들의 행복과 복지에 기여하기 위해 국내 산업을 육성하고, 보건정책을 강화하며, 탈세 및 외화불법유출을 방지하기 위한 정책을 펼쳤을 뿐이라고 주장할 수 있다. 그러면서 a사가 자회사인 b사의 경영실패와 불법행위로 인한 불가피한 손해를 B국 정책의 결과라고 터무니없이 뒤집어씌운다는 입장을 내세울 수 있다.

그저 둘러대는 변명이 아닐 수 있다. 예컨대 B국 정부가 화장품의 특정 화학성분을 금지한 조치로 인해 a사와 b사가 실제로 큰 손해를 입었다 해도, B국 정부의 조치가 무조건 부당하다고만 할 수 있을까? 정부가 자국 국민의 건강을 정책의 우선순위로 두는 것은 너무나 당연한 일이다. 외국인 투자자의 이익 때문에 국민 보건을 희생시킬 수는 없다.

이런 상황에서 해외 투자자가 피투자국 정부를 대상으로 중재를 신청한다는 것은 무엇을 의미할까? 중재신청을 당한 B국 정부가 사전에 어떤 계약을 했다고 봐야 한다. B국 정부가 그 계약을 위반했다고 간주될 수 있는 행위를 했기 때문에 a사의 중재신청에 휘말리게 된 것이다. 그렇다면 그 계약은 무엇일까? 바로 B국과 A국(a사의 모국) 사이에 체결된 BIT나 FTA다.

BIT는, 본국에 들어오는 상대국 투자자를 보호하기 위한 두 나라 사이의 약속(조약)이다. 외국인이 '우리나라'에 투자해서 기업을 세웠다고 가정하자. 그 외국인 투자 기업이 정책적으로 불공정한 대우를 받거나 심지어 투자 자산을 '우리나라'에 몰수당할 수 있다면 어떻게 될까? 혹은 '우리나라' 기업이 외국에 투자했는데, 그 국가로부터 부당한 처우를 감당해야 하는 경우도 있을 것이다. 이런 상황이 일반적이라면 누구도 외국에 투자하려 들지 않을 것이다. 국내에 자본이 부족하기 때문에 외국인 투자를 받아야 하는 나라는 물론 국내 자본이 넘쳐 해외투자로 수익을 만들어내야 하는 국가도 손해다. 이에 따라 세계의 상당수 국가들은 상호간에 BIT나 FTA를 체결해 본국에 들어오는 상대국 측의 투자를 보호하고 있다. 한마디로 '해외에 마음 놓고 투자하라'는 의미다. 한국은 2018년 9월 현재 87개 정도의 BIT를 체결한 상태다. 그리고 대다수의 BIT엔 ISDS 관련 조항이 들어가 있다.

FTA 역시 국가 간 조약인데, 그 폭이 BIT보다 훨씬 광범위하다. 조약을 체결하는 국가들 간 상품이나 서비스 무역이 더욱 자유롭게 이루어질 수 있도록 당사국들의 무역 장벽을 낮추기 위한 협정이다. 1990년대 말부터 일부 국가들이 따로 FTA를 체결하는 움직임이 활발해졌다. 1995년에 전세계 거의 모든 국가들의 거래규칙을 포괄하는 WTO(세계무역기구)가 출범해서 모든 나라의 무역장벽을 낮추는 글로벌 시스템을 구축하려 했으나, 이 체제가 그리 순조롭게 작동하지 못했기 때문이다. 이 FTA엔 거의 반드시 투자 관련 챕터chapter가 포함되어 있다. 투자 관련 챕터의 내용은 BIT의 내용과 거의 비슷하다. 한-EU FTA 등과 같은 소수의 FTA를 제외하고는, ISDS를 포함하고 있는 경우가 대부분이다. 요컨대, BIT는 보통 ISDS를 포함하고 있고, FTA는 이 BIT를 하나의 챕터로서 품고 있다.

대부분의 BIT와 FTA 투자챕터는, 상대국 정부가 자기 나라로 들어온 '우리나라' 개인의 투자를 보호하지 않거나 심지어 '수용expropriation'하는 행위를 금지하고 있다. 여기서 '수용'은, 일차적으로는 어떤 국가가 국내에 있는 외국인 투자자의 자산을 몰수하는 행위를 의미하지만 최근엔 국가로 인해 그 자산의 가치가 떨어지는 경우까지 포함하게 되었다.(이런 경우를 간접수용이라 부른다.)

정리하자면 A국의 a사가 B국 정부에게 중재를 신청했다는 것은, A국과 B국 사이에 BIT나 FTA 같은 협정이 체결되어 있었다는 의미다. 만약 A국과 B국 사이에 협정이 체결되어 있지 않았다면, a사의 B국에 대한 국제중재 신청 따위는 애당초 불가능하다. 해당 투자자는 골치 아프더라도 소송 등의 다른 수단으로 갈 수밖에 없다.

ISDS의 세부사항

ISDS의 원리는 일반상사중재나 국제상사중재와 다를 바 없다.

분쟁 당사자들(ISDS에서는 외국인 투자자와 피투자 국가)이 공정하고 중립적일 것으로 기대되는 중재인(ISDS에서는 주로 제3국인)을 선정해서 분쟁 사안에 대한 판정을 맡기는 것이다. 대부분의 중재 규칙은 1명 또는 3명의 중재인으로 중재판정부를 구성하도록 하고 있다. 판정은 한 번으로 결판난다. 단심제다.

ISDS를 어떤 절차에 따라 진행할지도 해당 BIT와 FTA에 정해져 있는 것이 보통이다. 대체로 다음과 같다. 먼저 외국인 투자자가 정부에게 중재의향서notice of intent to arbitrate를 보낸다. 의향서엔 분쟁의 대략적인 내용(정부의 어떤 조치가 문제이며, 해당 조치가 BIT 또는 FTA의 어떤 조항을 위반했는지)과 대략적인 손해배상 청구액이 들어간다. 이후 3개월 또는 6개월 정도의 '냉각기간'을 둔다. 그 사이에 양측이 '중재' 이외의 다른 원만한 방법으로 해결책을 모색하라는 취지다. 이 냉각기간 동안 해결책이 나오지 않고, 외국인 투자자가 중재를 본격적으로 진행하겠다는 마음을 먹으면, 국제중재기관에 중재신청서Request for Arbitration를 보낸다. 소송으로 치면 소장에 해당한다.

BIT나 FTA는 보통 어떤 국제중재기관에서 어떤 중재규칙에 의해 중재를 진행할지 외국인 투자자가 고를 수 있는 몇 가지 선택지를 규정해준다. 가장 많이 거론되는 기관이 세계은행World Bank 산하의 국제투자분쟁해결센터ICSID다. ICSID는 중재에 필요한 행정처리는 물론 중재규칙까지 함께 세트로 제공한다. ICSID는 이런 서비스에 대해 수수료를 받는다.

협정에서 ICSID와 더불어 많이 거론되는 방식이 유엔국제무역

법위원회UNCITRAL의 중재규칙이다. UNCITRAL은 ICSID와 달리 행정처리 서비스를 제공하지 않는다. 중재규칙을 만들고 업데이트(개정)할 뿐이다. 외국인 투자자가 UNCITRAL 중재규칙에 따라 중재를 하겠다고 결정한다면, UNCITRAL 중재규칙에 따라 정할 수 없는 나머지 행정절차 등은 양측이 합의해서 진행하게 된다. 실무적으로는, UNCITRAL 중재규칙에 따르더라도 별도로 상설중재재판소PCA 등 국제중재기관(세계 곳곳에 설립되어 있다)을 선정해서 행정 서비스를 받는 경우가 많다. 국제중재기관들은 수수료를 받는다. 물론 분쟁 당사자인 국가와 외국인 투자자가 합의하기만 한다면, ICSID에서의 국제중재나 UNCITRAL 중재규칙이 아니라 자신들만의 합의 내용에 따라 중재를 진행할 수도 있다. 다만 이 방식이 채택되는 경우는 거의 없다고 봐도 무방하다.

이런 과정을 거친 뒤 분쟁 당사자들은 중재판정부에 자신의 의견과 상대방에 대한 반박문을 제출하고, 중재판정부가 주재하는 심리hearing에 증거와 증인, 전문가를 동원해서 치열하게 다툰다. 그 자체는 법정에서 벌어지는 소송과 비슷하다. 중재판정부는 증거와 증인 및 전문가의 진술, 관련 법률 등을 종합적으로 심리해서 '판정'을 내리게 된다.

ISDS는 국제적으로 공통된 제도인 것도, 국제 공인 절차가 정해져 있는 것도 아니다. 세계엔 수많은 BIT와 FTA가 있고, 이 협정들에 등장하는 ISDS들은 중재라는 점에선 같지만 세부적으로는 미묘하게 다르다. 즉 '누가' '어떤 경우'에 중재를 신청할 수 있고, '중재 절차는 어떻게 진행되는지' 등이 각국의 상황과 서로의 관계, 시

ISDS는 어떻게 진행되나

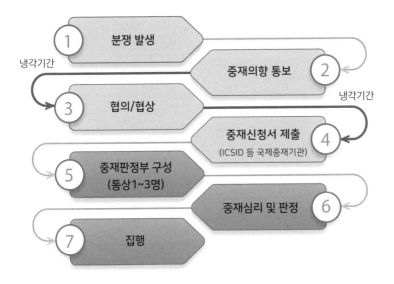

대에 따라 조금씩 다르게 규정되어 있는 것이다. 특정 ISDS는 특정 BIT 내지 FTA를 위반할 때 발동되는 것이니, 세상에 1000개의 다른 BIT(또는 FTA)가 있다면 각기 다른 1000개의 ISDS가 있다는 말도 가능하다.

결국 ISDS를 이해하려면, BIT와 FTA를 먼저 알아야 한다. 그러나 수많은 협정들을 일일이 검토할 수는 없다. 여기서는 한국에서 크게 이슈화되었으며 한국 정부에 대해 현재진행형인 ISDS들의 기반인 두 협정을 간략하게 살피고 지나가겠다. '한-벨기에 · 룩셈부르크 BIT'와 '한미 FTA'의 투자챕터다.

한-벨기에·룩셈부르크 투자협정

ISDS가 한국에서 처음으로 이슈화된 것은 지난 노무현 정부 때였다. 한국과 미국이 협상중이던 FTA의 투자 관련 챕터에 당시로서는 생소했던 ISDS가 들어가 있었다. 당시 인터넷 매체인《프레시안》의 노주희 기자가 이를 특종 보도하면서 나라가 떠들썩해졌다. 무엇보다, ISDS로 미국인 투자자들이 민주적으로 선출된 한국 정부의 공공정책에 도전할 수 있다는 우려가 제기되었다. '한국 정부가 별 고민 없이 협상안에 ISDS란 것을 집어넣었는데, 사실은 상당히 위험한 제도'란 비판으로 요약할 수 있다.

노무현 정부 측은 ISDS는 '미국인 투자자가 한국에 마음놓고 투자할 수 있도록 하는 일종의 안전장치'라고 반박했다. 미국인들의 투자가 필요하다면 ISDS 역시 받아들일 수밖에 없다는 의미였다. 사실 ISDS는 국제적 투자분쟁 발생시 다른 국가와 외교적 충돌을 피하면서 적어도 이론적으로는 중립적 영역에서 해결을 모색할 수 있는 방법으로 보이기도 했다. 이와 함께, 당시 정부는 한국이 선진국 대열에 들어가고 있기 때문에 ISDS를 당할 가능성 자체가 없다고도 반박했다.

그러나 지난 2012년 그런 일이 발생하고 말았다. 미국계 사모펀드 론스타가 한국 정부를 대상으로 47억 달러(약 5조 원) 규모의 ISDS를 제기한 것이다. 이로써 ISDS는 한국에 대한 현실적 위협으로 부각되기 시작했다. 그런데 사실 론스타의 ISDS는 한미 FTA에 규정된 ISDS를 근거로 한 중재신청이 아니었다. 그 발동 근거는, 지난

1974년 체결된 뒤 2005년 말 전면개정되어 2011년 2월부터 발효된 「대한민국 정부와 벨기에-룩셈부르크 경제동맹 간의 투자의 상호증진 및 보호에 관한 협정」(이하 '한-벨·룩 BIT')이었다.

론스타는 미국계 사모펀드지만 전세계를 무대로 자금을 운용한다. 경제동맹인 벨기에와 룩셈부르크는 유명한 '조세피난처'다. 이 나라들에 자금을 묻어놓으면 납부해야 하는 세금 중 상당 부분을 내지 않아도 된다는 의미다. 그렇게 하려면, 벨기에나 룩셈부르크에 자금의 명목상 소유주인 법인을 만들어야 한다. 이 법인들은 벨기에와 룩셈부르크 '거주사'로 산주된다. 론스타도 벨기에와 룩셈부르크에 7개의 법인(펀드)이 있었는데, 이 법인들이 '한국이 한-벨·룩 BIT를 위반했다'며 ISDS를 제기한 것이다.

론스타는 미국과 벨기에뿐 아니라 수많은 나라에 자회사 법인을 갖고 있는 것으로 보인다. 그 나라들이 한국과 BIT나 FTA를 체결한 상태라면, 벨기에 이외의 체약국contracting 법인을 통해서도 한국에 ISDS를 제기할 수 있었다. 론스타의 국적이 미국이므로 한미 FTA로도 가능했을 것이다. 그러나 한-벨·룩 BIT를 활용하는 것이 가장 유리하다고 판단한 것으로 보인다. 나중에 다시 이야기하겠지만, 외국인 투자자는 어떤 FTA나 BIT를 근거로 중재를 신청할지 마음껏 고를 수 있기 때문에, 이 같은 행태를 '포럼 쇼핑forum shopping'이라고 부르기도 한다.

이제 한-벨·룩 BIT를 살펴보자.

제1조에서는 '투자'나 '투자자' 같은 개념을 정의하고 있다. BIT가 보호하겠다는 것은 '외국인 투자자의 투자'이므로, 그 개념부터

확실히 정해놓을 필요가 있다.

우선, 투자자는 '다른 쪽 체약국(한국이라면 벨기에, 벨기에라면 한국)의 영역 안에 투자하는 어느 한쪽 체약국의 모든 자연인 또는 법인'이다. 예컨대 벨기에/한국에 투자하는 한국/벨기에의 개인이나 법인 등이 한-벨·룩 BIT 상의 '투자자'란 의미다. 이는 벨기에에 투자하는 벨기에인이나 한국에 투자하는 한국인은 투자자로 보호하는 대상이 아니란 이야기이기도 하다.

투자자 규정이 중요한 또 다른 이유가 있다. 한-벨·룩 BIT는 투자자로서의 '법인'을 굉장히 넓게 규정하고 있다. "(체약국의) 법령에 따라 설립 또는 조직된 모든 실체"다. 이는 해당 법인이 단지 탈세 목적으로 조직된 유령회사 혹은 페이퍼컴퍼니라고 해도 합법적으로 설립되기만 했다면, 상대국에 ISDS를 제기할 수 있는 '투자자'로 인정한다는 의미다. '론스타 ISDS'를 다루는 장에서 자세히 설명하겠지만, 만약 한-벨·룩 BIT에서 투자자로 인정되는 법인이 지금보다 좁게 규정되었다면(예컨대 '유령회사는 해당하지 않는다'라고 규정했다면), 론스타가 이 BIT에 근거해서 ISDS를 신청하기는 어려웠을 것이다.

다음으로 '투자'는, 투자자가 상대국 내에(벨기에 투자자가 한국 내에 또는 한국 투자자가 벨기에 내에) 직간접적으로 소유하거나 관리하는 모든 종류의 자산으로 규정되었다. 구체적으로는 부동산, 기계설비, 한국/벨기에 기업에 빌려준 돈이나 투자한 주식, 상대국 은행에 예금한 돈, 특허권, 사업권 등이 있다. 한국/벨기에의 투자자가 한국/벨기에 내에서 소유한 자산은 한-벨·룩 BIT에서 보호하는 투자가 아니다.

그렇다면 '투자'나 '투자자'를 어떻게 보호하겠다는 것인가? 한-벨·룩 BIT에 따르면, 한국과 벨기에는 상대국의 투자자가 자국에 투자한 자산에 대해 '공정하고 공평한 대우fair and equitable treatment' 및 '완전하고 지속적인 보호와 안전full and continuous protection and security'을 보장해야 한다.(제2조 제2항)

투자에 대한 공정하고 공평한 대우란 무엇인가? 이는 흔히 '공정·공평 대우FET'라고 하는데, 한-벨·룩 BIT 협정문에 명시적으로 삽입되어 있지 않더라도 국제관습법상 인정되는 외국인 투자자 대우 기준이나 보호가 있는 경우 이를 준수하라는 의미다.

예컨대 벨기에 기업이 한국에 투자해서 마스크 공장을 세웠다고 치자. 그런데 한국에도 토종 마스크 공장이 있다. 한국 정부가 국내 마스크 시장이 과열되어 공급량이 넘친다면서 갑자기 벨기에 기업이 세운 마스크 공장만 강제로 문을 닫으라고 한다. 심지어는 한국 정부가 공장을 차지해서 해체하겠다고 한다. 정부가 법률적 근거 없이 이런 짓을 하면 안 된다는 것은 확립된 국제관습이다.(합법적 국유화의 원칙, 보상의 원칙 등) 이런 경우 벨기에 투자자는 자신의 투자가 한-벨·룩 BIT에서 보장하는 공정하고 공평한 대우를 받지 못했다고 주장할 수 있다.

또한 한-벨·룩 BIT는 투자에 대해 '완전하고 지속적인 보호와 안전'을 제공하라고 규정하고 있다. 법률적으로, 각 당사국이 국제관습법에 따라 요구되는 수준의 경찰보호를 제공하라는 의미로 이해된다. 가령, 벨기에 투자자가 소유한 마스크 공장에 폭도들이 침입해

생산된 마스크와 생산설비를 모두 약탈해가려고 한다. 한국 정부는 무엇보다 이런 일이 일어나지 않도록 막아야 하며, 또한 이런 일이 일어나고 있는 것을 알게 되었을 경우 즉각 경찰력을 동원해 투자자의 자산을 보호해주어야 한다. 그런데도 한국이 자기 나라 국민의 공장이 아니라면서 이를 내버려 두면? 벨기에 투자자는 자신의 투자가 한-벨·룩 BIT에서 보장하는 완전하고 지속적인 보호와 안전을 제공받지 못했다고 주장하기에 충분하다.

'공정하고 공평한 대우'와 '완전하고 지속적인 보호와 안전의 제공'은 외국인 투자자 및 투자에 대한 1차적이고 포괄적인 보호이기는 하지만, 그 내용이 지나치게 광범위하고 애매모호한 것도 사실이다. 이로 인해 발생하는 문제에 대해서는 이후의 장에서 다시 살펴볼 것이다.

한-벨·룩 BIT가 제공하는 투자보호는 여기에서 그치지 않는다. 한국과 벨기에는 상대국 투자자들의 투자에 대해서 자국민(내국민)이나 다른 제3의 국적을 가진 사람들의 투자보다 더 안 좋게 대우해서는 안 된다.(제3조 제1항 및 제2항) 이른바 내국민대우NT: National Treatment와 최혜국대우MFN: Most Favored Nation Treatment다. 공정·공평 대우 등보다는 직관적으로 이해하기가 더 쉽다.

가령, 한국 정부가 토종 마스크 공장을 키우기 위해 벨기에 투자자 소유의 공장에서 생산된 마스크에만 별도의 세금을 매기려 할 수 있다. 이렇게 되면 벨기에 투자자의 공장은 한국인이 세운 공장보다 불리한 조건에서 경쟁해야 한다. 이것은 정당화할 별도의 근거가 있지 않는 한 벨기에 투자자를 내국민과 차별하는 조치이며, 벨기에 투자자를 한국인과 같이 대우하겠다는 약속, 즉 내국민대우를 위반한 것이다.

한편 한국엔 투자협정을 체결한 벨기에만이 아니라 다른 나라의 투자자가 세운 마스크 공장이 운영되고 있을 수 있다. 이런 경우, 한국은 벨기에 투자자에게 한국이 여타 외국인 투자자에게 제공하는 모든 투자 관련 대우 중 가장 좋은 대우를 제공해야 한다. 가령 한국이 벨기에가 아닌 다른 특정 국가의 투자자에게 투자 유치를 위한 특별한 인센티브를 주고 있다면, 한국은 벨기에 투자자에게도 그와 같은 인센티브를 주어야 한다는 것이다. 심지어, 한국이 그 특정 국가의 투자자에게 추후 더 나은 혜택을 부여한다면, 그 혜택도 자동으로 벨기에 투자자에게 부여되어야 한다. 이것이 일명 최혜국대우 규정이다.

투자자에게 제공되는 또 다른 보호는 국유화 및 수용을 금지하는 것이다.(제5조) 정확하게는, 한국이나 벨기에가 "공공 목적" 없이 자국에 들어와 있는 상대국 투자자의 자산을 몰수하거나 혹은 "공정한 시장가치"에 미치지 못하는 가격으로 강제 매입해서 국유화하는 '수용'을 금지한다는 것이다. 국가가 공익적 목적이 없는데도 외국인 투자자의 자산을 몰수하거나 헐값으로 강제 매입하는 것은, 직관적으로 봐도 매우 부당한 사태다. 금지하는 것이 당연해 보인다.

여기서 문제는 '수용'이 구체적으로 뭔지 매우 불명확하다는 데 있다. 한-벨·룩 BIT에 따르면, 공공 목적으로 투자자에게 신속·충분·유효한 보상이 주어질 때는 수용이 허용될 수 있다. 그러나 공공 목적이 무엇인지, 적법한 보상의 기준이 무엇인지에 대해서는 국가와 외국인 투자자 간 의견이 얼마든지 엇갈릴 수 있다. 우리는 나중에 한국이 수용을 하면서 적법한 보상을 하지 않았다는 이유로 제기된 여러 개의 ISDS 사건들을 보게 될 것이다.

더 나아가, 한-벨·룩 BIT는 "그 밖의 국유화·수용에 상응하는 효과를 갖는 조치"도 수용에 해당하는 것으로 규정한다. 이게 뭘까? 외국인 투자자가 국유화나 수용을 당할 때 그 '효과'는 큰 손해이다. 그렇다면 정부가 펼친 어떤 정책이 외국인 투자자에게 큰 손해를 입히는 경우, 그 정책을 "국유화·수용에 상응하는 효과를 갖는 조치"(이른바 '간접수용')로 간주할 수 있다. 그럴 때 외국인 투자자는, 정부가 한-벨·룩 BIT의 '수용 금지' 규정을 위반했다며 ISDS를 신청할 수 있다. 론스타 측도 ISDS를 제기하면서 한국이 수용 금지 규정을 위반했다고 주장했다. 그런데 한국 정부가 론스타에 대해 직접 국유화나 몰수를 한 적은 없었다. 결국 론스타가 제기한 내용을 정확히 알 수는 없지만(원래 중재의 원칙이 그렇듯, 론스타 ISDS는 비공개로 진행되었다), 한국 정부가 '국유화·수용에 상응하는 효과를 갖는 조치'를 취했다고 주장하는 것으로 보인다.

사실 수용 이외에도 BIT와 FTA에 담긴 투자자 보호 규정들은 워낙 모호해서 결국 중재인의 재량적 판단이 ISDS의 승패를 가를 수밖에 없다는 지적도 나온다.

지금까지 본 공정·공평 대우, 내국민대우 및 최혜국대우, 수용 금지는 투자보장협정의 핵심이다. 이 3가지 내용이 빠진 BIT나 FTA 투자챕터는 없다고 봐도 된다. 이밖에도 중요한 투자자 보호 조항으로는 송금의 자유, 이행요건 부과 금지, 임원 국적 요건 부과 금지 등이 있는데, 한-벨·룩 BIT에서는 송금의 자유를 보장하는 규정을 두고 있다.

더 살펴볼 ISDS 관련 규정은 한-벨·룩 BIT의 제8조에 등장한다. 벨기에 투자한 한국 투자자나 한국에 투자한 벨기에 투자자는, 피투자 국가가 한-벨·룩 BIT의 규정(의무)을 위반해서 자신에게 피해를 입혔다고 판단할 수 있다. 이 경우 해당 투자자는 그 나라 법정을 통해 국가에 소송을 제기할 수도 있다.(국내 구제조치) 아니면 ISDS로 갈 수도 있다. 다만, 두 수단을 동시에 사용할 수는 없다. 한-벨·룩 BIT에 투자자가 국내 구제조치를 포기하는 경우에만 ISDS를 제기할 수 있도록 규정돼 있기 때문이다. 즉 한-벨·룩 BIT에선 외국인 투자자가 피투자국에서 소송을 하는 동시에 ISDS까지 제기할 수는 없다. 양자택일이다.(그러나 현실에선 소송과 ISDS의 내용을 약간씩 바꾸는 식으로 동시에 제기하게 되는 것이 보통이다. 뒤에서 볼 ISDS 사례에서도 투자자들은 ISDS와 함께 비슷한 내용의 소송을 함께 진행했다.)

한-벨·룩 BIT는 ISDS의 절차를 어떻게 진행할지에 대해서도 규정해놓고 있다. ICSID의 친절한 서비스를 사거나 아니면 UNCITRAL가 정해놓은 규칙만 채택해서 좀 더 자율적으로 중재 절차를 진행할 수도 있다. 혹은 양측이 합의해서 다른 국제중재기관이나 중재규칙을 선택해도 된다.

제8조 제5항엔 국가로선 매우 무서운 이야기가 들어가 있다. "각 체약 당사자는 이 협정에 정해진 절차에 따라 분쟁을 중재 회부하는 데 동의한다"라고 되어 있다. 이를 '포괄적 사전 동의 조항'이라고 부른다. 여기서 '체약 당사자'는 국가다. 국가는 '분쟁의 중재 회부'

에 무조건 동의해야 한다는 조항이다. 즉 외국인 투자자가 국가를 대상으로 중재를 하자고 하면, 그 내용이 아무리 엉망진창이고 심지어 근거조차 부실해도 국가는 중재에 응할 수밖에 없다. 원하지 않더라도 달리 도리가 없다. 반대로, 국가가 외국인 투자자에 대해 먼저 중재를 신청할 수는 없다.

제8조 제6항은 ISDS의 구속력에 대한 조항이다. "국제중재 판정은 분쟁당사자에 대하여 최종적이며 구속적"이라고 규정되어 있다. 또한 "각 체약 당사자는 이러한 판정이 각자의 관련 법령에 따라 인정되고 집행되도록 하여야 한다." 한국과 벨기에가 ISDS의 판정을 마치 국내법에 따른 판결과 같은 지위로 승인하고 집행해야 한다는 의미다. 투자자 입장에서 ISDS는 소송보다 훨씬 편리한 제도인 것이다.(한편, 한-벨·룩 BIT는 SSDS도 분쟁해결의 한 방법으로 규정하고 있다.)

한미 FTA

미국계 사모펀드 엘리엇이 한국에 대해 7억7000만 달러 규모의 ISDS를 제기한 것은 지난 2018년 4월이다. 한국이 한미 FTA에 규정된 의무를 위반했다는 것이 중재의 발동 근거다. 사건의 발단은 2015년 '제일모직-삼성물산 합병(합병회사명은 삼성물산)'이다. 두 기업을 하나의 회사로 합치려면, 우선 양사의 '기업가치'부터 평가해야 한다. 이 작업엔 양사 주주들의 이익이 달려 있다. '내'가 지분을 가진 '합병 이전 회사'의 가치가 높게 매겨질수록, 합병회사에 대한 '나'

의 지배력이 강화된다.

　당시 이재용 일가는 제일모직에 많은 지분을 갖고 있었다. '합병 삼성물산'에서 이재용 일가의 지배력이 강해지기 위해서는 제일모직의 기업가치가 높게 평가돼야 한다. 동시에 제일모직의 기업가치가 높아지면 삼성물산의 기업가치는 상대적으로 떨어진다. 그리고 제일모직이 삼성물산보다 높게 평가된 합병안이 통과되면서 당시의 제일모직과 삼성물산은 하나의 회사(지금의 삼성물산)로 합쳐졌다.

　그런데 엘리엇은 정부기관으로 볼 수 있는 국민연금공단(당시 삼성물산의 대주주 중 하나)이 이 합병건에 개입하는 바람에 큰 손해를 봤다고 주장했다. 당시 삼성물산의 지분을 다수 확보하고 있던 엘리엇은 삼성물산의 기업가치가 실제보다 저평가되었다며 합병을 반대하는 입장이었다. 만약 엘리엇의 의도대로 당시 삼성물산의 기업가치를 높여서 제일모직과 합병되었다면, 엘리엇은 삼성그룹의 사실상 지주회사인 지금의 삼성물산에서 대주주로 등극할 수 있었을지도 모른다. 이런 시나리오가 국가기관인 국민연금공단이 대주주로서 이재용 일가의 손을 들어주면서 파탄 났다고 주장하며, 엘리엇이 한국에 ISDS를 제기한 것이다.

　엘리엇의 주장에 따르면, 한국 정부는 사실상 이재용 일가를 지원할 목적으로 국민연금공단이 합병에 찬성하도록 압력을 행사했다는 것이다. 이에 따라 투자자인 엘리엇이 불공정한 대우를 받아 큰 손해를 입었으므로, 이는 한미 FTA에 규정되어 있는 외국인 투자자를 공정하게 대우해야 할 의무를 한국이 위반한 것이 된다.

　한미 FTA는 제11장 투자챕터에 투자 관련 조항들을 담고 있다.

기본적인 내용은 한-벨·룩 BIT와 대동소이하다. '투자'와 '투자자'의 정의, 투자자에 대한 대우, 외국인 투자에 대한 충분한 보호 및 안전, 송금 보장, 수용 및 보상에 대한 규정 등이 그렇다. 외국인 투자자의 중재 요청에 국가가 의무적으로 응해야 한다는 '포괄적 사전 동의 조항'도 포함하고 있다.

다만 한미 FTA의 투자챕터는 한-벨·룩 BIT에 비해 각 규정들을 제법 상세하고 구체적으로 서술하고 있다. 협상 당시 시민사회단체들이 ISDS 조항을 문제삼으며, '외국인 투자자의 이익을 위해 한국의 공공정책이 희생될 수 있다'는 주장을 폈기 때문이다. 이렇게 ISDS에 대한 국민적 관심이 높아지면서, 당시 한미 양국의 협상자들은 여러 사안들을 더욱 구체적으로 협정문에 담아야 했다.

그래서 몇 가지 다른 점이 있게 되었다. 앞에서 '1000개의 투자협정이 있으면 1000개의 ISDS가 있다'고 썼는데, 한-벨·룩 BIT와 한미 FTA가 어떻게 다른지 검토해야 ISDS를 좀 더 깊이 이해할 수 있을 것이다.

우선, 한미 FTA는 '수용'을 한-벨·룩 BIT보다 훨씬 구체적으로 규정하고 있다.

이미 서술했듯이, 한-벨·룩 BIT의 수용 개념은 매우 모호하다. ① '국유화·수용'이란 용어와 함께 ② '그 밖의 국유화·수용에 상응하는 효과를 갖는 조치'라는 표현을 사용한다. 그러고선 ①과 ②를 '수용'이라는 용어로 묶어버린다. ①은 국가가 외국인 투자자의 자산을 사실상 몰수하는 행위, ②는 몰수 이외의 국가행위지만 대체로 외국인 투자자의 자산 가치를 떨어뜨리는 것으로 볼 수 있다.

일반적으론 ①을 직접수용-direct expropriation, ②를 간접수용-indirect expropriation이라고 부르지만, 한-벨·룩 BIT에서는 두루뭉술하게 '수용'으로 표현되었다.

이에 비해 한미 FTA는 수용을 직접수용과 간접수용으로 명확히 나눈다. 한미 FTA 투자챕터의 제11.6조 제1항에 따르면, 직접수용과 간접수용은 모두 금지된다. 물론 한-벨·룩 BIT에서처럼 '공공 목적'으로, 그리고 '신속하고 적절하며 효과적인 보상을 지불'하는 등의 경우는, 금지 대상에서 제외된다. 한미 FTA 협상 당시 이런 내용이 담긴 협정문 초안이 나오자, 한국 시민사회에서는 도대체 간접수용이 뭐냐는 질문이 잇따랐다. 간접수용이 당시 알려진 대로인 경우('정부 정책으로 외국인 투자자의 자산 가치가 떨어지는 경우'), 정부가 공공 목적에 이롭다고 해도 외국인 투자자의 이익을 침해하는 정책이라면 일체 펼칠 수 없다는 해석이 가능했기 때문이다. 이에 따라 한미 FTA 협상자들은 투자챕터에 부속서(11-나)를 달아 수용을 좀 더 구체적으로 설명하게 되었는데 그 내용은 다음과 같다.

(정부가 해서는 안 되는―인용자) "첫번째는 직접수용으로서, 명의의 공식적 이전 또는 명백한 몰수를 통하여 투자가 국유화되거나 달리 직접적으로 수용되는 경우이다."

"두번째 상황은 간접수용으로서, 당사국의 행위 또는 일련의 행위가 명의의 공식적 이전 또는 명백한 몰수 없이 직접수용에 동등한 효과를 가지는 경우이다."

직접수용은 '몰수', 간접수용은 몰수('명의의 공식적 이전'과 대동소이)가 아니더라도 국가정책이 '직접수용에 동등한 효과', 즉 외국인 자산의 가치를 저하시키는 경우에 해당된다는 이야기다. 사실 시민사회단체들이 우려하던 바로 그 내용이다.

다만 부속서는 시민사회단체들의 우려를 달래기라도 하는 듯, 간접수용의 개념을 설명한 바로 다음 구절에 설사 "정부정책이 투자의 경제적 가치에 부정적 효과를 미치"더라도 '어떤 경우는 간접수용이 아니'라고 규정한다. 예컨대 외국인 투자자는 정부 정책으로 자신의 이익이 침해당했다고 느낄 수 있다. 1억 원을 투자할 때 연간 1000만 원 정도를 벌 수 있을 것으로 봤는데(기대했는데), 정부의 어떤 정책 시행 이후 수익이 연간 200만 원에 그치거나 혹은 100만 원 손해를 봤다. 투자자는 '정책 때문에 손해를 봤다'고 판단할 수 있다. 그러나 이는 전반적 경기불황이나 경영실패 때문일 가능성도 크다. 투자자가 너무 높은 수익률을 기대했던 탓에, 사실은 적절한 수익인 건데도 '너무 적게 벌었다'고 판단할 수도 있기 때문이다.

그렇다면 투자자가 정말(!) 손해를 본 것인지부터 판단해야 한다. 그 투자자는 '누가 봐도 타당한' 정도의 수익을 기대하고 있었던 것일까? 혹시 너무 욕심이 컸던 것 아닐까? 만약 실제로 손해가 발생했다면, 정부 정책이 어떤 구체적 경로를 통해 선의의 외국인 투자자에게 피해를 입힌 것일까? 더욱이 한미 FTA 투자챕터 등 비교적 최근에 체결된 투자협정들은 원칙적으로 '정부가 공공 목적으로 시행한 정책으로 인한 투자 손해는 정부 책임으로 볼 수 없다'라고 표명하고 있다. 공익을 증진하기 위한 정책 때문에 빚어진 투자 손해는 어느 정도 감수해야 한다는 이야기다.

결국 한미 FTA에 따르면 투자자가 정부 정책으로 손해를 봤다고 느낀다 하더라도, 그 실망이 투자자의 지나친 기대 때문이었거나 혹은 공익을 위해 어느 정도 감수해야 하는 것이라면 '간접수용'으로 볼 수 없단 얘기다. 이와 관련, 부속서는 "정부 행위가 투자에 근거한 분명하고 합리적인 기대를 어느 정도 침해하는지" 그리고 "공익을 위해 투자자가 감수해야 할 것으로 기대하는 수준을 넘는 특별한 희생"을 투자에 부담시켰는지 등을 바탕으로 간접수용 여부를 판단한 나고 명시해놓고 있다.

또한 부속서는 공공복지를 위한 정책은 간접수용에 해당하지 않는다고 규정한다. "공중보건, 안전, 환경 및 부동산 가격안정화(예컨대, 저소득층 가계의 주거 여건을 개선하기 위한 조치를 통한)와 같은 정당한 공공복지 목적을 보호하기 위하여 고안되고 적용되는 (…) 행위는 간접수용을 구성하지 아니한다."(부속서 11-나)

또한 특정 국적의 투자자나 납세자에게만 과세하는 것이 아니라면, 국가의 조세부과 역시 수용으로 인정되지 않는다.(부속서 11-바)

한-벨·룩 BIT와 같은 과거의 투자협정에는 이러한 내용이 없다. 한-벨·룩 BIT 역시 전문preamble에서 한국과 벨기에·룩셈부르크에 환경 및 노동에 관한 정책을 채택하거나 변경할 수 있는 권리가 있음을 언급하지만, 공익 목적의 환경정책이나 노동정책이 간접수용에 해당하지 않는다고까지 해석되기에는 무리다.

이외에도 한미 FTA가 한-벨·룩 BIT와 다른 점은 다음과 같다.

한미 FTA에서는, 정부가 외국 기업과 투자계약을 체결했다가 위반하면 ISDS를 당할 수 있다. 이 장의 첫머리에 나온 '한국-콜트 분쟁' 같은 사건이 한-벨·룩 BIT에서는 ISDS 대상이 아니지만, 한국-콜트 간 계약이 투자계약의 성격을 띤 것이었다면 한미 FTA에서는 ISDS 대상이 된다고 볼 수도 있을 것이다.

또 한-벨·룩 BIT에서는 외국인 투자자가 피투자국 법원에서 소송 절차를 밟으면 ISDS를 제기할 수 없다. 그러나 한미 FTA에서는 피투자국 법원에서 소송을 하더라도 도중에 소송을 중단하면 ISDS를 선택할 수 있다.

한미 FTA의 가장 큰 장점(?)은 제11.21조의 투명성 조항이다. 중재의 특징 중 하나가 '비밀보장'이란 것은 누차 이야기한 바 있다. 그런데 정부 정책을 겨냥하는 ISDS의 경우엔 비밀보장을 허용할 수 없다는 지적이 한국은 물론 국제사회 차원에서 꾸준히 나왔다. 다른 중재와 달리 ISDS는 분쟁 당사자 중 한쪽이 국가이기 때문이다. 정부 정책은 그 나라의 시민들에게 엄청난 영향을 미치는데, 이를 둘러싼 분쟁이 밀실에서 비밀리에 진행된다면 문제가 아닐 수 없다. 이러한 시민사회단체의 지적에 따라 한미 FTA 협상가들은 다른 BIT와 달리 투명성을 크게 강화했다. 예컨대 (중재)의사통보, 중재통보, 분쟁 당사자가 중재판정부에 제출한 변론서 및 이유서, 준비서면, 외부 조언자의 서면입장, 중재판정부의 심리 의사록 또는 속기록, 판정문 등을 모두 대중에게 공개해야 한다. 중재판정부는 심리 역시 공개해 진행해야 한다. 보호할 기밀이 있는 분쟁 당사자는 미리 중재판정부에 알려 보호 조치를 취해야 한다. 그러나 이런 보호 조치 역시 일정한 절차를 밟아야 가능하다.

론스타가 제기한 ISDS에서는 이미 수년째 중재 절차가 진행되고 있다. 그러나 그 내용은 아무도 모른다. 보도되지도 않는다. 투명성 조항이 없는 한-벨·룩 BIT에 기반한 ISDS이기 때문이다. 그러나 엘리엇이 신청한 ISDS는 한미 FTA의 투명성 조항 덕분에 상대적으로 많은 정보가 공개되고 있다. 그래서 이 책의 '엘리엇 ISDS'에 대한 내용이 풍부해졌다. 엘리엇의 중재의향서는 물론 중재신청서도 비교적 쉽게 구할 수 있으며, 심리 일정도 미리 알 수 있었기 때문이다.

ISDS, 과연 누구를 위한 것일까?

지난 2011년 초국적 담배회사인 필립모리스는 호주의 담배광고 규제로 투자 손해를 입었다며 호주 정부를 대상으로 ISDS를 신청했다. 세계를 충격에 빠뜨린 ISDS였다. 초국적 기업이 공중보건 같은 공익 정책을 제한할 수 있다는 주장이 현실에서 입증되어버렸기 때문이다.

2020년 현재 세계적으로 3000개에 약간 못 미치는 BIT와 '다자간 투자협정MIT: Multilateral Investment Treaty, FTA 등이 체결되어 있는 것으로 집계된다. 대다수의 협정들은 ISDS 조항을 포함하고 있다. 투자자들이 ISDS를 본격적으로 활용하기 시작한 것은 1990년대 말부터였다. 그중 하나가 바로 필립모리스가 호주 정부를 대상으로 신청한 ISDS다.

ISDS를 비판하는 사람들은 이 제도 때문에 공중보건·환경보호·노동권·인권 등을 개선하기 위한 정책이 제한받을 수 있다고 주장한다. 정부가 ISDS를 피하기 위해 공공정책의 개선에 소극적일 수 있기 때문이다. 더욱이 외국인 투자자가 내국인 투자자에겐 허용되지 않는 특권(국가에 대한 ISDS 신청 권한)을 갖게 되었으며, 외국인 투자자 대다수가 거대 기업이란 점을 감안하면, ISDS는 그야말로 불공평하고 '가진 자'에게 유리한 제도인 셈이다. 부자 투자자가 ISDS로 외국 시민들의 환경권과 노동권, 나아가 인권마저 억압하고 심지어 공공자금까지 강탈해간다면, ISDS는 그야말로 국가주권과 민주주의, 법치주의의 공적으로 불려 마땅하다.

찬성론자들은 BIT나 FTA 같은 협정들이 공익적 목적을 위한 규제를 허용하고 있다고 반박한다. ISDS가 없다면, 외국인 투자자가 부당한 대우를 받을 가능성을 배제할 수 없기 때문에 해외투자에 큰 차질을 빚게 된다는 논리다. 또한 ISDS에서는 패배한 쪽이 모든 중재비용을 감당해야 하는 경우가 많기 때문에 투자자들이 함부로 중재를 신청하지는 않는다고 주장한다.

그러나 ISDS의 시스템적 결함은 갈수록 많은 논란을 생산하고 있다. 중재의 가장 큰 장점이 '분쟁의 빠른 해결'이라는 원론에도 불구하고 ISDS가 중재의향서 발송으로 개시되어 판정으로 끝나기까지의 기간이 엄청나게 긴 경우가 생기고 있다. 지난 2012년에 론스타가 한국 정부를 대상으로 신청한 ISDS는 9년여가 다 되어가는 2021년 5월 현재까지도 판정문이 나오지 않고 있다.

더욱이 공정성에도 만만치 않은 의혹이 제기되고 있다. 투자협정의 각종 규정들이 굉장히 모호하고 다양하게 해석될 수 있다는 점은 이미 지적한 바 있다. 그렇다면, ISDS에서는 이런 규정들을 재량껏

한국 정부를 상대로 한 대표적 ISDS 사건

사건	주장	협정	청구액	진행상황
론스타 사건 (2012년 12월)	• 금융위의 외환은행 지분 승인 지연 • 부당하고 차별적인 과세	한-벨기에·룩셈부르크 BIT	약 5조3000억 원	심리중
다야니 사건 (2015년 9월)	• 대우일렉트로닉스 인수계약을 한국자산관리공사가 부당하게 해지	한-이란 BIT	730억 원	패소
하노칼 사건 (2016년 3월)	• 현대오일뱅크 주식 매수·매각 과정에서 부당한 과세	한-네덜란드 BIT	약 1900억 원	취하
서진혜 사건 (2018년 7월)	• 재개발 보상 제대로 받지 못해	한미 FTA	약 35억 원	승소
엘리엇 사건 (2018년 7월)	• 정부가 삼성물산과 제일모직 합병 찬성에 부당한 압력 행사	한미 FTA	약 2350억 원	심리중
쉰들러 사건 (2018년 10월)	• 금융위/금감원이 현대엘리베이터의 부당한 유상증자 방치	한-EU FTA	약 3500억 원	심리중
게일 사건 (2019년 6월)	• 송도국제업무지구 개발 과정에서 인천시가 부당한 계약 체결 강요	한미 FTA	약 2조3500억 원	중재의향서 제출
버자야 사건 (2019년 7월)	• 사법부의 판결로 진행중인 예래휴양단지 사업이 중단되어 손해 발생	한국-말레이시아 FTA	약 4조4000억 원	합의

해석할 수 있는 중재인의 공정성이 크게 중요해질 수밖에 없다. 문제는 중재인들이 투자자 쪽으로 편향적일 수 있다는 것이다. 중재인들은 건별로 수수료를 받으므로, 기업의 ISDS 신청이 많아질수록 큰 혜택을 누릴 수 있다. ISDS의 양측 대리인으로 나서는 변호사들도 거액의 돈을 받는다. 정부가 투자자를 대상으로 ISDS를 신청할 수는 없으므로, 저명한 중재인과 변:호사들은 아무래도 자신에게 돈을 벌게 해주는 투자자 쪽으로 기울 수밖에 없다는 지적이 나온다. 이른바

ISDS 판정 결과는 누구에게 유리했나(1987~2018년)

중립
2.2%(13건)

취하
10.6%
(64건)

투자자 승
35.7%
(215건)

합의
22.8%
(137건)

국가 승
28.7%
(173건)

표면상 투자자와 국가 간의 판정승 비중이 비슷해 보이지만, 합의는 ISDS를 제기한 투자자의 요구를 일정 부분 들어줬다는 뜻이기에(ISDS 제기는 투자자만이 가능하다) 실제론 투자자 쪽에 더 유리한 판정이 많이 나왔다는 걸 알 수 있다.

이해충돌 문제다.

이런 문제점들에 따라 한국뿐 아니라 전세계적으로도 ISDS에 대해서는 비판적 기류가 형성되어 있다. 미국과 EU 사이에서 지난 2013년부터 추진되어온 TTIP(범대서양 무역 투자 동반자 협정)가 2021년 4월 현재까지도 타결되지 않은 가장 큰 이유 중 하나도 바로 ISDS다. EU 집행위원회 측은 TTIP에 ISDS 조항이 포함될 경우, 미국의 기업(투자자)들이 EU의 건강보험 등 공공정책을 빌미로 ISDS를 제기할 수 있다고 우려한다. 심지어 집행위는 ISDS 대신 '투자 법정 시스템ICS: Investment Court System'이란 새로운 제도를 도입하자고 제안했다. 이 제도에서는 투자자들이 시비 걸 수 있는 공공정책의 범위가 축소되고 중재인 대신 체약국들이 임명한 판사(EU는 중재인의 이해충돌에 민감하다)가 투자분쟁에 대한 판결을 책임지게 된다. EU 의회 역시 TTIP를 체결한다면 ISDS 또한 '새롭고 공공성이 강하며 투명한 투자보호 시스템'으로 대체되어야 한다고 주장한 바 있다.

그럼 다음 장부터는 2010년대 들어 외국인 투자자들이 한국에 실제로 제기한 ISDS 가운데 대표적인 사건들을 짚어보면서 그 함의를 따져보기로 하자.

제**3**장

왜 론스타는 5조 원의
손해배상을 청구했는가

자고로 '거래'에서는, 파는 자가 비싼 값을 부르고 사는 자는 가격을 깎아내리기 마련이다. 그러나 미국계 사모펀드 론스타가 한국의 외환은행을 인수하던 지난 2003년 즈음엔 파는 자들이 오히려 자기 '물건(외환은행)'의 흠집까지 꾸며대며 싼 값을 부르려고 애면글면하는 매우 희한한 일이 벌어졌다. 이와 관련된 여러 의혹은 결국 법정으로까지 가게 된다.

사모펀드는 저평가된 기업을 매입해서 구조조정 등으로 '몸값(기업가치)'을 올린 뒤 비싸게 팔아 금융수익을 얻는 업종이다. 우여곡절 끝에 외환은행을 매입하는 데 성공한 론스타는 그로부터 불과 3년 뒤, 기업가치가 엄청나게 상승한 외환은행을 팔아치우려고 했다. 당시 론스타는 외환은행 인수 당시 제기된 수많은 의혹 때문에 소송을 당하고 있었다.

그런데 은행을 사고팔려면 금융당국의 허가를 얻어야 한다. 은행은 국가경제에 엄청난 영향을 미치기 때문에, 금융당국으로서는 소송 와중에 있는 론스타의 외환은행 매각을 승인할 수가 없었다. 승인했다면, 부정한 방법으로 한국의 시중은행을 인수한 외국계 사모펀드의 '먹튀'를 도왔다는 비난이 금융당국으로 쏟아졌을 것이다. 론스타가 외환은행을 팔고 한국을 떠난 것은 2012년이었다. 론스타는 외환은행을 매각해서 얻은 차익과 8~9년에 걸쳐 이 은행 최대의 주주로서 받은 배당금 등을 합쳐 4조 원 이상의 수익을 챙겼다.

그러나 '론스타 사태'는 그로부터 10년이 다 되어가는 지금(2021년 5월 말)까지도 현재진행형이다. 론스타는 '먹튀' 직후인 2012년 5월, '한국 정부의 한-벨기에·룩셈부르크 BIT 위반으로 엄청난 투자 손실을 입었다'며 ISDS를 신청했는데, 이 국제중재가 아직 마무리되지 않았기 때문이다.

이 론스타 ISDS는 한국이 최초로 제기당한 ISDS다. 청구액도 46억7950만 달러(2021년 5월 말 현재, 약 5조2500억 원)로 전세계 역대 ISDS 청구액 중 무려 21위다.(2018년 10월 기준) 론스타 사태는 수많은 한국 내 소송과 함께 론스타-하나금융지주, 론스타-올림푸스캐피털(미국계 사모펀드) 사이에 '국제상사중재'까지 제기되며 대단히 복잡한 양상으로 진행되었고, 이에 따른 수많은 논쟁거리를 쏟아냈다. ISDS를 이해하려면, 반드시 짚고 넘어가야 하는 사건이란 의미다. 먼저 론스타 사태의 진행 과정을 간략하게 살펴보자.

외환은행의 위기

　은행이라 하면 자연스럽게 돈이 무더기로 쌓인 이미지를 떠올리게 된다. 한마디로 돈 자체가 많은 곳이다. 그러나 은행 역시 돈 때문에 위기 상황으로 내몰린다. 은행 역시 다른 업종과 마찬가지로 밑천('자기자본'. 외부로 돌려줄 필요 없이 경영활동에 사용할 수 있는 돈)을 깔고 돈으로 장사한다. 장사를 하면 '줄 돈'보다 '받을 돈'이 많아야 흥하는 법이다. 반대의 경우는 망한다.

　은행이 받을 돈은, 기업이나 개인 등에 빌려준 뒤 일정한 기간에 걸쳐 돌려받는 원금과 이자다. 다른 기업의 주식이나 채권 등에 투자한 자금도 언젠가 회수할 '받을 돈'이다. '줄 돈'도 있다. 시민들이나 기업이 은행에 예금한 돈과 그 이자다. 예금자가 요청하면 내줘야 한다. 보통 모든 예금자가 한꺼번에 돈을 돌려달라고 하지는 않으므로, 은행은 '줘야 할 모든 돈'의 일부만 갖고 있어도 이럭저럭 장사할 수 있다. 다만, 상당히 많은 예금자들이 돈을 돌려달라고 할 때를 대비해서 은행은 충분한 자기자본을 갖고 있도록 규제된다. 은행은 예금 이외의 방식(은행채 발행)으로 돈을 빌리기도 한다. 이 역시 '줄 돈'이다.

　다른 장사와 마찬가지로 은행 역시 '받을 돈'에 비해 '줄 돈'이 많아지는 경향이 발생하면 서서히 위기로 다가가게 된다. 심한 경우엔 밑천(자기자본)으로 빚을 갚아간 나머지 자기자본이 줄어들기도 한다. 이른바 자본잠식 상태다.

　지난 1997년 외환위기 당시 한국의 대다수 은행들이 겪은 일이다. 가장 큰 원인은 외환위기로 재무상태가 악화된 무수한 기업들로부터 대출금을 돌려받기 어렵게 된 것이다. 은행으로서는 '받을 돈'이 크게 줄어드는 상황이다. 은행 입장에서 '받을 돈'이 줄어들면, 너무나 당연한 이야기지만, 은행이 외부로부터 빌린 돈(예금과 은행채 등) 역시 갚지 못하는 지급불능(부도) 사태로 치달을 수 있다.

대기업이라도 금융 이외 업종이 일으키는 부도와 은행의 지급불능이 사회에 미치는 영향은 질적으로 다르다. 후자 쪽이 훨씬 심각하다. 은행은 채권-채무 관계의 덩어리다. 무수한 시민들이 은행에 돈을 빌려주고 있다. 모든 기업들은 은행으로부터 돈을 빌린다. 경제주체들은 이런 관계가 계속 이어지리란 전제 아래 다양한 경제행위를 벌인다. 만약 은행이 지급불능 상태에 처하면, 이런 사회 전반의 신뢰 관계가 허물어지고 이에 따라 돈의 흐름이 끊어진다. 당장 당신이 은행에 예금해둔 돈을 사용할 수 없게 되는 경우를 상상해보시라.

1997년 외환위기로 한국의 은행들이 이런 위기를 겪었는데, 그중 상황이 가장 심각했다고 여겨진 업체가 바로 외환은행이었다.

이런 상황에서 가장 좋은 대안은, 현금으로 사망 위기의 은행에다 긴급 수혈하는 것이다. 은행이 충분한 현금을 보유하게 되었다면 지급불능 사태를 우려할 이유도 사라진다. 현금을 어떻게 찔러 넣을까? 정부가 세금으로 조달한 공공자금으로 은행이 새로 발행하는 주식을 사주는 방법이 있다. 그 공공자금은 은행으로 들어가 밑천(자기자본)이 된다. 만일 이때 정부가 매입한 주식이 해당 은행의 경영을 지배할 정도로 많다면, 그 은행은 '국유화(국가가 은행 경영을 지배)되었다'고 할 수 있다. 혹은 여윳돈을 가진 다른 민간 금융기관이 해당

은행을 지배할 수 있는 규모의 주식을 매입할 수도 있다. 그러면 위기 은행의 경영권이 그 민간 금융기관으로 넘어간다. 이런 경우, 해당 민간 금융기관이 '위기 은행을 인수했다(샀다)'라고 표현한다.

다만 외환위기 당시에도 '금산분리 원칙'이 있었다. 산업자본(상품이나 서비스를 생산·판매하는 기업)이 은행을 소유·지배해서는 안 된다는 조건이다. 산업자본이 은행에 쌓인 돈을 쌈짓돈처럼 빼내 자사의 경영에 쓸지도 모른다는 우려 때문이다. 그러다가 산업자본에게 돈을 빨아먹힌 은행이 망하면 국가 차원의 경제위기가 불가피하다. 그래서 산업자본은 아무리 돈이 많아도 은행의 총주식 가운데 4% 이상(이후 10%로 조정)을 갖지 못하도록 은행법으로 규정되어 있었다. 이 규정엔, '전체 주식의 4% 정도를 가진 주주라면 배당금이나 받아먹는 게 고작이지 그 은행의 경영에 개입해서 돈을 빼먹지는 못할 것'이라는 가정이 깔려 있었다.(지금까지 말씀드린 부분은 론스타 사태와 이후의 ISDS를 이해하는 데 매우 중요하니 잘 기억해두시길 부탁드린다.)

외환위기 와중이었던 당시, 한국 정부와 국내 금융기관들은 외환은행을 인수할 여력이 없었다. 결국 세계적으로 유명한 금융기관인 독일의 코메르츠은행이 외환위기 발발 이듬해인 1998년에 외환은행을 인수하게 된다. 외환은행 주식의 32.5%를 매입했다. 다만 코메르츠은행 측은 인수 조건으로 한국 정부의 출자(외환은행 주식 매입)를 내걸었다. 한국 정부가 외환은행의 주식을 대량 매입해서(이 주식 매입 대금은 당연히 외환은행으로 들어간다) 이 은행의 자기자본을 더욱 견고하게 확충하라는 것이다. 이로 인해 국책금융기관인 수출입은행이 외환은행의 대주주(32.5%)로 등극하게 된다.

이렇게 외환은행은 큰돈이 들어오면서(자본 확충) 한숨을 돌렸다. 그만큼 지급불능의 가능성도 작아졌다. 그러나 시련은 끝나지 않았다. 외환은행으로부터 엄청난 규모의 돈을 빌렸던 현대건설과 현대전자(현 하이닉스)의 대규모 부실이 2000년대로 접어들자마자 드러나버렸기 때문이다. 외환은행이 이 회사들에 빌려준 돈의 원금과 이자를 받기 어려워졌다는 이야기다. 결국 코메르츠은행도 손을 들고 만다.

이런 와중인 2002년 말, 미국계 사모펀드인 론스타가 이강원 당시 외환은행장에게 인수 의사를 타진해왔다. 이 은행장은 재정경제부(지금의 기획재정부)의 변양호 금융정책국장에게 이를 보고했다. 그러나 론스타의 외환은행 인수엔 치명적인 문제가 있었다. 론스타 같은 사모펀드는 '은행법상 금융기관'으로 분류되기가 어려웠기 때문이다.

앞서 말했듯 사모펀드는 저평가된 기업을 인수한 뒤 기업가치를 높여 팔아 수익을 얻는다. 이렇게 인수된 기업들은 사모펀드의 자회사(자산)로 편입된다. 즉 사모펀드 역시 본사가 여러 계열사(자회사)들을 거느리는, 이른바 기업집단(그룹)과 비슷한 형태를 띠는 것이다. 당시 한국에서는 기업집단 내 계열사들의 자본총액을 모두 합친 금액 가운데 25% 이상이 산업자본(예컨대 제조업체)의 것인 경우, 해당 그룹은 '비非금융주력자'로 간주되었다. 예컨대, 어떤 기업집단에 금융회사·제조업체 등 10개의 계열사가 있고, 각 계열사의 자본총액을 모두 합치면 1조 원이라고 치자. 그런데 그 계열사들 가운데

3~4개가 제조업체(비금융회사)고 그 제조업체들의 자본총액 합계가 2500억 원(1조 원의 25%) 이상이라면, 해당 기업집단은 비금융주력자이며 '은행법상 금융기관'이 아닌 것으로 간주된다. 비금융회사들의 자산을 모두 합친 금액이 2조 원인 경우도 마찬가지다. 한국의 금산분리 원칙하에서, 은행법상의 금융기관이 아니라면, 즉 산업자본이라면 시중은행을 인수할 자격 자체가 없었다.

당시 여러 나라에 투자하던 론스타가 글로벌 차원에서 어느 정도의 자회사들을 갖고 있는지는 파악하기 어려웠다. 그러나 론스타가 인수한 업체들 가운데 상당수가 비금융 기업일 것은 분명했다. 즉 론스타 역시 모든 자회사들의 자본총액을 합산해서 따지면 '은행법상 금융기관'이 아닐 가능성이 컸다. 당시로부터 수년 뒤, 론스타가 실제로 자산 규모로 3조7000억 원 규모인 일본의 골프장 관리회사인 PGM을 자회사로 소유하고 있는 것이 확인되기도 했다.

당시 은행법에 따르면 외국의 금융기관이 한국 내 은행을 인수하는 것은 가능했다. 그러나 한국의 산업자본도 국내 은행을 인수할 수 없는 마당에 '해외 산업자본'의 외환은행 매입은 논의의 대상 자체가 될 수 없었다. 즉 론스타에겐 외환은행 인수 자격 자체가 없을 가능성이 컸다. 그런데도 론스타의 외환은행 인수가 점점 더 현실로 다가오게 되면서 사회적으로 엄청난 공분이 번져나갔다.

은행의 중요성

만약 론스타의 인수 대상이 시중은행이 아니라 증권사나 보험사였다면 그 정도의 논란이 벌어지지는 않았을 것이다. 은행은 설사 100% 민간자본에 의해 설립되었다고 하더라도 공적인 성격이 엄청나게 강한 업종이다. 여러 종류의 금융기관 중 은행만이 예금을 받을 수 있다.(수신 기능) 은행업을 운영하려는 사람(업체)은 국가의 엄격한 심사를 받는다. 이 심사를 통과해야 '수신受信 면허(예금을 받아도 된다는 허가증)'를 받을 수 있다. 수많은 시민들이 자신의 귀중한 돈을 맡기는 업종인 만큼 당연한 일이다. 또한 국가의 가장 중요한 거시경제정책인 '통화량 조절'이 은행을 통해서 수행된다. 은행이 대출을 많이 하면 통화량이 늘고, 적게 하면 줄어든다. 만일 은행이 망하면 사회 전체적으로 신뢰의 사슬과 돈의 흐름이 끊어지면서 극심한 아노미 상태를 피할 수 없다. 금융위기가 닥쳐 은행이 지급불능 사태를 감수해야 할 상황이 오면, 어느 나라 정부든 은행엔 공공자금을 아낌없이 퍼부을 수밖에 없는 이유다.

그러므로 단지 돈이 많다고 해서 아무나 은행을 운영해서는 안 되는 것이다. 어떤 국가든 '누가 은행의 주인이 되는지'에 대해서는 엄격히 규제할 수밖에 없다.(은행 주인의 적격성) 은행을 인수하려는 자들이 일정 수준 이상의 도덕성을 가졌는지, 은행업과 관련된 공공성을 지킬 소양은 있는지, 은행을 인수하는 자금이 부정하게 마련되었거나 부당한 조건을 달고 있지 않은지 꼼꼼하게 따진다. 예컨대 인수 희망자가 은행을 매입하기 위해 빌린 돈에 대해 지나치게 높은 이자를 물어야 한다면, 장차 은행의 재무상태가 악화되어 사회적 혼란으로 이어질 위험이 있기 때문이다.

특히 한국은 금산분리 원칙이 엄격해서, 가장 중요하게 여겨지는

'은행 주인의 적격성'은 '산업자본이 아닐 것'이었다. 산업자본일 가능성이 큰 론스타의 외환은행 인수는 금산분리 원칙에 대한 전면 부정으로 간주되었다.

이런 논란이 한창이던 무렵, 어느날 갑자기 론스타와 외환은행 사이를 가로막고 있던 장애물(론스타는 산업자본)이 좀 기묘한 방법으로 제거된다. 론스타가 설사 '해외 산업자본'이라 해도 외환은행만큼은 인수할 수 있다는 법률적 해석이 나왔던 것이다. 외환은행 경영진과 한국 정부의 경제·금융 부서의 수뇌부가 은행법의 빈틈을 헤집고 들어가 론스타의 외환은행 인수 적격성 문제를 거침없이 해결해버렸다. 이후 이강원 당시 외환은행장, 변양호 금융정책국장 등은 론스타 및 그 법률대리인인 김&장 법률사무소와 공모했다는 의혹에 휩싸이게 된다.

외환은행을 부실금융기관으로 만들다

당시 은행법에 따르면, 금융기관(해외 은행도 포함)만이 한국의 시중은행을 인수할 수 있었다. 그러나 이 같은 규정엔 예외조항이 끼어 있었다. 인수 대상이 '부실금융기관'인 경우는, 금융기관만이 시중은행을 인수할 수 있다는 규정의 예외로 인정한다는 조항이었다. 이는 설사 산업자본이라 해도 외환은행이 부실금융기관이라면 인수할 수 있다는 의미로 해석되었다.

부실금융기관이란 무엇인가? BIS(자기자본비율)가 8% 이하인 은행이다. BIS는 은행의 '자기자본'을 은행의 '예상손실액'으로 나눈

수치(자기자본/예상손실액)다. 어떤 기업을 운영하든 미래는 불확실한 법, 불행한 일이 일어나 큰 손실을 볼 수도 있다. 그 손실 때문에 기업을 운영하지 못하게 될 수도 있다. 이에 대비할 수 있는 방법 가운데 하나는, 손실이 발생할 때 이를 메울 수 있는 '내 돈(기업 입장에서는 자기자본. 비상시에 자유롭게 사용할 수 있는 자금이므로 '내 돈'이란 표현을 사용했다)'을 충분히 마련해두는 것이다. BIS는 이런 개념을 바탕으로 만들어진 국제규범이다.

은행은 어떤 경우에 손실을 입을까? 빌려준 돈을 받지 못할 때다. 다만 신용등급이 높은 기업에 빌려준 돈은 못 받게 될 가능성이 크지 않다. 그러나 저신용등급의 기업에 빌려준 돈은 떼일 가능성이 크다. BIS 규범을 만든 바젤위원회는 이 '떼일 가능성'을 수치화했다. 예컨대 최고 신용등급인 AAA 등급의 기업에 대출한 돈은 떼일 가능성이 0%, BBB 등급 기업에 대출한 돈은 떼일 가능성은 10%라는 식으로 말이다. 그렇게 해서 '예상손실액'을 산출한다. 어떤 은행이 10개의 AAA 등급 업체에 10억 원씩 모두 100억 원을, 10개의 BBB 등급 기업에게 10억 원씩 모두 100억 원을 빌려줬다면, 은행의 '예상손실액'은 10억 원이다. AAA 등급은 떼일 가능성이 0%이니 예상손실액은 0원(100억 원×0%), BBB 등급은 떼일 가능성이 10%니까 예상손실액이 10억 원(100억 원×10%)이기 때문이다.

예상손실액이 10억 원이라고 해서 자기자본으로 반드시 10억 원을 마련해둬야 하는 것은 아니다. 10억 원은 어디까지나 예상액이기 때문이다. 현실에서 10개의 BBB 등급 기업들이 같은 시기에 한꺼번에 망해서 원금과 이자를 상환하지 못하는 사태는 좀처럼 일어나지 않을 터이다. 그렇다면 은행은 위기 가능성에 대비해서 구체적으로 어느 정도의 자기자본을 확보해둬야 할까? 사실 자기자본은 많을수록 좋다. 그러나 모든 은행이 충분한 자기자본을 마련할 수 있는 것은 아니다. 그래서 바젤위원회는 '자기자본이 예상손실액의 8%는 넘어야 한다(BIS 8% 이상)'는 국제규범을 정했다. 예상손실액이 10억 원인 은행은 8000만 원(10억 원의 8%) 이상을 자기자본으로 갖고 있어야 한다는 이야기다. 바젤위원회는 BIS가 최소한 8%만 넘기면, 은행이 미래의 불확실한 상황에 이럭저럭 대처할 수 있다고 본 것이다. 반대로 이는 BIS 8% 이하의 은행이라면 부실금융기관으로 간주할 수 있다는 말이기도 하다.

다시 론스타 사태로 돌아가자. '은행법 예외조항'을 적용해 론스타가 산업자본이더라도 한국의 부실금융기관은 인수할 수 있게 되었으니, 이제 외환은행이 부실금융기관이기만 하면 된다. 그러나 불행히도(?) 2000년대 들어 외환은행의 BIS 비율은 10% 주변을 맴도는 등 대체로 우량한 편이었다.

그런데 하필 론스타가 인수 의사를 전달한 2002년 말 이후부터 외환은행의 BIS가 낮게 계산되기 시작한다. 심지어 외환은행 경영진 측이 자행의 BIS 비율을 의도적으로 낮게 잡으려는 움직임까지 포착된다. 사실 크게 어려운 일이 아니다. 외환은행으로부터 거액을 빌린 대기업이 망하는 시나리오를 가정하면 된다. 대기업으로부터 원금과 이자를 못 받게 되면 BIS(자기자본/예상손실액)의 분모인 예상손실액이 커지므로 BIS를 크게 낮출 수 있다.

2003년 7월 15일, 서울의 조선호텔에서는 이강원 외환은행장,

변양호 재정경제부 금융정책국장, 금융감독위원회(당시의 금융감독 정책 결정기구) 김석동 국장 등 외환은행 매각을 좌지우지할 수 있는 10여 명이 모여 '관계기관 회의'를 열었다. 이 회의에서 이 은행장은 '증자가 없는(=론스타가 외환은행을 인수하지 않는) 경우, BIS가 5.42% 까지 떨어질 것'이라고 주장했다. 변 국장은 론스타에게 수출입은행 (당시 외환은행 대주주)이 외환은행 지분을 론스타에 넘기도록 "우리 (재경부)가 설득할 것"이라고 말한다. 김 국장은 '론스타의 금융기관 지위 인정' '은행법 예외조항' 등 법률 문제를 금감위에서 검토하겠 다는 취지로 발언한다. 변 국장은 "각자 라인별로 최선을 다하자"고 한다. 외환은행을 론스타에 넘긴다는 지상 목표 아래, 이 은행 최고 경영진과 재경부 및 금감위 인사가 일사불란하게 단결한 것이다.

이 회의 두 달 전인 2003년 5월 말에 금융감독원(금감위의 정책을 기조로 금융사들을 감독·감사하는 기구)은 외환은행의 연말 BIS 비율 을 8.44%로 내다봤다. 그 뒤 7월 16일엔 '최악의 경우라도 외환은행 의 연말 BIS 비율이 9.14%에 달할' 것으로 상향 조정했다. 그러나 불 과 일주일 뒤인 7월 21일, 금감원은 이 수치를 6.16%로 화끈하게 깎 아버린다. 외환은행 측이 금감원에 보낸 팩스 5장 때문이었다.

외환은행 측은 이 팩스에 연말 BIS 전망을 두 가지로 추정했다. 중립적으로는 9.33%인데 비관적으로 보면 6.16%라는 내용이었다. 금감원은 이 가운데 비관적 시나리오인 6.16%를 채택해서 외환은행 을 '잠재적 부실은행'으로 규정하기에 이른다. 이로써 론스타는 외 환은행을 인수할 자격(?)을 얻게 되었다.

결국 론스타는 3개월여 뒤인 2003년 10월 말, 외환은행의 지분

51%를 1조3834억 원으로 매입하게 된다. 법률상 금융자본도 아닌 미국계 사모펀드가 한국 시중은행을 인수하는 데 성공한 것이다.

론스타의 국적은 어디인가

2003년 10월 말에 외환은행 지분 51%를 매입한 주체는 '미국의 론스타'로 등록되어 있지 않다. 'LSF-KEB Holdings SCA'(이하 SCA)다. 벨기에에서 만들어진 법인이다. 미국에 본거지를 갖고 그곳에서 이런저런 글로벌 투자 계획을 세우며 집행하는 론스타가 벨기에에 법인을 만들어 한국에 투자한 이유는 무엇일까? 한마디로 표현하자면, 절·탈세를 위해서다. 벨기에는 세계적으로 유명한 조세피난처tax haven 중 하나다.

조세피난처는 소득(주로 자본에서 나오는 소득)에 대한 세율이 0%이거나 아주 낮다. 이런 곳에 법인을 만들어 돈을 꽂아두면 세금을 내지 않거나 아주 조금만 납부할 수 있다.

법인法人은 '법률적으로 인간의 자격을 행사할 수 있는 사물事物'을 의미한다. 회사가 대표적이다. 인간은 아니지만 마치 인간처럼 권리와 의무를 행사한다. 법인 자격을 획득하면 그 법인의 이름으로 사업을 하고 돈을 보유할 수 있다. 법인의 이름으로 다른 나라에 돈을 보내거나 받을 수도 있다.

다만 대개의 국가에서는 법인 설립이 상당히 까다롭고 엄격한 요건을 충족시켜야 가능하다. 해당 법인의 운영 방향을 결정하고 책임을 지는 자, 즉 이사가 누구인지도 투명하게 밝혀야 한다. 각종 규제를 받으며 세금도 그 나라의 세율대로 내야 한다.

그러나 조세피난처 국가에선 외국인도 아주 쉽게 법인을 만들 수 있다. 신청서와 등록세(이게 바로 조세피난처 국가의 수익이다)만 내면 된다. 법인을 설립한 자와 운영하는 자, 해당 법인에 돈을 투자한 자 등이 누구인지 밝히지 않아도 괜찮다.(비밀 유지) 조세피난처의 법인은 자산(건물·기계설비·돈)을 거의 갖지 않고, 법인을 위해 일하기로 계약한 노동자도 극소수(0명인 경우도 많다)에 그치기 마련이다. 해당 법인과 관련된 실물 차원의 경제활동이 거의 없다는 의미다. 그래도 문제없다. 이런 법인을 '페이퍼컴퍼니'라고 부르는데, 그 주요 기능은 상품이나 서비스를 생산·판매하는 것이 아니다. 페이퍼컴퍼니는, 초국적 기업이 자금을 이 나라에서 저 나라로, 저 나라에서 이 나라로 이동시킬 때 해당 국가들의 세무 당국에 납부해야 하는 세금을 최소화시키기 위해 존재한다.

예컨대 법인의 소득에 대한 세율이 30%인 A국, 20%인 B국, 조세피난처인 C국이 있다고 치자. 또한 A국에 소재한 a사가 B국에 자회사(b사)를 만들었다고 가정하자. 여기서 a사는 b사의 지배주주이며 모기업이다. a사와 b사는 여러 가지 경로로 돈을 주고받는다. 예컨대 모기업인 a사는 b사에 돈을 빌려줄 수 있다. b사는 B국에서 열심히 영업활동을 펼쳐 얻은 수익 중 일부분을 지배주주인 A국의 a사에게 배당금으로 지급한다. b사는 a사로부터 빌린 돈의 이자도 송금해야 한다. a사가 b사를 제3자에게 팔아 그 매각 대금을 받을 수도 있다. 이렇게 국가 사이를 이동하는 돈에 대해 A국과 B국의 세무당국은 세금을 부과한다. A국의 경우, a사가 b사로부터 받은 배당금, 이

통상적 외국 투자시 세금 납부

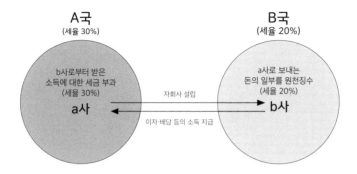

A국
(세율 30%)

b사로부터 받은
소득에 대한 세금 부과
(세율 30%)

a사

B국
(세율 20%)

a사로 보내는
돈의 일부를 원천징수
(세율 20%)

b사

자회사 설립

이자·배당 등의 소득 지급

자, 매각 대금 등의 30%를 법인세로 징수할 수 있다. B국은 b사가 A
국의 a사로 보내는 돈의 일부를 원천징수한다.

이 같은 국가 간 돈의 흐름에 조세피난처인 C국이 끼면 상황이
크게 달라진다. 조세피난처는 여타 국가들과 '조세조약'을 맺고 있
기 마련이다. 예컨대 조세피난처에 있는 모기업이 조약 상대국에 설
립한 자회사로부터 배당금이나 이자나 매각 대금 등을 받으면, 이 소
득에 대해 면세하거나 아주 낮은 세율을 적용한다. 조세피난처인 C
국이 A국, B국과 이런 내용의 조세조약을 체결한 상태라면, A국의 a
사는 자사 명의로 B국에 직접 투자할 필요가 없다. 그냥 C국에 페이
퍼컴퍼니 c사를 만든 뒤, 이 c사가 B국에 투자해서 b사를 설립하도
록 설계하는 편이 낫다. C국의 페이퍼컴퍼니 c사가 b사의 지배주주
이며 모기업이 되는 것이다. B국의 b사는 C국의 c사에 배당금·이
자·매각대금 등을 송금하게 된다. C국은 조세조약에 따라 그 돈(c사
의 소득)에 과세하지 않거나 아주 낮은 세율을 적용한다. c사는 거의
세금을 떼지 않은 돈을 다시 A국의 a사로 보낼 것이다. 그러나 A국

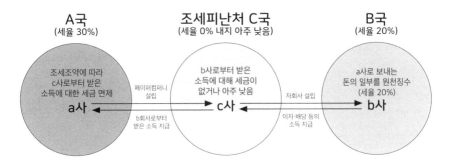

조세피난처를 이용한 세금 회피

A국 (세율 30%)

조세조약에 따라 c사로부터 받은 소득에 대한 세금 면제

a사

페이퍼컴퍼니 설립

b회사로부터 받은 소득 지급

조세피난처 C국 (세율 0% 내지 아주 낮음)

b사로부터 받은 소득에 대해 세금이 없거나 아주 낮음

c사

자회사 설립

이자·배당 등의 소득 지급

B국 (세율 20%)

a사로 보내는 돈의 일부를 원천징수 (세율 20%)

b사

은 이 돈에 자국 세율인 30%를 적용하지 못한다. C국과의 조세조약 때문이다. 즉 A사는 조세피난처에 페이퍼컴퍼니를 설립한 덕분에 엄청난 절세 효과를 누리게 되었다.

잘 나가는 조세피난처 국가들은 다른 나라들과 광범위한 '조세조약 네트워크'를 갖고 있다. 조금 전에 봤듯이, 조세피난처의 페이퍼컴퍼니 법인은 다른 국가들 사이의 자금흐름이 자신(페이퍼컴퍼니 법인)을 잠시 통과하게 만들어 세금을 최소화시키는 역할을 수행한다. 이런 법인들을 '도관導管회사conduit company'라고 부른다.

일반적으로 조세피난처라고 하면 버진아일랜드·케이먼군도·버뮤다 등 카리브해의 섬나라들을 떠올리게 된다. 야자수와 아름다운 모래밭, 푸른 바다가 광대하게 펼쳐지는 곳들이다. 그런데 아일랜드·네덜란드·룩셈부르크·파나마 등 서방의 작은 나라들과 홍콩·싱가포르도 조세피난처다. 미국이나 영국 같은 대국들도 국내 일부 지역에 조세피난처를 운영한다. 미국의 델라웨어 주와 네바다 주, 영국의 시티(런던의 금융센터) 등이 대표적이다. 한국과 BIT를 체결한 벨기에와 룩셈부르크 역시 유럽의 유명한 조세피난처들이다.

외환은행 지분의 51%를 매입한 벨기에 법인 SCA는 도관회사인데, 그 SCA의 주인은 또 룩셈부르크에 있는 도관회사 LKCI다. 그렇다면 LKCI는 누구의 것일까? 론스타가 버뮤다와 미국 내 조세도피처인 델라웨어 주 등에 설립한 법인들이다. 결국 론스타가 이 모든 페이퍼컴퍼니들의 주인이다. 즉 사모펀드인 론스타는 다수의 투자자들(그중엔 이른바 '검은머리 외국인'으로 불리는 한국인들도 끼어 있는 것으로 알려졌다)로부터 끌어들인 돈을 '버뮤다·델라웨어 법인 → 룩셈부르크 법인 → 벨기에 법인이란 도관회사'를 경유시켜 한국의 외환은행 지분 51%를 매입하는 데 사용한 것이다. 외환은행을 통해 거두어들인 수익금 역시 비슷한 도관 회사들을 통해 미국의 론스타 본사나 다른 글로벌 사업으로 흘러갔을 것이다.

론스타는 2006년 5월에 외환은행 주식 가운데 14.15%를 추가 인수한다. 이밖에 스타타워·극동건설 등에도 거액을 투자해 큰 수익을 남겼다. 이 프로젝트들 역시 벨기에와 룩셈부르크에 만든 법인(도관회사)들을 통해 추진되었다. SCA를 비롯한 도관회사들은 이후 론스타가 한국 정부에 대해 제기한 ISDS에서 청구인으로 나서게 된다.

론스타의 행운과 불운

2003년 10월 말 외환은행을 인수한 론스타는 그야말로 승승장구한다. 그 이듬해 초엔 외환카드까지 완벽하게 합병해버렸다.

합병 이전에 외환은행이 보유한 외환카드 지분율은 43%였다. 그러나 외환카드에 확실한 지배권을 행사하려면 나머지 지분을 더 사들여야 했다. 쉬운 일이 아니었다. 무엇보다 미국계 사모펀드로 지분율이 25%에 달하는 올림푸스캐피털이 2대 주주로 버티고 있었다. 올림푸스캐피털이 싼값에 외환카드 지분을 외환은행에 넘길 리 만무했다. 그런데 행운의 여신이 론스타에게 추파를 던진 것일까? 2003년 11월에 외환카드의 주가가 폭락해버렸다. 덕분에 론스타는 외환카드를 싸게 합병할 수 있었다.(외환카드 주가 폭락이 단순한 행운이 아니었다는 사실이 밝혀지면서 론스타는 한동안 외환은행을 팔지 못하는 곤경에 처하지만, 그것은 이후의 일이다.)

2004년 초엔 외환은행의 주가가 급등했다. 론스타가 보유한 외환은행 지분 51%의 가격이 1조 원 이상 올라간 것이다. 그러나 동시에 외환은행의 기업가치가 크게 높아지면서 한국 정치권과 시민사회에서는 '외환은행 경영진과 금융당국, 론스타가 결탁해 외환은행을 헐값 매각했다'는 의혹이 눈덩이처럼 부풀어오르게 되었다.

급기야 2005년 국정감사에서는 매각 당시 외환은행의 BIS 비율이 조작되었다는 주장까지 나왔다. 감사원이 즉각 감사에 들어갔다. 다음해인 2006년 6월 19일에 나온 감사 결과는 놀라웠다. 당시 경영진이 외환은행을 매각하기 위해 부실을 과장했고(=외환은행 BIS 비율을 낮췄고), 재경부와 금융감독위원회의 특정 관료들 역시 '은행법의 예외조항'이라는 법규를 무리하게 적용해서 헐값 매각을 지원했다는 것이다. 감사원은 정황과 증거도 제시했다.

우선, 이강원 당시 외환은행장과 변양호 재경부 금융정책국장 등의 행적에서 로비를 받은 흔적이 발견되었다. 이강원 행장은 외환은행 매각 뒤 고문료와 성과급 명목으로 론스타의 외환은행으로부터 15억 원을 받았다. 이와 함께 외환은행은 변양호 국장이 2005년 설립하는 보고펀드에 400억 원까지 투자하기로 변 국장 본인과 약속했다.

외환은행 경영진이 'BIS 비율 낮추기' 외에도 이 은행을 어떻게든 싸게 팔기 위해 몸부림친 듯한 정황들도 나왔다. 론스타와의 매각 협상 당시 외환은행 측은 삼일회계법인에 자신들의 기업가치를 평가하는 용역을 맡겼었다. 기업가치 평가는, 해당 기업이 앞으로 벌어들일 수익금을 추정해서, '그 금액이 현재가치로 따지면 얼마일까'를 산정하는 방식으로 진행된다. 아주 간단히 예를 들자면, 어떤 기업이 내년에 110억 원의 수익금을 거둘 것으로 추정된다고 가정하자.(실제 평가에서는 '내년'뿐 아니라 상당히 긴 기간 동안의 미래 수익을 추정한다.) 그 시기의 이자율은 10%다. 그렇다면 해당 기업의 '현재가치'는 100억 원으로 평가된다. 이자율이 10%라면, 지금의 100억 원은 내년의 110억 원과 동일한 가치를 지니는 것으로 간주할 수 있기 때문이다. 이런 방식의 기업가치 평가를 '현금할인모형'이라고 한다.

현금할인모형에서 가장 중요한 작업은 '미래에 벌어들일 돈에 대한 추정'이다. 위의 사례를 다시 들면, 해당 기업이 1년 뒤에 벌어들일 돈이 110억 원으로 추정되었지만, 실제 현실에서 1년 뒤의 수익금이 추정과 크게 다른 10억 원일 수도 있고 200억 원일 수도 있다. 원래 미래는 불확실한 것이다. 그래서 현 시점에선 다양한 시나리오를 가정해서 해당 기업의 수익을 각각 다르게 추정한다.

그런데 당시의 외환은행은 삼일회계법인에 기업가치 평가 용역을 맡기면서 그 목적이 매각이라고 고지하지 않았다. 회계법인 측이 매각 목적의 평가라는 것을 알았다면 기업가치를 가급적 높게 평가했을 것이다. '파는 쪽'은 물건을 비싸게 팔고 싶어 하며, 회계법인은 그 '파는 쪽'으로부터 용역비를 받기 때문이다. 그러나 외환은행 경영진은 오히려 삼일회계법인에 '보수적으로 평가해달라'고 주문했다. 외환은행이 높은 수익을 올리기 힘든 미래 상황을 맞을 것으로 가정하고 기업가치를 비관적으로(=낮게) 추정하라는 의미다. 이쯤 되면, 당시의 외환은행 경영진이 이 은행을 어떻게든 론스타에 싸게 넘기려고 애면글면했다고 보지 않을 수 없다.

삼일회계법인은 결국 세 가지의 가치평가안을 제시했고, 외환은행은 셋 중에서 평가가치가 낮은 두 개의 안으로 론스타와 협상을 진행해서 매각대금을 결정하게 되었던 것이다.

이 같은 감사 결과가 나온 직후인 2006년 말, 검찰은 이강원·변양호 씨 등을 공모·배임 등의 혐의로 기소한다. 그리고 4년에 걸친 재판이 시작되었다.

론스타의 엑소더스 계획

론스타는 자신을 둘러싼 논란이 일고 있던 2006년 1월부터 외환은행 매각을 추진하고 있었다. 빨리 팔고 한국을 떠나고 싶었던 것이다. 마침 외환은행의 기업가치가 크게 오르면서 론스타 역시 이 은행 경영권(을 확보 가능한 지분)을 살 때보다 훨씬 비싸게 팔 여건이 조성되어 있었다. 실제로 같은 해 5월, 론스타는 국민은행과 6조9000억 원 규모의 매각계약을 체결한다. 그러나 11월 말에 론스타는 계약을 파기하고 만다. 계약서에 '외환은행 인수과정에서 불법 사실이 없어야 매각대금을 지급한다'는 문구가 삽입되어 있었기 때문으로 보인다. 검찰 수사가 매섭게 진행되는 과정에서 론스타의 불법행위가 드러나지 않으리라는 보장이 없었던 것이다.

다음해인 2007년 9월, 결국 론스타는 영국계 글로벌 금융기관인 HSBC와 5조9000억 원 규모의 매각계약을 맺었다. 곧이어 금융위원회(재정경제부와 금융감독위원회가 나눠 갖고 있던 금융정책 수립 및 감독 기능을 총괄하는 새로운 정부 조직)에 매각 승인을 요청했다. 앞에 썼다시피 어느 나라 정부든 '은행의 주인 자격'은 꼼꼼하게 따진다. 은행의 소유권이 바뀌는 상황은 금융당국의 승인을 받아야 한다. 그러나 금융위로서도 상황이 녹록치 않았다. 사는 쪽인 HSBC는 세계적으로 유명한 금융기관이니 은행 인수 자격을 가졌다고 볼 수 있다. 그러나 파는 쪽인 론스타의 '외환은행 주인 자격'이 흔들리고 있었다. 이강원·변양호 씨 등에 대한 재판이 진행되었는데, 론스타의 인수 과정에서 벌어진 불법행위가 드러나면 인수 자체가 불법이 될 소지가 발생한 상황이었다.

더욱이 검찰과 금융당국이 조사 중인 또 하나의 비위 사건이 있었다. 론스타 측이 2003년 11월 당시 외환카드를 싸게 인수하기 위해 이 회사의 주가를 조작했다는 의혹이었다. 은행법에 따르면, 은행의 대주주(외환은행의 경우 론스타의 벨기에 법인인 SCA)는 금융 관련 법률 위반 사실이 확인되는 즉시 은행의 대주주 자격(=경영권)을 상실하게 된다. 즉 외환카드 주가조작 의혹이 사실로 확인되면, 론스타는 외환은행의 대주주 자격을 박탈당할 수 있었다.

이처럼 당시 론스타를 둘러싼 두 개의 금융 범죄 혐의에 대한 법률적 절차가 진행중이었다. 금융위가 매각을 승인했다면 안 그래도 '론스타와의 결탁' 소문이 도는 상황에서 엄청난 사회적 반발이 불가피했을 것이다.

이런 와중인 2008년 가을, 미국 거대 금융기관인 리먼브러더스의 파산을 계기로 세계금융위기가 발발했다. HSBC는 외환은행 매각 대금을 5조9000억 원에서 4조 원대 안팎으로 대폭 깎자고 론스타에 제안했다. 론스타는 소송을 당하고 있다는 약점을 갖고 있었다. 이와 함께 당시의 금융위기로 파산위기에 내몰린 세계 각국의 유명 은행들이 매물로 쏟아져 나오고 있었다. HSBC로서는 할인을 요구할 만했던 것이다. 론스타는 HSBC의 제안을 거절했고, 결국 매각계약은 파기되었다.

그러나 론스타에게 다시 기회가 찾아왔다. 2010년 10월, 대법원이 변양호 씨에 대해 무죄를 확정했다. 외환은행 매각 과정에서 변씨의 "부적절한 행위"가 있었지만 "금융기관의 부실을 해결하기 위한 직무상 신념에 따른 정책 선택과 판단의 문제여서 배임의 책임을 물을 수 없다"는 취지였다. 이강원 씨 역시 변양호 씨와 공모한 혐의는 무죄로 확정되었다. 다만 그가 다른 납품업체로부터 5억여 원의 금품을 받은 혐의는 유죄로 선고되었다.

론스타로서는 면죄부를 받은 것이나 다름없는 선고였다. 대법원 판결 직후인 같은 해 11월, 론스타는 하나금융지주에 외환은행의 지분 51.02%를 4조6888억 원에 매각하는 계약을 체결한 뒤 금융위에 다시 매각을 승인해달라고 신청했다. 그러나 4개월여 뒤, 론스타에게 아주 치명적인 악재가 터지고 만다.

외환카드 사건

2011년 3월 10일, 대법원은 론스타의 '외환카드 주가조작' 혐의를 유죄로 확정한다. 론스타 측에 무죄를 선고했던 고등법원 판결을 유죄 취지로 파기하고 돌려보낸 것이다.

대한민국 최대의 금융스캔들, 사건은 아직 끝나지 않았다

블랙머니
2019. 11

론스타의 외환은행 인수 과정에서 드러난 불법적 행위들과 '먹튀' 행각은 십수 년간 여러 차례 다뤄졌으며, 영화 <블랙머니>의 소재가 되기도 했다. 영화는 ISDS에 대해선 언급하고 있지 않지만, 론스타가 제기한 ISDS로 인해 포스터의 문구처럼 '사건은 아직 끝나지 않았다.'

이미 이야기했듯이 인수 이전의 외환은행은 외환카드의 지분 43%를 가진 대주주였다. 그러나 확실한 지배권을 확보하려면 더 많은 지분을 사들여야 했다. 특히 2대 주주인 올림푸스캐피털(25%)이 외환카드 주식을 싼값으로 론스타의 외환은행에 넘기진 않을 터였다. 결국 론스타는 주가조작에 나서게 된다.

대법원 판결문에 따르면, 론스타는 외환은행 인수 이전부터 외환카드 인수 방법을 재무자문사인 씨티그룹, 법률자문사인 김&장 법률사무소 등과 논의해왔다. '묘안'이 나왔다. 씨티그룹 측에서 "외환카드의 주가가 내리는 것을 한동안 내버려둬야 한다"라고 제안한 것이다.

당시는 이른바 '신용카드 위기' 국면이었다. 당시 김대중 정부는 소비 진작을 위해 카드업 관련 규제를 크게 완화했고, 수많은 카드사들이 설립되어 출혈경쟁을 벌이고 있던 터였다. 그들은 소비자들의 상환 능력도 제대로 심사하지 않은 채 무차별적으로 신용카드를 발급해줬다. 심지어 현금서비스 한도까지 없애버렸다. 결국 사회 전반적으로 신용불량자가 대량 양산되고, 이에 따라 카드사들은 빚더미에 앉게 되었다. 외환카드 역시 재무상태가 굉장히 불량한 상황이었다. 이런 회사의 대주주라면 금융 지원을 해주는 것이 마땅하다. 그러나 오히려 외환은행이 외환카드에 대한 지원을 끊는 방식으로 이 회사의 유동성 위기를 조장해서 주가를 하락시킨 뒤 싸게 합병하자는 것이 씨티그룹의 아이디어였다.

그렇다면 주가 하락을 기다리기만 하면 될까? 론스타는 사모펀드답게 이 같은 '소극적' 방법을 선택하지 않았다. 외환은행 인수 직후인 2003년 11월 20일 열린 이사회에서, 유회원 씨(론스타코리아 대표) 등 론스타 측 외환은행 이사들은 불쑥 '외환카드를 감자한 뒤 합병하는 방안'을 제기한다. 감자減資는 문자 그대로 기업의 자본금을 줄이는 것이다. 자본금은 해당 기업 주주들이 주식을 사면서 낸 돈이다. 자본금을 줄인다는 것은 주주들의 주식 중 일부를 소각 처리한다는 의미다. 50% 감자라면, 주주의 100주는 50주로 줄어든다. '완전

감자'인 경우, 100주는 0주가 된다. 그러므로 감자하는 기업의 주식을 매입하려는 사람은 드물다. 해당 기업의 주식을 가진 사람들은 그 주식을 빨리 처분하려 할 것이다.

그리하여 이사회 다음날인 2003년 11월 21일, 론스타 측은 '감자 검토 발표 방침'에 관한 보도자료를 뿌린다. 이사회 날인 11월 20일 오전에 5400원이던 외환카드 주가가 21일에는 3975원, 26일에는 2550원으로 일주일 만에 절반 넘게 주가가 떨어졌다.

이런 상황이 진행중이던 11월 25일, 론스타 측의 외환은행 이사인 마이클 톰슨 변호사는 재무자문사 씨티그룹 담당자에게 보낸 이메일에 이렇게 쓴다. "점점 재미있어진다." 외환카드 개미 주주들이 매일 엄청난 재산 피해를 보고 있는 상황이 톰슨에게는 그저 '재미' 있기만 했다.

그러나 정작 론스타 측은 실제로 감자를 실행할 생각이 없었다. 그럴 경우, 최대 피해자는 외환카드의 1대 주주인 외환은행과 그 소유자인 론스타일 터였다. 대법원 판결문에 따르면, '감자 검토' 보도로 주가가 한창 빠지던 11월 24~26일, 론스타와 씨티그룹과 김&장 법률사무소 등은 전화 회의 등을 통해 '감자 없는 합병 방안'을 내부적으로 확인했다. 그저 주가가 '만족할 만한 수준이 되면'(즉 충분히 내려가면) 이사회를 열어 합병을 마무리할 방침이었다.

그러나 곧이어 '재미없는' 일이 벌어지고 만다. '감자 없는 합병' 방안이 새어나가면서 11월 27일에는 외환카드 주가가 2930원으로 전날보다 14.9%나 올라버린 것이다. 이대로 가면 주가 상승 때문에 인수 비용이 커질 수 있었다. 이를 우려한 론스타는 허겁지겁 이사회를 소집했다. 원래 이사회란 공고에서 소집까지 상당한 기간을 두는 것이 보통이다. 그러나 론스타는 외환카드 주가가 오른 바로 다음날 (11월 28일) 이사회를 열고 합병을 결의한다.

이런 정황들이 드러나면서 론스타가 주가조작 혐의로 재판을 받게 된 것이다. 그리고 대법원은 판결문을 통해 론스타 측이 '감자 없이 합병'하기로 했으나 계속 주가를 하락시키기 위해 이를 외부에 알리지 않았고, 이 정보가 누설되어 외환카드 주가가 오르자 주가를 고정시키기 위해 '합병 결의 이사회'를 열었다고 확인한다. "피고인 유회원 등의 행위는 유가증권의 매매 기타 거래와 관련하여 부당 이득을 얻기 위해 고의로 위계를 쓰는 행위라고 보아야 할 것이다."

론스타가 2003년 11월에 저지른 주가조작이 7년여 만에 드디어 '범죄'로 공인되었다. 그 결과는 엄청난 것이었다. 론스타는 외환은행 대주주 자격을 잃게 되었다. 이미 서술했듯이, 은행 대주주가 주가조작 같은 금융범죄를 저지른 것으로 확정되면 주인 자격을 박탈당하도록 은행법에 정해져 있기 때문이다.

대법원 판결이 나온 시점도 공교로웠다. 6일 뒤인 2011년 3월 16일에 론스타와 하나금융지주 간의 매각 계약이 금융위 승인을 받을 것으로 예측되고 있었기 때문이다. 금융위도 어쩔 수 없었다. '론스타(정확하게는 SCA)의 은행 대주주 적격성'이 상실되었다며, 외환은행 지분 51% 중 41%를 팔아야 한다고 명령했다.

위에서 '은행을 판다(산다)'는 표현이 많이 나왔다. 사실은 정확한 표현이 아니다. 엄밀하게는 '은행의 경영권을 판다'라고 써야 한다. 외환은행에 대한 론스타의 경영권은 이 사모펀드가 외환은행 주식 가운데 과반수인 51%를 소유한 것에서 나온다. 하나금융지주가 론스타로부터 사려고 했던 것은 외환은행의 경영권이었고, 그렇게 되려면 51%를 통째로 매입해야 했다. 그런데 론스타가 금융위의 명령에 따라 41%를 따로 팔고 나면 외환은행 지분의 10%만 남게 된다. 즉 론스타는 외환은행 경영권을 상실한다. 이에 따라 외환은행 경영권을 판매할 권리마저 잃어버리게 될 것이었다.

론스타의 궁지 탈출

론스타는 절대적 궁지에 몰린 것으로 보였다. 51%를 묶어 팔아야 '제값'을 받을 수 있다. 51%는 경영권을 의미하기 때문이다. 사는 쪽에서는 그 51%의 주식가치에 상당한 규모의 돈을 추가로 얹어준다. 더 얹어주는 돈이 바로 '경영권 프리미엄'이다. 그러나 41%를 주식시장에서 이런저런 사람들에게 쪼개 팔다 보면, 2003년엔 '헐값 매각'의 수혜자였던 론스타가 2012년엔 헐값 매각의 피해자로 전락할 수도 있었다.

그런데 이때 금융위원회가 론스타에게 탈출구를 마련해준다. 2012년 1월 금융위원회는 론스타에게 '아무런 조건 없이 6개월 내에 외환은행 지분 41%를 매각하라'고 명령한다. 이와 함께 '론스타는 산업자본이 아니'라고 해당 은행법 조항을 다시 해석한다. 이 논리도 꽤 흥미롭다.

론스타가 해외에 보유한 자회사들(3조7000억 원으로 평가되는 일본의 골프장 관리회사인 PGM 등)을 감안하면, 이 사모펀드는 은행법상 산업자본으로 분류되는 것이 맞다. 그러나 은행법에 나오는 금산분리 원칙의 취지는 어디까지나 '시중은행이 국내 재벌의 사금고로 전락하는 사태'를 막기 위한 것이라고 금융위는 주장했다. 그러므로 론스타의 해외 자산(자회사)은, 론스타가 산업자본인지 여부를 가리는 문제에서 아예 고려할 필요도 없다는 것이다. 이런 논지에 기반해서 금융위는 SCA가 비금융주력자(산업자본)가 아니라고 해석해버린다. 이와 함께 하나금융지주의 외환은행 인수를 승인했다. 이로써 론스타는 외환은행을 하나금융지주에 팔 자격을 획득하게 되었다.

금융위원회가 '6개월 내 외환은행 지분 41% 매각'을 명령하며 다른 조건을 달지 않은 것도 론스타에겐 천만다행이었다. 하나금융지주에 51%를 묶어 매각해도 괜찮다는 의미이기 때문이다.

SCA는 2012년 상반기, 외환은행 지분 51.02%를 하나금융지주에 3조9157억 원으로 넘기고 한국에서 빠져나간다. 그러나 론스타는 일을 여기서 마무리지을 생각이 없었다. 수조 원대의 이익을 한국에서 거두고도 한국 정부 때문에 손실을 입었다며 2012년 ISDS를 제기한 것이다.

제**4**장

비밀에 쌓인
론스타 ISDS를 해부하다

20 12년 초, 론스타는 드디어(!) 외환은행을 하나금융지주에 매각하고 한국을 떠날 수 있었다. 한국 내에서는 금융위원회가 론스타의 '먹튀'를 지원했다는 여론이 들끓었다. 외환은행의 서류상 지배주주였던 SCA가 '정당한 주인'이 아니었다면, 매각 자격 역시 없었을 것이기 때문이다.

당시는 SCA가 사실상 산업자본으로 애초부터 외환은행 인수 자격 자체가 없었다는 사실이 수많은 자료로 입증된 뒤였다. 더욱이 론스타 측의 악랄한 금융범죄(외환카드 주가 조작)가 대법원에서 유죄로 판결되면서 금융위마저 SCA의 대주주 적격성 상실을 선언한 바 있었다. 그런데도 금융위는 SCA에 사실상 '외환은행 매각 자격'을 부여해 지배지분인 51%를 하나금융지주에 묶어 팔 수 있게 허용해버렸다. 이로써 SCA는 당시의 주가로 계산한 외환은행 지분 51%에 해당하는 금액은 물론 하나금융지주로부터 경영권 프리미엄까지 챙겨 '한국 탈출'에 성공했다.

SCA가 외환은행을 사고파는 과정에서 얻은 수익은 대충 4~5조 원에 이르는 것으로 보인다. 외환은행을 1조3834억 원에 매입해서 3조9156억 원으로 매각하는 과정에서 얻은 매각차익(2조5322억 원) 외에도 9년(2003년 말~2012년 초) 동안 대주주로서 받은 배당금이 2조9027억 원에 달한다. SCA 이외의 론스타 산하 펀드들이 극동산업이나 스타타워 등 다른 사업에 투자해 벌어들인 수익도 있다.

당시의 국내 여론은 엄청난 수익을 '먹고 튄' 론스타에 분개하는 기조였지만, 론스타 사태는 결코 끝난 것이 아니었다. 론스타 측이 또 하나의 거대한 '코리아 프로젝트'를 추진하고 있었기 때문이다. 한국 정부에 대한 ISDS 제기였다.

론스타의 ISDS 제기

론스타는 2012년 5월 21일, 한국 정부에게 중재의향서를 보냈다. 손해배상 청구 규모는 모두 46억7950만 달러(약 5조4700억 원). 청구인은, 론스타가 벨기에(6개)와 룩셈부르크(1개)에 설립한 7개의 페이퍼컴퍼니 법인들이다. 여기엔 외환은행의 지분 51%를 보유했던 SCA는 물론 이 은행에 추가로 14.15%를 투자하거나 혹은 스타타워 빌딩이나 극동산업을 매입한 론스타 산하 펀드들이 섞여 있다.

3장에서 설명했듯이, 이 법인들은 미국의 론스타가 세계 각지로부터 모은 자금을 여러 나라로 이동시켜 금융수익을 내고 다시 회수하는 과정에서 세금을 최소화하기 위해 만든 '글로벌 법인 네트워크'의 일부다. 론스타가 외환은행에 투자한 자금은, 미국 내의 조세 도피처인 델라웨어 주의 법인에서 버뮤다 법인으로, 다시 벨기에와 룩셈부르크의 법인을 거쳐 한국으로 들어왔다. 수익금 역시 반대의 경로를 거쳐 론스타의 다른 글로벌 프로젝트를 수행하는 법인이나 미국의 론스타로 돌아갔을 터이다. 즉 한국 정부에 ISDS를 제기한 벨기에와 룩셈부르크 법인들은 이 같은 자금흐름의 통로인 '도관회사'들이다. 이런 도관회사들은 각자의 투자 프로젝트나 그것을 수행할 펀드매니저, 재무담당자 등을 두고 있지 않다. 모든 투자 계획은 미국의 론스타 본부에서 짜고 집행한다. 도관회사들은 론스타 본부가 흐르게 만든 자금을 잠시 맡았다가 다른 도관회사나 피투자국으로 흘린다. 문자 그대로 돈이 흐르는 통로(도관)일 뿐이다. 도관회사들은 '법적인 인간', 즉 법인legal person이라기보단 존재하지만 존재하지 않는 '법적 유령'에 가깝다.

상당수의 한국인들은 론스타의 ISDS가 '한미 FTA'에 근거한 것으로 오인한다. 아마 지난 2000년대 중반, 당시 노무현 정부가 한미 FTA를 추진하고 이에 시민사회가 반발하는 과정에서 ISDS라는 제도가 본격적으로 이슈화되었기 때문으로 보인다. ISDS라는 용어를 들으면 반사적으로 한미 FTA가 연상되는 것이다.

그러나 앞서 간단히 설명했듯이 2012년 5월에 벨기에와 룩셈부르크의 론스타 법인들이 한국에 ISDS를 제기한 근거는, 한-벨·룩 BIT였다. 한국 정부가 한-벨·룩 BIT에 규정된 투자자 보호 의무를 위반해서 벨기에 또는 룩셈부르크에 등록된 론스타 산하 법인들에게 손실을 안겼기 때문에 손해배상을 청구한다는 것이다.

그 손실은 크게 두 가지로 나뉜다. 하나는, 론스타가 외환은행을 팔아 더 많은 매각수익을 거둘 수 있었는데 한국 정부가 매각 승인을 지체하는 바람에 수익 규모가 줄어들었다는 내용이다. 다른 하나는, 론스타가 한국에서 추진한 여러 사업(외환은행 인수와 매각 외에도 다른 여러 투자를 했었다)의 수익금에 부과된 세금을 돌려달라는 것이다.(뒤에서 상세하게 설명)

물론 론스타 측은 한미 FTA 위반으로 ISDS를 제기할 수도 있었다. 그런데도 굳이 한-벨·룩 BIT 위반으로 ISDS를 건 데는 앞에서 잠깐 언급했듯 몇 가지 이유가 있는데 여기서 좀 더 자세히 살펴보자.

우선 한미 FTA엔, 정부가 공공 목적으로 공익을 위해 취한 조치라면 설사 외국인 투자자의 자산가치를 하락시켰다고 해도 '협정 위반이 아니'라고 해석되는 조항이 있다. 론스타는 외환은행의 매각 승인이 지연되면서 큰 손실을 봤다고 주장한다. 그러나 한국 정부(금융위)로서는 론스타의 불법행위 유무를 둘러싼 소송 절차가 완료되기 전에 매각을 승인할 수 없었던 사정이 있었다. 만약 소송이 끝나기 전에 매각 승인이 나왔다면 어떻게 되었을까? 론스타가 '먹튀'한 뒤에야 외환카드 주가 조작이 유죄로 판결되었을 터이고, 이에 따라 금융위는 '소송이라는 법적 절차를 무시하면서까지 범죄자를 도왔다'는 비난에 휩싸였을지 모른다.

매각 승인을 신청 이후부터 언제까지 해줘야 한다고 법률로 정해진 것도 아니었고, '오로지 론스타를 괴롭혀야겠다' 같은 비합리적인 이유로 매각 승인을 지연한 것도 아니었다. 한국 정부의 조치(매각을 승인하지 않은 부작위)는 공공의 목적을 위한, 적법한 금융규제 (금산분리, 금융범죄자의 은행 대주주 자격 금지 등)에 따른 것이었다고 해석될 여지가 충분히 있었다. 이는 곧 한미 FTA에선 한국 정부의 행위가 투자자 보호 규정을 위반하지 않았다고 해석될 가능성이 크다는 것을 의미한다.

또한 한미 FTA는 투자자가 특정 국적을 갖고 있다는 이유만으로 과세하는 것이 아니라면 "조세부과 역시 수용으로 인정되지 않는다"라고 명시했다. 즉 론스타가 미국계 사모펀드라는 것만으로 다른 업체와 차별적인 세금을 부과하지 않았다면 한미 FTA 위반이 아니란 이야기다.

이런 조항들이 한-벨·룩 BIT엔 없다. 따라서 론스타로서는 한미 FTA보단 한-벨·룩 BIT로 ISDS를 제기하는 것이 훨씬 유리하다고 봤을 것이다. 위에 나온 한미 FTA의 '공공 목적'이나 '과세' 관련 조항은 2000년대 중반의 양국 협상자들이 시민사회의 거센 반발 때문에 도입할 수밖에 없었던 부분이다. 또한 중재의 절차와 내용을 모두 공개하지 않는 한-벨·룩 BIT와 다르게 한미 FTA는 '정보 공개에 관한 투명성' 규정도 두고 있다. 이러한 점도 론스타가 한미 FTA가 아니라 한-벨·룩 BIT를 선택한 부수적 이유였을 가능성이 크다.

한편 론스타는 이 ISDS에서 한국을 이기는 경우 받을 수 있는 수조 원대의 손해배상금이 미국 본사보다 벨기에와 룩셈부르크에 있는 페이퍼컴퍼니들에게 들어가는 것이 세금을 최소화하고 자금운용의 유연성을 높일 수 있는 전략이라고 봤을 터이다. 트럼프 전 대통령의 세제개정법안이 시행된 2018년 전까지 미국 법인세율은 최고

35%에 이르렀다. 손해배상금 역시 법인으로서는 일종의 소득이므로 높은 세율의 미국보단 저세율인 벨기에·룩셈부르크 법인들의 소유로 만드는 것이 론스타에겐 훨씬 유리했다.

한국-론스타 ISDS의 불투명성

앞에도 언급했지만, 한미 FTA엔 투명성 조항이 있다. 중재의향서는 물론, 분쟁 당사자들(정부와 외국인 투자자)이 중재판정부에 제출한 변론서, 심리 속기록 등을 모두 대중에게 공개해야 한다.(다만, 심리 속기록은 "이용 가능한 경우"에만 공개할 수 있도록 규정하고 있다.) 대중이 심리를 참관할 수도 있다. 중재는 원래 비밀스런 것이지만, ISDS는 대중에게 엄청난 영향을 미치는 공공정책을 둘러싼 중재인 만큼 관련 정보를 공개해야 한다는 당시 시민사회 측의 주장이 한미 FTA 협상에 투명성 조항을 도입시켰다고 해도 과언이 아니다.

그러나 한-벨·룩 BIT는 ISDS에 대해 투명성 조항은 고사하고 관련 규정 자체가 없다. 분쟁 당사자들이 '비공개'로 합의하고 ISDS를 진행해버리면 관련 정보가 새어나올 구멍조차 없다. 심지어 중재판정부가 한국-론스타 분쟁의 최종 결정인 판정문을 낸다고 해도 공개되지 않을 가능성이 높다. 게다가 시민사회가 중재판정부에 의견을 제시할 수도 없다. 시민단체인 '민주사회를 위한 변호사모임(이하 민변)'은 여러 차례에 걸쳐 한국-론스타 중재판정부에 의견서 제출과 심리 참관을 신청했으나 모두 거부당했다.

이처럼 한국-론스타 ISDS에 관한 모든 정보가 비밀에 부쳐지면서 '모든 재판 절차가 공개되는 법원 소송에 비해 ISDS의 모든 절차가 비공개로 진행되는 것은 부당하다'라든가 '론스타 ISDS 관련 정보의 비공개는 헌법상 알권리 침해 및 「공공기관의 정보공개에 관한 법률」 위반'이라는 비판들이 강력하게 대두되었다. 비판이 거세지자, 금융위원회는 '판정문이 나오면 주요 내용을 요약본으로 공개하겠다'라는 입장을 밝혔다. 거꾸로 말하면, 판정문 원본은 비공개가 될 것이라는 이야기다.

한국의 한-벨·룩 BIT 위반 혐의

이 같은 투명성 조항 부재에 따라 한국-론스타 간의 ISDS에 대한 정보들은 거의 공개되어 있지 않다. 소송이 제기된 지 9년이 경과한 2021년 현재에 이르러서도 그렇다. 다만 론스타가 자사 홈페이지에 스스로 게시한 중재의향서°, 한국 정부가 간헐적으로 내는 간단한 보도자료, 기타 언론보도 등에 따라 추이를 짐작할 수 있을 뿐이다.

우선 한국 정부가 한-벨·룩 BIT의 어떤 조항을 위반했다고 론스타가 주장하는지부터 살펴보기로 하자.

론스타에 따르면, 한국 정부는 한-벨·룩 BIT에 규정된 주요 조항을 모조리 짓밟았다. 그 목록은 '공정하고 공평한 대우' '완전하고

● 민변은 정부에 론스타 측의 중재의향서를 공개하라고 청구했지만, 한국 정부는 비공개 입장을 유지했다. 이에 민변은 정부의 비공개 처분을 취소하라는 소송을 제기했는데, 소송이 계속되던 도중 론스타가 돌연 자사 홈페이지에 중재의향서를 공개했다. 중재의향서가 왜 공개되어서는 안 되는지 열심히 변론하던 당시의 한국 정부로서는 상당히 난처했을 것이다.

지속적인 보호와 안전''투자의 운영에 대한 자의적이고 차별적인 조치 금지''내국민대우와 최혜국대우''보상 없는 수용 금지' 등 다양하다.

2000년대 초반부터 2012년까지 한국 정부와 론스타는 크게 두 부문에서 충돌했다. 그 과정을 다시 한 번 복기해보자.

하나는, 물론 외환은행 문제다. 론스타 측은 한국(금융위원회)이 외환은행 매각 승인을 지연시키고, 심지어 방해해서 큰 손해를 입었다고 주장한다. 한국의 금융당국이 애당초 은행 인수 자격이 없었던 론스타가 외환은행을 인수하고 매각할 수 있도록 얼마나 무리수를 두었는지 상기한다면, 이 일에 연루되었던 한국의 공무원 등은 정말로 억울할 것이다.

무슨 손해를 봤다는 것인지 구체적으로 살펴보자. 론스타는 2007년 HSBC에 외환은행 지분 51%를 5조9376억 원에 매각하는 계약을 체결했다. 그러나 금융위의 매각 승인을 받지 못했다. 론스타는 2010년 11월 하나금융지주와 4조6888억 원으로 매각 계약을 체결했지만 이 또한 즉각 승인되지는 않았다. 모든 소송이 끝난 2012년 초에 론스타가 하나금융지주로부터 실제로 받아낸 금액은 3조9157억 원이었다. HSBC와 체결한 매각대금에 비해 2조 원쯤 적다. 론스타로서는 'HSBC에 외환은행을 팔지 못해서 2조 원 규모의 손해를 봤으니 한국 정부가 책임지라'는 논리다.

다른 하나는, 세금 문제다. 국세청은 론스타의 외환은행 매각대금(3조9157억 원)의 10%인 3915억 원을 양도소득세로 원천징수했다. 하나금융지주는 이 금액을 뺀 나머지 금액을 론스타에 건넸다.

또한 론스타는 외환은행만큼 떠들썩하지는 않지만 꽤 짭짤한 투자들을 한국에서 벌여왔다. 그중 하나가 바로 서울 역삼동의 스타타워 빌딩이다. 스타타워 빌딩은 당초 현대산업개발이 추진하던 사업이었으나 1997년 외환위기의 여파로 중단되었다. 2001년, 론스타가 벨기에 설립한 법인 스타홀딩스는 한국에 다시 자회사 법인을 만든 뒤 이 법인 명의로 스타타워 건물을 6200억여 원에 인수했다.(한국 금융기관에서 3960억 원 차입) 론스타는 3년 뒤 스타타워를 소유한 자회사 법인의 주식을 싱가포르투자청(싱가포르의 국부펀드)에 팔아 2500억여 원의 수익을 남겼다.

여기서 거래된 것이 스타타워 빌딩 자체가 아니라 '스타타워를 소유한 론스타 자회사 법인의 주식(경영권)'이란 점에 주목해야 한다. 론스타와 싱가포르투자청이 실질적으로 거래한 것은 부동산(스타타워 빌딩)이었다. 싱가포르투자청이 겨우 종이 쪼가리나 전산 기록에 불과한 주식을 가지려고 거액을 낸 것은 아닐 터이다. 그러나 겉으로 보기에 이 거래에서 사고팔린 것은, 스타타워를 보유한 법인의 주식일 뿐이다. 론스타는 왜 주식거래라는 외형을 빌어 부동산을 팔았을까? 한국 정부에 세금을 내지 않기 위해서다.(주식거래로 세금을 내지 않을 수 있는 이유는 뒤에서 서술.) 그러나 한국 국세청은 론스타의 스타타워 양도차익에 대해 1040억 원을 납부받고 만다.

론스타는 외환은행과 스타타워 외에도 한국에서 여러 사업으로 많은 돈을 벌었다. 또한 이런 소득들은 사업을 기획한 당시부터 세금을 내지 않는 방향으로 설계되어 있었던 것으로 보인다. 실제로 일부 사업에서는 한국 국세청과 소송까지 불사하며 싸워 세금을 내지 않는 데 성공했다. 그러나 외환은행·스타타워 등 여러 사업들에서 모두 8500억 원 정도의 과세를 당했다. 이런 납세가 부당하다며 반환하라는 것이 론스타가 ISDS로 제기한 요구다.

론스타는 '외환은행 매각지연으로 인한 손해'와 '납부하지 않아야 했던 세금', 이 금액들을 예정된 시기에 받았거나 납부하지 않았다면 발생했을 '이자수익과 환차손' 등을 모두 합쳐서 46억7950만 달러(약 5조4700억 원)라는 손해배상금을 청구한 것이다.

지금까지 론스타의 주장들은 법률가의 손을 빌려 '한-벨·룩 BIT 위반'으로 '승화'되었다. 론스타 측은 한국 정부가 론스타의 외환은행 매각을 승인할 경우 감당해야 할 여론의 악화와 지지율 저하 때문에 매각을 허용하지 않았다고 주장한다. 이 같은 한국 정부 측 행위의 배경엔 '론스타가 외국인 투자자'라는 편견과 악의가 깔려 있었다고 암시하며 이렇게 반문한다.

"(론스타가 한국인 투자자였다면) 한국 정부가 법적 근거 없이 여론이나 정치적 이유로 투자자들을 불확실한 상태로 장기간 방치할 수 있었을까?"

한국인 투자자라면 론스타처럼 소송을 당하는 중이라 해도 외환은행 매각 승인이 곧바로 나왔을 것이라는 이야기다. 그렇다면 한국 정부는 론스타를 한국인 투자자에 비해 차별(내국민대우 위반)한 것이 된다. 그 결과로 론스타의 투자수익 회수가 지체되었고 그 규모마저 크게 감소했으니, 한국 정부는 투자자를 "완전하고 지속적으로 보호"하지 않은 것으로 간주될 수 있다.

한국 국세청의 론스타에 대한 과세 역시 '완전하고 지속적인 보호와 안전' '자의적이고 차별적인 조치 금지' '수용 금지' 등을 위반한 것으로 주장한다. 내지 않아야 했을 세금을 한국 국세청의 "자의적이고 모순적 과세"로 강제 납부당했으니, 론스타의 자산이 한국 정부에 강탈(수용)당한 것이며, 투자자로서의 이익을 "완전하고 지속적으로 보호받지 못"했다는 것이다.

이중과세 문제

한국 국세청의 과세가 부당하다는 론스타의 주장이 완전히 터무니없는 억지는 아니다. 법률적 근거가 있다. 바로 한-벨기에 조세조약(이하 한-벨 조세조약)이다. 한-벨·룩 BIT와 다른 조약이란 점에 유의하시기 바란다.

기본적으로 조세조약은 이중과세를 방지하기 위한 수단이다. 이쯤에서 잠시 '이중과세'가 무엇인지에 대해 잠시 설명하고 넘어가야겠다. 한 국가 내에서는 물론 국제적으로도 논란이 분분한 사안일뿐더러, 앞으로 나올 한국-론스타 간 분쟁을 이해하기 위해서도 제대로 알아둘 필요가 있는 개념이기 때문이다.

현대 자본주의 국가에서 세금제도의 가장 중요한 원칙은 '소득 있는 곳에 세금 있다'라고 해도 과언이 아닐 것이다. 누구든(생물학적 사람이든 법인, 즉 '법적인 인간'이든) 돈을 벌면 그중 일부분을 세금으로 납부해야 한다. 일정 소득 이하인 시민이나 법인에겐 소득세를 면제하고, 소득 중 일부를 뺀 금액에만 세율을 적용해서 세액을 낮추며(소득공제), 심지어 이미 낸 세금 가운데 일부를 돌려주기도 하지만

(세액공제), 이는 국가의 정책 방향(저소득자의 소비 능력 올리기, 전략 산업 육성 등)을 실현하기 위한 것일 뿐이다. 세제의 원칙은 '소득 있는 곳에 세금 있다'가 맞다.

그런데 문제는 세금을 부과해야 하는 소득이 발생하는 지점을 어떻게 규정할 것인가이다. 조금 복잡하게 느껴질 수 있지만 사실 크게 까다로운 질문은 아니다. 예컨대 자영업자가 식당 같은 개인업체를 운영해서 벌어들인 돈은 해당 자영업자의 소득이다. 그 소득에 과세하면 된다. 그러나 주식회사 같은 '법인 기업'이 벌어들인 돈에 과세하는 방법은 좀 복잡하다. 법인은 비즈니스에서 실제 인간과 동일한 법적 권리와 의무를 갖는다. 즉 법인은 매년 벌어들인 순수익(법인의 소득)에 대해 일정한 세율로 소득세(법인세)를 내야 한다. 이처럼 순수익에서 법인세를 내고 남은 금액 중 일부를 주주들에게 배당한다. 주주들이 받은 배당금은 해당 주주에겐 소득이다. 대다수의 국가에서는 이런 배당금에 대해 소득세를 부과한다.

여기서 문제가 생긴다. 법인은 이미 해당 연도의 순수익에 대해 세금을 냈다. 세금을 내고 남은 돈을 주주에게 배당했는데, 주주들은 그 배당금에 대해 '또' 세금을 내야 하는 것이다. 이렇게 보면 법인의 순수익은 국가에 의해 '이중'으로, 즉 '두 번'이나 털리는(세금을 내는) 것이 된다. 이중과세가 되는 것이다.

이처럼 '세금을 부과해야 하는 소득'의 발생 지점을 법인의 순수익으로 본다면, 이중과세 문제가 불거질 수 있다. 그러나 그 발생 지점을 각각의 개인 혹은 법인으로 본다면, 그들 각자에게 소득이 발생할 때마다 과세하는 것이므로 '원칙'에 어긋나지 않는다. 이를 둘러싼 논란은 지금도 진행중으로 국내 세제나 '국가 간 세제'에 영향을 미치고 있다. 사실 정답이 없는 문제다.

국가 간에도 이중과세 문제가 존재한다. 예컨대 A국의 a기업이 B국에 투자해서 b기업을 설립했다고 치자. b기업은 B국에서 열심히 영업 활동을 펼쳐 순수익을 얻었다. 이제 곰곰이 생각해보자. A국과 B국 정부 가운데 b기업의 순수익에 과세할 권리를 가진 자는 누구인가? 두 나라 정부 모두 '나에게 과세권이 있다'고 주장하고 싶을 것이다. 그러나 소득의 흐름을 보면 상황이 좀 복잡하다.

b사는 B국에서 거둔 순수익 중 일정한 비율을 B국 정부에 법인세로 내야 한다. 법인세를 내고 남은 금액의 일부를 모기업이자 대주주인 A국의 a사에 배당금으로 송금할 것이다. a사는 b사로부터 받은 배당금 소득에 대해서도 '또' 일정 세율을 적용한 세금을 A국 정부에 납부해야 한다. '세금을 부과해야 하는 소득'의 발생 지점이 'b사의 순수익'이라면, A국과 B국 정부가 그 순수익을 각각 한 차례씩 받으면서 총 2회가 부과되고 있는 셈이다. 이 또한 이중과세로 볼 수 있다. 그러나 a사와 b사의 입장에서 소득이 발생할 때마다 낸 것으로 보면 굳이 이중과세로 볼 이유가 없다. 이 역시 논란중이며, 정답이 없는 문제다.

그러나 최근 국가들은 '국내 이중과세'보다 '국가 간 이중과세' 문제에 더 민감한 편이다. 한 국가 내의 세금제도에서 기업이 한 차례 법인세를 냈다고 해서 그 주주들의 배당금까지 완전히 면세하는 경우는 보기 어렵다. 그러나 국가들 사이에서는 조세조약을 체결해서 각자 나름의 방식으로 이중과세를 방지하려고 노력한다. 여러 나라의 자본과 사람이 관여되어 발생한 수익에 대해서도 가급적 한 국가만 과세할 수 있도록 허용하자는 약속이다. 예컨대 A국 정부가 자국의 a사가 자회사 b사로부터 받는 배당금에 대해서는 과세하지 않는다거나 혹은 B국 정부가 b사의 B국 내 순수익 가운데 일부를 면세하는 등 상황에 따라 다양한 '이중과세 방지' 방안들을 마련하는 식으로 말이다. 다만 투자자 소속 국가든 피투자 국가든 정부는 자국이 해당 수익에 대한 과세권을 가지고 싶어 할 수밖에 없기 때문에 조세 조약의 해석을 둘러싼 분쟁을 피하기는 어려운 게 현실이다.

한-벨 조세조약

한-벨 조세조약에 따르면, '우리나라(예컨대 한국)' 권역 내에서 상대국(예컨대 벨기에)의 투자자가 주식거래로 얻은 소득(주식양도소득)에 대해서는 과세하지 않게 되어 있다. 즉 한국 국세청은 벨기에 투자자가 한국 내에서 주식거래로 얻은 차익에 과세할 수 없다. 그 차익에 대한 과세권은 벨기에 정부에 있다. 론스타가 한국에서 투자 수익을 낸 거래가 거의 주식을 통해 이뤄진 이유다. 론스타가 사고판 것은 외환은행 주식이거나 '스타타워 소유 법인'의 주식(스타타워 빌딩 자체가 아니라)이었다. 론스타는 한국이 아니라 벨기에에 세금을 내겠다는 것이다. 물론 한국은 싫고 벨기에는 좋아서 그렇게 하겠다는 것이 아니다. 벨기에가 기본적으로 세율이 낮고, 해외투자 수익은 면세거나 아주 세율이 저렴한 조세피난처이기 때문이다.

그러나 한국 국세청은 한-벨 조세조약의 관련 조항을 론스타와 다르게 해석했다. 국세청 논리에 따르면, 론스타 측 펀드들은 모두 '도관회사'일 뿐이다. 그러므로 론스타 펀드들이 한국에서 얻은 투자수익을 '실제로' 갖게 되는 업체는 벨기에·룩셈부르크에 등록된 펀드가 아니라 미국의 론스타 본사다. 그러니 론스타의 펀드들이 한국에서 얻은 수익엔 한-벨 조세조약을 적용할 수 없다는 것이다. 더욱이 론스타의 펀드들은 당초부터 한국의 과세를 피할 목적으로 만들어진 법인이다. 한-벨 조세조약의 기본 취지 중 하나는 '탈세 차단'인데, 그렇다면 론스타 펀드들에 대한 한국의 과세는 지극히 당연하다는 것이 국세청의 논리다.

다만 한국 국세청의 논리가 옳다고 해도 혼선이 빚어질 수 있다. '이익의 실질적 귀속자'인 론스타 본사의 소재지는 미국이다. 그렇다면 해당 이익에 과세할 권리는 한국과 미국 중 어느 쪽에 있는가? 일단 한미 조세조약의 관련 규정을 살펴볼 필요가 있다. 이 조약에 따르면, 펀드의 '거주지 국가(소득을 낸 법인이 등록된 국가)'만이 해당 펀드가 해외에서 얻은 주식양도소득에 과세할 수 있다. 즉 론스타 본사가 소속된 미국 국세청이, 이 사모펀드가 한국에서 얻은 주식양도소득에 대한 과세권을 가져야 한다는 이야기가 된다.

'우리나라 기업의 자회사가 다른 나라에서 얻은 소득에 어떻게 과세할 것인가'는 사실 굉장히 복잡한 문제다. 론스타처럼 글로벌 차원에서 투자하는 사모펀드는 물론 다른 미국 대기업들도 세계 각지의 조세피난처에 도관회사를 만들어놓고 그 네트워크를 통해 돈을 굴린다. 이들은 본국(미국)과 다른 나라들의 세법 및 조세조약에 존재하는 빈틈을 찾아 끊임없이 절·탈세를 위한 노하우를 모색한다.

각국 정부는 이를 막기 위해 자국 차원의 세법 개정이나 심지어 국제 협력으로 글로벌 기업들의 절·탈세를 막으려 시도해왔다. 그러나 글로벌 기업들의 진화하는 절·탈세 전략을 따라잡기 힘든 것이 사실이다.

이런 와중에 한국 국세청은 론스타 펀드들이 국내의 여러 투자에서 얻은 거의 모든 수익에 대해 과세하는 전략을 펼쳤다. 론스타 측은 이런 과세가 부당하다며 한국 법원에 소송을 냈다. 그 대다수 국내 소송에서는 론스타가 승소해 세금을 납부하지 않았다.

한국 국세청의 희귀한 승리 중 하나가 바로 론스타의 스타타워 주식양도차익에 대한 과세다. 대법원은 '미국의 론스타 본사가 주식양도소득의 실질적 귀속자'라는 국세청의 주장이 옳다고 판단했다. 즉 스타타워 주식양도차익은 한-벨 조세조약의 적용을 받지 않는다는 것이다. 그렇다면 어느 나라가 이 소득에 대한 과세권을 가지는가? 조금 전에 언급한 대로, 미국 정부가 한미 조세조약에 따라 론스타로부터 스타타워 주식양도차익에 대한 세금을 받아야 할지도 모른다.

그러나 한국 대법원의 판단은 달랐다. 왜냐하면, 스타타워 거래는 외형상 주식거래지만 실질적으로는 부동산 거래였기 때문이다. 한미 조세조약의 관련 규정을 정리하면 '부동산 소득은 부동산 소재국에, 자본적 자산 양도소득은 양도자 거주국에 과세권이 있다'로 요약할 수 있다. 스타타워 거래가 주식(자본적 자산)거래라면 미국 정부가 과세해야 하지만 부동산 거래라면 스타타워 빌딩이 있는 한국이 세금을 받아야 한다는 의미다.

이처럼 국세청은 대법원에서 승소함으로써 론스타에게 스타타워 주식양도차익에 대한 세금을 물리는 데 성공했다. 그러나 이 승리가 최종적일지는 아직 확실하지 않다. 론스타가 한국 정부에 건 ISDS에서 이 납세가 한-벨·룩 BIT 위반이라고 주장하고 있기 때문이다.

론스타 ISDS의 프로세스

론스타가 한국 정부를 상대로 제기한 ISDS는 한-벨·룩 BIT가 규정한 절차에 따라 진행되었다.

많은 BIT와 FTA들의 ISDS 관련 조항은 투자자에게 ①ICSID의 중재 규칙과 행정 인프라를 이용한 중재 ②UNCITRAL의 중재 규칙에 따르되 나머지는 당사자들이 합의해서 진행하는 중재 ③중재 규칙을 포함한 모든 것을 당사자들이 합의해서 진행하는 중재 중 하나를 마음대로 선택할 수 있도록 3개의 옵션을 부여하고 있다. 뒤에서 다시 보겠지만, 한국을 상대로 ISDS를 제기한 투자자들은 주로 ①이나 ②의 방법을 선택했다.

론스타가 ICSID에 중재 신청서를 보내면서 ISDS 절차가 본격적으로 개시되었다. 양측은 먼저 중재에서 자신을 대리할 법률 전문가들을 골랐다. 한국 정부는 법무법인 태평양과 미국 워싱턴 DC의 아놀드&포터Arnold & Porter Kaye Scholer LLP를 중재 대리인으로 선임했다. 론스타의 중재 대리인은 한국의 법무법인인 KL 파트너스와 세종, 미국 시카고의 로펌인 시들리 오스틴Sidley Austin LLP, 워싱턴 DC의 스탠니미르 알렉산드로프Stanimir A. Alexandrovff 등이다. 이런 변호사들은 매우 비싸다.* 2013년에서 2017년 사이에 한국 정부가 지출한 론스타 ISDS 관련 비용은 432억5000만 원이었는데, 이중 90% 이상이 법무법인 태평양과 아놀드&포터에 지급한 변호사 보수였다.

중재 대리인 선정이 의무적으로 지켜야 할 절차는 아니다. 자신 있으면 한국 공무원이나 론스타 직원이 중재 대리인 역할을 맡아도 된다. 그러나 심판에 해당하는 중재인 선정은 중재 절차의 핵심 요소다. 한국은 2013년 2월 12일 브리짓 스턴Brigitte Stern(프랑스 국적 교수)을 한국 측 중재인으로 선정했다. 론스타는 같은 해 1월 2일 찰스 브라우어Charles Brower(미국 국적 법률가)를 론스타 측 중재인으로 골랐다. 두 중재인은 5월 9일 영국 법률가인 조니 비더V. V. Beeder를 의장중재인으로 선정하는 데 합의했다. 이로써 중재판정부의 구성이 완료되었다.

한국과 론스타 양측은 중재판정부가 구성되고 1개월쯤 지난 2013년 6월 14일 첫 모임을 가졌다. 향후 일정 등 절차적 사항을 논의하기 위해 열린 자리였다. 론스타는 이로부터 4개월 뒤인 같은 해 10월 15일에 자사의 입장을 담은 '본안 서면'을 ICSID에 제출했다. ICSID는 론스타의 상대방인 한국의 정부, 중재 대리인, 중재인 등에게 서면을 발송했다. 한국 정부의 '반박 서면'은 다시 해를 넘긴 2014년 3월 21일에 나왔다. 이를 논박하는 론스타의 '추가 서면'은 6개월

● 소송에서는 특별한 경우를 제외하고는 대한민국 변호사 자격을 가진 사람만이 당사자를 대리할 수 있는 반면 ISDS의 경우에는 이러한 제한이 없다. 그러나 ISDS에 돌입한 당사자들은 해당 국가의 법제도를 잘 알고 있는 현지 로펌과 함께 ISDS 진행 경험이 많은 소수의 글로벌 로펌을 동시에 선임하는 경우가 많다. 그만큼 많은 변호사 비용이 드는 것은 물론이다.

종착역으로 가는 '론스타 먹튀 소송' … 1년 뒤 최종 판정 나온다

1년 뒤 최종 판정이 나온다는 것이 2016년 6월 4차에 걸친 심리가 끝나고 나서였다. 하지만 5년이 지난 지금도 판정은 나오지 않았다. 2012년 ISDS가 처음 제기되고 거의 10년을 끌고 있는 셈이다. 이렇게 느려질 수 있는 절차가 국제 간 분쟁해결 방법으로 합당한지 다시 생각해볼 필요가 있다.(한국경제, 2016년 6월 6일)

뒤인 그해 10월 1일 제출되었다.

ISDS에서는 이 같은 서면 공방이 오간 뒤에야 분쟁 당사자들과 중재판정부가 한 자리에 모여 각자의 입장을 피력하고 상대방의 주장을 논박하는 '본안 심리'가 열리게 된다. '한국 대 론스타 ISDS'의 심리는 2015년 5월부터 2016년 6월까지 1년여 동안 4차례에 걸쳐 진행되었다. 장소는 미국 워싱턴 소재 ICSID 본부(1, 2차)와 네덜란드 헤이그 평화궁*(3, 4차)이다.

남은 절차는 중재판정부의 절차종료선언 및 판정밖에 없다.

● 헤이그 평화궁은 일반 '궁전'이 아니라 회의실 등 국제중재에 필요한 물적·인프라 서비스를 중재 당사자들에게 판매하는 곳이다.

ICSID 중재 절차 규칙에 따르면, 중재판정부는 절차종료선언을 한 날로부터 180일 이내에 판정문을 제출해야 한다. 원칙적으로는 그렇다.

그러나 헤이그 평화궁에서 열린 4차 심리(2016년 6월) 이후 5년 가까이 지난 2021년 5월 현재까지도 절차종료가 선언되지 않고 있다. 절차종료선언이 지연되는 와중에 2020년 3월 8일 의장중재인인 조니 비더가 지병으로 사망하여 절차는 더더욱 지연되고 있다. 소송에 비해 중재의 장점은 분쟁해결의 빠른 진행이라고 언급했다. 그러나 적어도 한국-론스타 ISDS의 경과를 보면, 중재의 장점 중 하나는 그 근거를 완전히 상실하게 되는 셈이다.

쟁점

이미 이야기했다시피, 한-벨·룩 BIT엔 투명성 조항이 없다. 이에 따라 양측이 주고받은 서면들의 내용은 물론 심리 절차가 어떻게 진행되었는지도 공식적으로 알려지지 않았다. 다만 지난 2020년 1월 15일 KBS 탐사보도부가 론스타 ISDS와 관련된 두 건의 문서를 입수했다며 그 내용을 간략하게 밝힌 바 있다. KBS에 따르면, 론스타의 '본안 서면'(2013년 10월 15일)에 대한 한국 정부의 '반박 서면'(2014년 3월 21일)과 이로부터 7개월 뒤에 론스타 측이 낸 '추가 서면'(2014년 10월 1일)인 것으로 추정된다. 그러나 2015년 5월부터 진행된 본안 심리에 대해서는 어떤 정보도 나오지 않았다.

KBS 보도에 따르면, 한국 정부는 론스타의 ISDS 자체가 성립할

본래 론스타 ISDS는 비공개로 진행되어 론스타와 한국 정부 사이에 어떤 주장들이 오고 갔는지 알 수 없지만, 2020년 1월 15일 론스타 ISDS 문서 두 건의 언론을 통해 공개되어 일부의 정보를 들여다볼 수 있다.(KBS <탐사K> '론스타 주장 47억 달러 실체, 4가지 쟁점 분석' 방송 화면)

수 없다는 입장에서 논지를 폈다. 일반 소송에 비유하면 각하 사유가 있다는 주장이고, 이를 '본안 전 항변'이라고 한다.(이에 대해서는 다음 장에서 보다 상세히 다룰 예정이다.) 론스타 ISDS의 청구인은 벨기에·룩셈부르크의 펀드들이다. 청구 근거는, 한국 정부가 한-벨·룩 BIT를 위반하는 바람에 해당 펀드들이 엄청난 손해를 입었다는 것이다. 그런데 한국 정부는, 론스타는 어디까지나 미국 회사라고 주장한다. 그렇다면 론스타가 한-벨·룩 BIT 위반을 근거로 한국 정부에 대해 ISDS를 제기한 것은 근본적으로 잘못된 일이다. 한-벨·룩 BIT에 따르면, 한국 정부에 ISDS를 걸 수 있는 주체는 벨기에와 룩셈부르크 국적의 투자자로 제한되기 때문이다. 이에 대해 론스타 측은 "(해당 펀드들은) 벨기에에 주소가 있고 그곳에서 실질적인 투자 관리 활동들을 수행한다는 점에서 한-벨기에 협정의 보호를 받을 수 있는 지위"라며 반박했다고 한다.

역시 KBS 보도에 따르면, 론스타는 '추가 서면'에서 외환은행 매각 승인이 지연된 것에 대해 다음과 같이 격렬히 항변했다.

"(한국 금융 당국이) 법의 지배에 의하기보다 정치적 유권자들을 만족시키고 책임을 회피하려는 의도로 외환은행 매각을 부당하게 지연시켰다. (…) 한국의 법 집행자들은 객관적이고 합리적으로 법을 집행해야 할 자신들의 의무를 고의로, 그리고 계산적으로 위반하면서 그 대신 정치적인 목적을 가지고 행동했다. (…) 성난 대중과 정치인들을 진정시키기 위해 금융위원회는 론스타를 벌하는 것으로 보일 필요가 있었다."

이에 대해 한국 정부는 매각 승인이 지연된 이유가 "론스타 자신의 행위 또는 론스타가 책임져야 할 론스타 직원들의 행위로부터 직접 기인한 것"이라고 주장했다고 한다.

실제로 론스타는 한국 이외의 나라에 보유하고 있던 산업자본을 의도적으로 신고하지 않은 상태에서 외환은행을 인수했다. 또한 외환카드 주가를 고의적으로 조작했다. 론스타 직원들이 저지른 두 혐의는 모두 외환은행 경영권을 제3자에게 매각할 수 있는 론스타의 자격 자체를 말살시킬 수 있는 중범죄였다. 이런 혐의가 관련된 소송 절차가 완료되지 않은 상황에서 한국 정부가 기꺼이 론스타에게 외환은행 매각을 승인할 수 있었을까? 더욱이 한국의 금융위원회는 최종 판결이 나오자마자 론스타에게 매각 승인과 처분명령을 내렸다. 한국 정부는 반박 서면에 이렇게 썼다고 한다. "정부는 항상 성실하게 법의 지시를 따랐다."

론스타는 한국 정부에 낸 세금이 엄청나게 아까웠던 모양이다. 추가 서면에서 국세청을 가리켜 "부패한 정치적 맹견"이라고 노골적인 욕설을 퍼부었다. 론스타는 또한 한-벨 조세조약을 근거로 "한국 기업 지분 매각으로 얻은 수익에 대해 한국에서 세금을 납부할 의무가 없으며, 벨기에 정부만이 (론스타의 펀드들에게) 독점적으로 세금을 부과할 수 있다"라고 주장했다.

이에 비해 한국 정부는 서면에서 '론스타 산하의 펀드들이 도관회사에 불과한 만큼 외환은행 등 한국 내 자산의 실질적 소유자가 아니었다'는 주장을 펼쳤다. 너무나 당연하게도 벨기에·룩셈부르크의 펀드들은 그 자산들에서 나온 소득의 '실질적 소유자'일 수 없다. 한국 정부는 그 '실질적 소유자'가 미국의 론스타 본사이며, 그러므로 벨기에·룩셈부르크 펀드들에 대한 과세는 한-벨·룩 조세조약의 적용을 받지 않는다는 주장을 펼치고 있는 셈이다.

다만 2020년 10월 현재 한국 국세청과 론스타 간의 세금 관련 소송은, 양측의 서면이 오가던 2013~2014년과 달리, 모두 마무리된 상황이다. 론스타 측의 승리가 압도적으로 많다. 서면 공방 이후의 본안 심리나 현재진행 중인 중재판정부의 고심엔 이런 세금 분쟁이 고려되고 있는 것일까? 비밀리에 진행되는 만큼 알 길이 없다. 그러나 론스타라면 '보아라, 한국 사법부마저도 이렇게 판단했다'고 판결문을 증거자료로 제출했을 가능성이 높다. 이에 대해 한국 정부는 '한국 정부에 대한 소송으로 원하는 걸 얻었으니, ISDS에서의 손해배상 청구는 그 근거를 잃었다'라고 주장했을까? 다시, 알 길이 없다.

이밖에도 벨기에·룩셈부르크에 등록된 페이퍼컴퍼니 펀드들이 법인으로서의 실체(사업활동·직원·자산 등)도 없는데, ISDS의 청구인으로 나설 자격을 가지는지에 대해서도 의문을 제기할 수 있다. 앞에서 말한 각하 사유 주장, 즉 '본안 전 항변'이다.

안타깝게도, 한-벨·룩 BIT는 투자자(=ISDS를 제기할 수 있는 자)의 개념을 매우 광범위하게 규정하고 있다. 제1조 3항에 따르면, '투자자'는 "다른 쪽 체약 당사자의 영역 안에 투자하는 어느 한쪽 체약 당사자의 모든 자연인 또는 법인"이다. 즉 한국/벨기에 입장에서는 '우리나라'에 투자한 벨기에/한국의 모든 자연인과 법인이 '투자자'로 분류된다. 특히 법인에 대해서는 "대한민국·벨기에왕국 또는 룩셈부르크대공국의 법령에 따라 설립 또는 조직된 모든 실체"로 규정했다. 벨기에와 룩셈부르크의 페이퍼컴퍼니 역시 그 나라들의 법령에 따라 합법적으로 설립된 법인이라면 투자자로 규정해야 한다고 해석될 여지가 있다. 만약 한-벨·룩 BIT에서 투자자 노릇을 할 수 있는 법인의 개념을 좀 더 엄밀하게 규정했더라면, '실체도 없는 페이퍼컴퍼니'가 한국 정부를 상대로 ISDS를 제기하는 사태를 미리 방지할 수 있었을지도 모른다.

론스타 ISDS에 적용되는 한-벨·룩 BIT는 2006년 12월 12일 개정돼 2011년 2월25일 발효되었다. 론스타에 관한 논란이 제기된 것은 2005년부터이고, '외환은행 BIS 비율 낮추기' 시도가 사실로 확인된 것은 2006년 말이다. 항간에서 한-벨·룩 BIT를 개정할 때 조금만 더 주의를 기울였더라면 최소한 페이퍼컴퍼니의 ISDS 제기는 막을 수 있었을 것이라는 탄식이 나오는 이유다.

남은 이야기─론스타 사태와 얽힌 국제상사중재

론스타 사태의 주요 줄거리는 외환은행 인수 및 매각이다. 그런 데 이를 둘러싸고 일어나거나 파생된 수많은 분쟁들이 있다. 한국 내에서는 정리하기 힘들 정도로 많은 민·형사상 소송이 벌어졌다. 론스타는 한국 국세청과의 과세 분쟁에서는 주로 원고였지만, 다른 분쟁에서는 피고가 되기도 했다.

수많은 분쟁 가운데서는 '국제상사중재'로 번진 사건도 있다. 앞에서 이야기했지만 국제상사중재는 다른 나라 기업들 사이에 발생하는 분쟁의 해결절차다. 두 기업들 간에 중재합의가 있는 경우, 한쪽이 중재를 요청하면 다른 쪽은 거부할 수 없다.

외환카드의 2대 주주였던 미국계 사모펀드 올림푸스캐피털은 지난 2009년 3월 3일, 국제중재법정ICA에 론스타를 상대로 국제상사중재를 신청했다. 올림푸스캐피털의 중재 신청 취지는 론스타의 외환카드 주가조작으로 입은 손해에 대해 배상금을 청구한다는 것이었다. 당시 올림푸스캐피털은 외환카드 주가가 폭락한 상황에서 25%의 지분을 론스타 산하의 외환은행에 헐값으로 팔아야 했다.

이 중재에서는 올림푸스캐피털이 승리했다. 상사중재는 판정문조차 공개되지 않을 정도로 비밀스런 과정이지만, 아시아태평양 지역의 법조 전문지인 『컨벤투스 로Conventus Law』의 2012년 1월 26일자 보도에 따르면, ICA 중재판정부는 론스타와 외환은행이 올림푸스캐피털에 6400만 달러를 배상해야 한다는 판정문을 내놓았다. 외환은행은 이사회에서 만장일치로 외환카드 인수를 승인하고 올림푸스캐피털의 지분을 헐값 매입하는 이익을 누렸기 때문에 론스타와 공동으로 책임지라는 판정을 받았다.

한편 론스타(정확하게는 SCA)는 매각으로부터 5년여가 지난 2016년 9월 2일 하나금융지주에 대해 1조5000억 원 규모의 국제상사중재를 ICA에 신청했다. 이미 이야기했듯이, 론스타는 2010년 11월 외환은행 지분 51%를 하나금융지주에 4조6888억 원에 매각하는 계약을 체결했지만 실제로 받아낸 매각대금은 당초보다 7700억 원 정도 적은 3조9157억 원이다. 그 사이에 론스타와 하나금융지주 사이에 어떤 일이 벌어졌는지는 아무도 모른다. 그러나 론스타는 ICA에 '하나금융지주가 정부의 매각 승인 지체를 문제 삼으며 매각대금을 낮추라'며 압박했다고 호소한 것으로 알려졌다.

이 국제상사중재의 승자는 하나금융지주였다. 지난 2019년 5월 중순, 하나금융지주는 ICA 중재판정부가 하나금융에 대해 '전부 승소' 판정을 내렸다고 밝혔다. 그러나 이 판정문의 구체적 내용은 하나금융과 론스타의 관계자들 외에는 아무도 모른다. 비밀주의가 엄수되는 국제상사중재의 판정이기 때문이다.

단지 손해배상의 문제에서 그치는 게 아니다

론스타 ISDS에서 외국인 투자자인 론스타는 주권국가인 한국의 금융, 조세 등 공공정책에 정면 도전하고 있다. 예컨대 금산분리가 세계 모든 나라에 있는 제도는 아니다. 그러나 한국에서는 압축적 경제성장의 역정 가운데 극소수 재벌에게 경제력이 집중되는 현상이 발생했고, 이에 따른 국가경제 차원의 대응 중 하나가 금산분리였다.

론스타가 한국 내에서 얻은 수익에 대한 과세 문제 역시 설사 다른 나라와의 조세조약에 어느 정도 제약된다 해도, 한국 고유의 조세 정책을 일개 외국인 투자자 때문에 포기할 수는 없다. 더욱이 도관회사에 대한 과세는 2008년 세계금융 위기 이후부터 전체 국제사회가 시급히 해결해야 하는 과제로 부상하고 있는 상황이다.

주권국가인 한국의 금융과 조세 같은 중요한 공공정책 기조를 바꾸려면 적어도 한국 시민들의 합의에 기반한 법률 개정이 필요하다. '외국 중재인 3명'이 10쪽도 안 되는 한-벨·룩 BIT에 의존해 한국의 공공정책에 대해 판단하고 이에 큰 영향을 미치게 되는 일을 어떻게 수긍할 수 있는가. 더욱이 론스타처럼 세계 곳곳에 자회사를 둔 기업은 다양한 FTA나 BIT 가운데 하나를 고를 수 있을 뿐 아니라 자의적으로 공격 지점을 정해 손해배상을 요구할 수 있다. 이런 외국인 투자자의 공격을 받는 경우, 손해배상은 차치하더라도 이후의 공공정책 논의·입안에서부터 위축될 수밖에 없는 것이 ISDS의 구조다. 이는 론스타의 손해배상 청구액인 5조3000억여 원보다 더 큰 문제다.

더욱이 론스타는 이미 국내 사법제도를 통해 수많은 대對 정부 소송을 펼쳐왔는데도 불구하고 비슷한 사안으로 ISDS를 별도로 제기하고 있다. 사실 한-벨·룩 BIT를 포함한 대다수의 FTA와 BIT는 외국인 투자자가 피투자국 법정에 소송을 제기하는 경우 이와 동시에 ISDS를 제기하지 못하도록 명문화하고 있다. 론스타가 제기한 ISDS의 내용은 이 회사가 추진한 한국 내 소송의 내용과 크게 다르지 않다. 그러나 소송·중재의 내용을 살짝 바꾸는 것만으로 론스타는 한국 정부에 ISDS를 제기할 수 있었고, 2021년 5월 현재 9년째 한국 정부의 골머리를 썩이는 중이다. 이처럼 사실상 같은 사안으로 여러 차례 소송·중재를 제기할 수 있다는 것은 외국인 투자자에 대한 특혜다. 외국인 투자자들이 국내 투자자에게 허용되지 않는 '이중의 보호'를 받고 있는 셈이다.

당초 ISDS는 피투자국 정부가 외국인 투자자의 자산을 몰수하는 등 후진적 행태를 일삼아 '국가 간 투자'가 저해되는 일을 막기 위해 만들어진 제도다. 그런데 투자가 과잉보호되는 경우 역시, 글로벌 경제에 좋지 않은 영향을 미친다. 투자란 원래 어느 정도 '손해 볼 리스크'를 각오해야 효율적으로 이뤄질 수 있는 경제활동이다. 만약 어떤 투자자가 '손해를 봐도 ISDS로 배상받으면 된다'라고 생각하면 글로벌 차원에서 쓸데없거나 공중보건·생태 등에 해롭거나 지나치게 위험한 투자까지 감행할 수 있다. 투자 자원이 국제경제의 선순환에 도움이 되지 않고 엉뚱한 곳으로 몰리는 자원배분의 왜곡이 벌어지는 셈이다.

'론스타 ISDS'의 또 하나의 문제는 불투명성이다. 이 ISDS의 승패는 이후 한국의 공공정책 결정에 큰 영향을 미치게 될 터이다. 그런데 정작 한국의 시민들은 이 중재가 어떻게 이뤄지고 있는지 전혀 알 길이 없다. 이어지는 장에서 살펴볼 '엘리엇 ISDS'의 경우, 많은 자료가 공개되어 있는데, 이는 엘리엇 ISDS의 근거인 한미 FTA 협상 당시 시민들의 폭발적 관심 덕분에 투명성 조항이 삽입되었기 때문이다. 이런 상황만 보더라도 ISDS 같은 국제통상 관련 주제에 대한 시민들의 관심이 얼마나 중요한지 알 수 있다.

제**5**장

엘리엇, ISDS로
한국을 흔들다

지난 2018년 4월, 미국계 거대 헤지펀드인 엘리엇은 한국 정부에 중재의향을 통보했다. 이후의 냉각기간 3개월 동안 한국 정부는 엘리엇의 손해배상 청구에 순응할 생각이 없다는 것을 확실히 했다. 같은 해 7월, 엘리엇은 결국 한국에 대해 7억7000만 달러(약 8600억 원) 규모의 ISDS를 제기한다.

지금까지 이 책을 순서대로 읽으신 분들은 '엘리엇이 한국에게 ISDS를 제기했다'는 팩트 자체에서 몇 가지 사실을 유추할 수 있을 것이다.

첫째, 한국과 미국이 체결한 투자보호협정 또는 자유무역협정(한미 FTA)이 존재한다.

둘째, 한미 FTA는 미국/한국) 민간인이 한국/미국에 투자하는 경우, 한국/미국 정부가 그 투자를 어떻게 보호해야 한다는 규정들을 담고 있을 것이다.

셋째, 한국(미국) 정부가 한미 FTA에 규정된 투자보호 의무 중 하나 또는 그 이상을 지키지 않는 바람에 큰 손실을 봤다고 미국인/한국인 투자자가 판단하거나 혹은 그렇게 몰아세우려 할 수 있다. 이 경우, 해당 투자자가 상대국 정부(미국인 투자자라면 한국 정부, 한국인 투자자라면 미국 정부)를 국제중재에 사실상 강제로 세울 수 있다는 규정도 한미 FTA에 담겨 있을 것이다. 아시다시피 그 규정이 바로 ISDS다.

엘리엇은 2015년 제일모직-삼성물산 합병 당시 박근혜 정부가 한미 FTA의 투자자 보호 규정을 위반하는 바람에 수천억 원 규모의 손실을 봤다며 손해배상을 요구하고 있다. 그렇다면, 한국 정부는 한미 FTA의 어떤 규정을 위반했던 것일까? 엘리엇에 따르면, 다음과 같다.

□ 제11.5조_적용대상투자에 대해 국제관습법상 대우의 최소기준 부여

□ 제11.3조_미국 투자자 및 그 투자에 대한 내국민대우

한미 FTA의 투자보호 규정에는 다른 협정과 대동소이하게 내국민대우(자국민과 똑같이 대우하라), 최혜국대우(제3국과 똑같이 대우하라), 최소기준대우(국제관습법상 최소기준에 따라 대우하라) 등 외국인 투자자에 대한 3대 대우가 규정되어 있다. 이에 더해 수용收用, 송금 등과 관련된 투자보호 규정도 두고 있다.

이 중 엘리엇이 특히 문제삼고 있는 것은 한미 FTA 11.5조인 '대우의 최소기준 부여' 위반이다. 뒤에 설명하겠지만, 정부가 외국인 투자자에게 '최소한의 대우'도 제공하지 않았다는 의미다. 정부가

투자보호는커녕 '상당히 터무니없고 충격적인' 짓을 자행해 외국인 투자자에게 손해를 입힌 경우를 '대우의 최소기준 부여 위반'이라고 부른다.

그렇다면 박근혜 정부는 엘리엇에 대해 어떤 '상당히 터무니없고 충격적인' 짓을 한 것일까? 엘리엇의 주장을 이해하려면 우선 지난 2015년 제일모직-삼성물산 합병과 얽힌 시비를 알 필요가 있다. 이미 2장에서 짧게 언급한 바 있으나, 독자들의 이해를 위해 다시 한번 간략히 짚고 넘어갈까 한다.

제일모직-삼성물산 합병

지난 2015년 5월 26일, 삼성그룹은 제일모직과 삼성물산을 합병하겠다고 발표했다.

그런데 두 기업을 하나의 회사로 합치려면, 먼저 양사의 '기업가치'부터 각각 평가해야 한다. 이엔 두 회사 주주들의 이익이 달려 있다. 두 사람이 각각 내놓은 금 100g과 구리 100g을 합금했을 때 그 새로운 광물의 소유권을 절반씩 가지게 될까? 그렇지 않을 것이다. 금을 내놓은 사람이 훨씬 많은 소유권을 갖게 된다. 금이 구리보다 훨씬 비싸기 때문이다.

합병기업에 대해서도 마찬가지다. 더 비싸게 평가되는 기업의 주주가 상대 기업의 주주보다 합병 기업에서 더 많은 몫을 차지하게 된다. 기업가치 감정에서 A사는 2억 원, B사는 4억 원으로 평가되었다면, B사의 기업가치가 A사의 2배란 의미다. 두 회사가 합병한 C사의 기업가치는 6억 원(2억 원+4억 원)이 된다.

이 합병에서 A사와 B사의 기업가치 비율은 '1대2(2억 원 대 4억 원)'다. 이를 합병비율이라고 부른다. A사의 주식 100주를 가진 사람은 합병회사인 C사의 주식 100주를 받게 되지만, B사의 주식 100주를 가진 사람은 C사의 주식 200주를 수령한다.

문제는 평가 방법에 따라 A, B사의 기업가치가 전혀 다르게 평가될 수도 있다는 것이다. 합병과 관련된 양사 주주의 이해관계가 기업가치 평가에 따라 천당과 지옥을 오르내리게 된다.

삼성그룹 측이 발표한 제일모직과 삼성물산의 합병비율은 '1대 0.35'였다. 제일모직의 기업가치가 삼성물산보다 3배가량 높다는 의미다. 제일모직 주식 100주는 신생 합병회사의 주식 100주로 바꿀 수 있지만, 삼성물산 주식 100주로는 합병회사 주식 35주밖에 받을 수 없다. 삼성물산 주주들의 반발이 솟구쳤다.

사실 그럴 만도 했다. 두 기업의 자산총액(기업이 보유한 기계설비·부동산·건물·증권 등을 모두 합친 가치)을 비교해보면 삼성물산이 제일모직의 3배에 달했으나, 기업가치는 그 반대로 평가되었으니 말이다. 더욱이 삼성그룹 창립자 가족인 이건희·이재용 일가는 제일모직에 대해서는 사실상 과반수 이상의 지분을 갖고 있었던 반면 삼성물산 지분 보유량은 얼마되지 않았다. 이에 따라 이건희·이재용 일가가, 앞으로 삼성그룹의 지주회사로 부상할 새 합병회사에 대한 그들의 지배력을 높이기 위해 합병비율을 조작했다는 주장까지 나왔다.

삼성그룹 측은, 어떻게 보면 당연한 일이지만, 합병비율이 합법

개마고원의
스테디셀러들

도서출판 **개마고원**은
의미 있는 소수의견에 주목하는 출판,
사회 이슈를 최대한 대중의 언어로 전달하는 출판,
'지금 여기'에 뿌리를 둔 현장 사회과학 출판을 지향한다.

ISDS, 넌 누구냐

노주희·이종태 지음 | 296쪽

어떤 개인이나 기업이 외국에 투자했는데 그 나라의 부당한 정책으로 손해를 봤을 때 배상을 요청할 수 있는 제도 ISDS. 그런데 현실에서 정작 ISDS는 글로벌 투기세력의 이익 창출 수단으로 기능하고, 한 국가의 주권을 침해하기까지 한다. 최근 론스타와 엘리엇이 한국 정부를 대상으로 제기한 수조 원대의 ISDS는 이 문제를 여실히 보여준다. ISDS의 정체는 도대체 무엇인가? 정말 필요한가? 다른 대안은 없는가? 이 책은 ISDS를 철저히 해부하며 그 답을 찾는다.

기본소득은 틀렸다

김종철 지음 | 168쪽

우리에게 닥친 많은 문제를 해결할 만능열쇠로 기대받고 있는 기본소득. 하지만 이 책은 기본소득이 양극화를 해소하고 어려운 처지에 빠진 이들의 삶을 돕는 데 전혀 도움이 되지 않으며, 선동적 정치가들에게만 이득이 될 것이라고 주장한다. 왜 그런지, 그리고 진정한 나눔·연대·정의를 위한 방향으로 제시되는 '기본자산제'는 무엇인지, 그것의 구체적 실천 방안은 어떠한지를 다룬 도전적 시론.

개헌전쟁

김욱 지음 | 352쪽

어떤 정치인도 명시적으로는 이른바 '87년 체제'를 낳은 현 헌법의 개정을 반대한다고 하지 않지만, 모든 정치인들의 개헌에 대한 입장은 집권 가능성에 따라 확연히 구분된다. 복잡한 이해관계의 교차 속에 어지러운 '개헌 전쟁의 현상 너머 본질'을 볼 수 있게 하려는 것이 이 책의 집필의도이다. "헌법 얘기가 곧 우리들 삶의 얘기고, '개헌 전쟁'이 곧 우리의 민주적 삶을 위한 전쟁"이기 때문이다.

주적은 불평등이다

이정전 지음 | 280쪽

이 책은 불평등을 우리나라의 '주적'으로 지목하며, 불평등이 우리 사회의 여러 사회악을 일으키고 악화시키는 온상이라는 것을 보여준다. 우리가 맞닥뜨린 위기의 주범인 불평등을 해결하지 않는다면 이 사회가 머잖아 절망의 기로에 서리라는 경고다. 저자는 불평등 해결의 길은 정치에 있으며, 이에 정치권이 앞장서도록 국민들이 강제해야 한다고 주문한다.

마강래 교수의 지방문제 3부작

베이비부머가 떠나야 모두가 산다
—청년과 지방을 살리는 '귀향 프로젝트'

•252쪽

고령화·저출산·지방소멸·세대갈등… 우리 앞에 닥친 숱한 문제를 베이비부머의 귀향으로 풀자. 이 책은 은퇴 뒤 대도시에 남아 있기 십상인 베이비부머들을 대거 귀향(귀촌) 인구로 흡수해야 한다고 역설한다. 베이비부머의 귀향이야말로 대도시의 인구 과밀을 완화함으로써 '지방살리기'에 기여할 뿐만 아니라, 일자리의 공간 분리를 이룸으로써 청년의 미래를 여는 데도 필수적인 정책이라는 것!

지방분권이 지방을 망친다
—지방분권의 함정, 균형발전의 역설

•248쪽

선후가 뒤바뀐 지방분권에 대한 경고. 시대적 대세로 굳어지고 있는 지방분권이 오히려 지방을 해칠 수 있는 위험한 정책이라면? 지방을 살리고, 균형발전을 이룰 진짜 방법은 무엇이어야 하는가. 균형발전은커녕 지역 간 격차 심화로 파산하는 지자체가 나오기 전에, "권한을 받을 공간단위를 먼저 조정한 후 분권이 진행되어야 한다"는 주장이다.

지방도시 살생부
—'압축도시'만이 살길이다

•248쪽

지방도시 문제에 대한 새로운 접근 방식을 제시한 화제작. 인구 유출과 일자리 축소로 점점 쇠락해가는 지방 중소도시를 모두 살리려다가는 우리 모두 공멸의 늪에 빠질 것이다! 답은 전국토 단위로나, 각 중소도시 단위에서나 '분산과 팽창'이 아니라 '집중과 압축'에 있다. 저자는 흩어져 있는 인구를 모으고 공공시설과 서비스를 집중하는 '압축도시'를 새로운 지방도시 재생모델로 제시한다.

• **지위경쟁사회** — 왜 우리는 최선을 다해 불행해지는가? | 304쪽

가려 뽑은 외서들

환경을 해치는 25가지 미신

· 세종도서 교양부문(2020)

대니얼 B. 보트킨 지음 | 박경선 옮김 | 464쪽

전세계적인 관심사인 기후위기. 그러나 이 책의 저자는, 지금의 기후위기론이 기대고 있는 사실과 예측들에 의문을 제기한다. 특히 그 가운데 25가지를 적시하며 사실상 미신에 다름 아니라고 정면으로 비판한다. 모호한 가설과 예측 모델에 매달리게 만든 나머지, 정작 중요하고도 시급한 환경문제의 해결을 지체시키고 외면하게 한다는 문제의식에서다.

리씽킹 이코노믹스

· 세종도서 학술부문(2019)

엥겔베르크 스톡하머 외 지음 | 한성안 옮김 | 288쪽

글로벌 금융위기 이후 2012년 발족된 리씽킹 이코노믹스가 추구하는 '다원주의 경제학' 입문서. 현재의 주류 경제학인 신고전주의경제학과 다른 방향에서 출발하는 9개 경제학 학파, 즉 포스트케인스경제학, 마르크스경제학, 오스트리아경제학, 제도경제학, 페미니즘경제학, 행동경제학, 복잡계경제학, 협동조합경제학, 생태경제학을 소개한다. 해당 분야의 저명한 학자와 전문가들이 집필과 감수를 맡았다.

나치시대의 일상사

데틀레프 포이케르트 지음 | 김학이 옮김 | 440쪽

나치 체제를 '아래로부터' 경험했던 '작은 사람들'이 꾸려갔던 일상의 촘촘한 그물을 통해 나치라는 야만적 체제가 왜, 어떻게 가능했는지를 분석했다. 저자는 "아우슈비츠행 열차를 마지막 순간까지 정확하게 출발하도록 만들었던, 체제에 대한 독일인들의 적극적 동의 혹은 수동적 참여가 인민의 어떤 욕구와 행위에 뿌리박고 있었는가"를 파헤치면서 그 원인을 "정상성에 대한 '작은 사람들'의 희구"에서 찾는다.

전쟁유전자

말콤 포츠·토머스 헤이든 지음 | 박경선 옮김 | 544쪽

이 책은 전쟁의 원인을 인간 남성에게 있는 생물학적 본성의 측면에서 설명한다. 우리 조상들은 전쟁에서의 승리를 통해 이득을 얻었기에 오늘날의 우리에게도 전쟁에 대한 본능이 남아 있다. 저자들이 제시하는 안전과 평화를 위한 방법은 간단하다. 가족계획을 통해 인구 증가를 억제하고, 정치사회적 권력을 여성들에게 더 많이 부여하는 것이다. 한마디로 '피임약은 칼보다 강하다'는 것이다.

막다른 길

H. 스튜어트 휴즈 지음 | 김병익 옮김 | 368쪽

프랑스의 지성이 겪은 1930년대부터 1960년대까지의 한 세대를 아우르는 '절망의 시대'는 우리에게 어떤 의미가 있을까. 저자는 당시 프랑스 지성사회의 분위기를 '막다른 상황'으로 판단하고, 이 막다른 길로 치닫는 정신사적 궤적을 추적하는 데 몰입한다. 수많은 한계들 앞에 선 지성들의 판단은 무엇이었을까.

적으로 산정되었다고 주장했다. 사실 합법적이지 않다고 단정하기는 어려웠다. 관련 법률인 자본시장법은 합병 무렵의 주식가치를 기준으로 기업가치를 평가하도록 규정하고 있다. 실제로 당시의 주가로 보면, 제일모직이 삼성물산보다 3배 정도 높았다.

이런 논란이 계속되던 와중인 2015년 6월 4일, 복병이 나타났다. 엘리엇이었다. 엘리엇은 삼성물산 지분 7.12%를 보유하고 있다고 통보하면서 '합병 조건이 삼성물산에 공정하지 않아 주주이익에 배치된다'며 합병 반대의사를 공식적으로 표명했다.

7월 17일의 주주총회를 한 달 보름 정도 남겨둔 시점이었다. 삼성물산 측과 엘리엇은 각각 삼성물산 주주들을 대상으로 '당신의 의결권을 우리가 대리해서 행사하도록 위임해달라'고 호소하는 공시를 냈다. 이른바 '위임장 대결'이다. 삼성물산 측에 의결권을 위임한 주주들이 더 많으면 합병이 성사될 것이고, 엘리엇이 더 많은 주주들의 위임을 받으면 합병은 무위로 돌아갈 것이었다.

이렇게 양측이 팽팽하게 대립하는 상황에서 세간의 눈은 자연스럽게 국민연금공단에 쏠리게 되었다. 당시 국민연금공단이 삼성물산의 최대주주(9.92%)였기 때문이다. 국민연금공단이 합병 찬반 가운데 어느 쪽에 서느냐에 따라 승패가 갈릴 가능성이 있었다.

국민연금공단은 합병 주총 일주일 전인 2015년 7월 10일, 공단 내부기구인 투자위원회에서 합병 찬성 결정을 내린다. 주총에서 합병 찬성 쪽으로 9.92%의 지분을 던지겠다고 결정했다는 의미다. 7월 17일 삼성물산과 제일모직이 각각 개최한 임시주총에서 합병이 가결된다. 삼성물산 주총에서 합병을 찬성한 참석 주주의 비율은

69.53%였다.

엘리엇이 주장하는 '한국 정부의 상당히 터무니없고 충격적인 짓'은 제일모직-삼성물산 합병에 대한 국민연금공단의 찬성 표결을 의미한다. 박근혜 당시 대통령이 이재용 삼성 부회장의 뇌물을 받고서 합병을 돕기로 했고, 이에 따라 청와대 및 보건복지부가 국민연금공단 수뇌부를 압박해서 부당한 합병을 성사시켰다는 것이다. 이렇게 합병이 이뤄지는 바람에 엄청난 투자 손실을 입었으니 한국 정부가 배상하라는 것이 '엘리엇 ISDS'의 핵심적 요구다.

그러나 제일모직-삼성물산 합병은 삼성그룹은 물론 한국 경제 차원에서도 엄청난 사건이었다. 한국뿐 아니라 어떤 나라 정부든 자국 경제와 산업에 큰 영향을 미칠 사건엔 민감하지 않을 수 없다. 실제로 정책·규제 등의 이름으로 '개입'하기도 한다. 미국 정부의 경우, 중국 자본이 실리콘밸리의 테크기업들을 인수하기 어렵도록 규제하고 있다. 이처럼 정부가 자국 산업의 유지·발전이라는 공공적 이익을 위해 어떤 행위를 시도했는데, 그 행위의 결과들 중 하나가 국내외 투자자들의 피해(혹은 투자자 스스로 피해라고 주장하는 것)로 나타나는 경우는 언제든 있을 수 있다.

투자자의 이런 피해를 해당 정부의 탓으로 돌릴 수 있는지에 대해서는 의견이 분분할 수 있다. 투자란 그 속성상 수익을 기대하는 동시에 손실 위험을 감수하는 행위이기 때문이다.

예컨대 투자자가 다른 나라에 투자하면서 앞으로 그 나라의 경기 악화나 천재지변으로 손실을 볼 위험을 이미 예상했다면, 이는 그 위험을 감수하고 투자한 것으로 볼 수 있다. 그러므로 피투자국의 경기

악화나 천재지변으로 입은 손실을 스스로 감수해야 한다. 그 나라 정부에 책임을 물을 수 없는 것도 당연하다. 그러나 해당국 정부가 외국인의 자산을 몰수하지 않겠다고 약속해서 투자했는데, 그 자산이 몰수당하는 일이 벌어졌다면 어떻게 될까? 그 손실은 투자자가 감수하려고 한 위험의 범위에 들어가지 않으므로, 해당국 정부에 대한 손해배상 요구가 정당화될 수 있을 것이다.

그러나 공공정책의 결과 중 하나가 투자자의 손해인 경우는 좀 애매하다. 해당국으로선 국가경제와 산업 차원에서의 공적 이익 때문에 취할 수밖에 없는 행위였다고 주장할 것이다. 외국인 투자자 입장에서는 '너희 나라의 공공이익 때문에 선의의 투자자인 내가 피해를 보는 것이 정당하냐'며 따지고 싶을 터이다. 상대국 정부의 공공정책이 외국인 투자자가 '감수하려고 한 위험의 범위'에 들어가는지 여부를 판정하기는 결코 쉽지 않다. 한국 측은, 엘리엇이 세계적으로 악명 높은 헤지펀드로서 투자한 기업이나 국가의 장기적 이익을 해치는 일도 서슴지 않으므로 이를 막기 위한 국민연금공단의 합병 찬성 결정은 당연한 일이었다고 주장할 수 있다. 엘리엇 입장에서는 국민연금공단의 합병 찬성이 '공공을 위한 행위였는데 나의 이익을 해쳤다'보다는 '합병 찬성은 한국의 공공이익을 위한 것도 아닌 터무니없는 행위였다'라고 입증하는 편이 ISDS에서 이기는 데 유리해 보인다.

더욱이 이 모든 분란의 발화점이라고 할 수 있는 제일모직-삼성물산의 합병비율 역시 한국의 관련 법률(자본시장법)에 따라 산정된 합법적 수치였다. 한국이 그 법률을 제정한 것은 2000년대 초반이다.

2015년 엘리엇의 삼성물산에 대한 투자 행위를 방해하기 위해 한국 정부가 그 법률을 새롭게 만든 것은 아니다.

엘리엇은 이런 난관들을 뚫고 한국 정부가 2015년 당시 '상당히 터무니없고 충격적인' 짓을 저질러 한미 FTA 규정을 위반했으며, 이로 인해 엄청난 손실을 입었다고 입증하려고 한다. 나름의 전략을 반영한 엘리엇의 변론 기조는 대충 이렇다.

첫째, 제일모직-삼성물산의 합병비율 자체를 완전한 엉터리라고 주장한다. 이미 썼다시피 그 합병비율은 이번 엘리엇 ISDS의 '알파' 다. 모든 것이 합병비율에서 시작되었다. 합병비율이 엉터리라면 그 합병비율로 이뤄지는 합병을 찬성한 국민연금공단의 행위 역시 '터무니없는 짓'이 된다.

둘째, 박근혜 정부의 연금공단 압박엔 '한국경제의 장기적 미래를 우려하는 공공적 의도' 따윈 조금도 없었다고 강조한다. 박근혜 개인이 이재용 개인으로부터 뇌물을 받고, 전적으로 그 뇌물 때문에 청와대에서 보건복지부를 경유해서 연금공단 수뇌부와 투자위에 이르는 의사결정의 고리들을 철저히 통제했다고 주장해야 한다. 이 사건의 전반이 단지 박근혜의 개인적 이익에 의해 좌지우지되었다고 믿을수록 연금공단의 합병 찬성은 터무니없는 것으로 여겨지게 된다.

셋째, 국민연금공단의 합병 찬성에 이르는 모든 절차들이 한국 내의 관련 법률들을 철저히 위반했다고 주장한다. 물론 한국 정부와 연금공단의 국내법 위반 자체가 ISDS에서 엘리엇의 승리를 보장하는 것은 아니다. ISDS는 국내법 위반 여부를 판단하는 절차가 아니

8700억원대 ISD… 韓-엘리엇 물밑공방

(투자자-국가 소송)

삼성물산과 제일모직 합병 관련 8700억 원대 투자자-국가 소송(ISD)이 본격화된 가운데 한국 정부와 엘리엇 사이 물밑 공방이 가열되고 있다. 우리 정부는 ISD 첫 관문이라 할 수 있는 중재인 선정부터 유·불리함을 냉철하게 따져 첫 단추를 잘 끼우겠다는 방침이다.

19일 법무부에 따르면 정부대표단은 엘리엇이 중재지로 영국 런던을 제안한 것을 두고 득실 관계를 분석 중이다. ISD 절차에는 양측이 합의를 통해 선정한 국가의 중재법이 적용되기 때문에 중재지를 어디로 하느냐는 실무적으로 중요한 의미를 지닌다.

법무부는 국제 중재 관련 물적·인적 인프라가 비교적 잘 갖춰진 프랑스, 홍콩, 싱가포르, 영국 등을 후보지로 삼아 두고 논의를 진행 중일 것으로 알려졌다.

다. 법무부 관계자는 "엘리엇이 제안한 영국 혹은 다른 여러 중재지의 장단점을 분석 중"이라며 "아직 확정된 것은 없다"고 설명했다.

영국의 현지 법률 상 ISD 판정 이후 취소소송이 가능하다는 한도 고려돼 전망이다. 실제 우리 정부는 영국을 중재지로 선정한 뒤 진행될 여러 다양하고 문제의 ISD에서 패소하더라도 난감할 경우 영국법원에 판결을 취소하라는 소송을 내기도 했다.

다만 영국 법원이 단심으로 중재를 다해 손해배상에 제대로 감당되도록 장하는 경우 오히려 실제 취소소송에서 그 관결이 뒤집히는 경우도 많지 많이 특해 증재지 선정에 따른 불복 가능 여부 전략에 법적 행위 분석 집중해야 한다는 지적도 나온다.

국제분쟁 전문가가 긴밀한 법무법인의

엘리엇, 중재지로 영국 제안
韓-삼성물산 ISD 판결 이후
취소소송도 가능해 변수

법무부, 득실 관계 분석
佛-홍콩 등도 후보지 논의
중재인 선정에도 심혈

고 대표변호사는 "중재지도 중요하지만 이면 로직과 전략을 가지고 가느냐 도 중요하다"며 "ISD가 선진국에서 이뤄지는 형태로 운영되고 있는 만큼 정부는 법률 쟁점 분석과 해외 국내 로펌 사이 소통에 신경 써야 할 것"이라고 설명했다.

정부는 중재인 선정에도 심혈을 기울이고 있다. 2인의 중재판정부는 분쟁 당사자인 양국이 중재인들과 이뤄야 협의를 통해 선임한 중재인 1명을 포함해 구성한다. 중재판정부는 한국과 엘리엇의 중재자 합의에 따라 각자 측 중재인을 정한 남은부터 30일이 각 당사자는 상대방 중재인에 대한 거부 제척이 가능하다. 법무부는 중재판정부 구성부터 상당히 시간이 걸릴 것으로 보고 있다.

한편 엘리엇 측은 삼성물산 합병 과정에 박근혜 정부가 부당하게 개입해 8700억원(약 87억여원)의 손해를 봤다고 주장하고 있다. 전문가들은 삼성물산과 제일모직 합병으로 직접적인 수사와 법원 재판을 통해 상당 부분 부당개입이 인

정된 만큼 정부의 대응책 마련이 쉽지 않을 거라고 보고 있다.

김 변호사는 "정부가 모순되는 주장을 할 때야 이는 측면이 있다며 소송의 적정성을 냉철하게 평가한 뒤 특별한 사정에 합의해나 종결하는 것이 바람직할 수 있다"며 "반드시 이겨야 한다는 식으로 접근하면 오히려 더 안 좋은 상황으로 갈 수 있다"고 지적했다.

다만 민주사회를 위한변호사모임의 국제통상위원회 부위원장인 노주희 변호사는 "지난 정부가 잘못한 부분이 있다면 손해를 배상하는 게 맞다"면서도 "관련 18 소송에서 이겨내면 판결들을 이 나왔고 법리적으로 따져봤 정부의 법적 근거를 살펴보면 정부의 법적을 갖았으므로 될 것으로 않다고 본다"고 설명했다.

문채운 기자 ness0590

국민연금공단의 제일모직-삼성물산 합병 찬성은 주주의 이익과 국가경제를 생각한 합당한 결정이었나, 뇌물을 받은 대통령의 압박으로 인한 부당행위였나? 엘리엇이 제기한 ISDS의 핵심 사안이다.(아시아경제, 2018년 7월 19일)

라, ISDS가 들어가 있는 협정에 규정된 투자보호 규정 위반 여부를 판단하는 절차다. 그러나 '국내법마저 어긴 결과가 합병 찬성'이란 것이 확실할수록, 한국 정부가 박근혜와 이재용의 개인적 이익을 위해 '자기 나라 법도 어겨가며' 제일모직-삼성물산 합병을 성사시킨 '상당히 터무니없고 충격적인' 짓을 저질렀다는 주장을 입증하기가 쉬워진다. 그래야 한국정부가 '대우의 최소기준 부여'를 위반한 것으로 중재판정부의 결론을 유도할 수 있다.

이런 기조는 다음 같은 엘리엇의 주장으로 요약된다. 한국 정부는 "(국민연금공단이) 삼성 창립자 일가의 이익을 위해 제일모직-삼성물산 합병을 지지하기로 하는 경제적으로 비이성적인 결정을 내리는 등 자의적이고 차별적인 행위를 하였음은 물론 수백만 명의 한국 연금가입자들에 대한 공적 의무를 위반하고 적법, 적정 절차를 철저히 무시하는 행태를 보였다".

2021년 5월 말 현재까지 한국 정부와 엘리엇은 중재판정부에 자

신들의 의견을 담은 서면을 수차례 제출했다. 한국-엘리엇 ISDS의 경우, 한미 FTA의 투명성 조항 덕분에 양측에서 주고받은 서면들이 공개되어 있다. 한국 정부 측은 엘리엇이 주장한 '한미 FTA 위반' 사안들에 대해 나름 정교하면서도 격렬한 반론을 제시한다. 이처럼 협정을 위반했는지 여부를 둘러싼 다툼을 '본안本案 싸움'이라고 할 수 있을 터이다.

그런데 한국 측의 서면은 본안 싸움으로 들어가기 전의 방대한 지면을 '본안 전前 항변'으로 배치했다. 한마디로 엘리엇 측의 시비는 ISDS의 본안으로 들어가 다툴 사안에도 속하지 못하니 중재판정부가 각하해달라는 요청이다. 엘리엇 역시 반박서면에서 한국 측의 각하 요청에 자신들의 본안 전 항변으로 맞선다.

이 장에서는 양측의 본안 전 항변을 둘러싼 논리 싸움을 살펴보겠다. 본안은 다음 장에서 다룬다. 사실 본안 전 항변에서나 본안에서나 양측이 제기하는 논리는 비슷하다.

'각하'란 무엇인가

한국 측은 엘리엇이 제기한 중재 사안이 한미 FTA를 기반으로 한 ISDS에서 다룰 문제가 애초부터 아니라며, 중재판정부에 엘리엇의 ISDS 제기 자체를 각하해달라고 요청했다. 중재판정부가 한국 측이 요청한 각하를 받아들이면, '한국이 한미 FTA의 어떤 투자보호 조항을 위반했는지' '그 위반으로 인해 엘리엇이 손해를 입었는지' '그 손해는 구체적으로 어느 정도의 액수인지' 등을 다투는 본안으로 넘어갈 필요 자체가 사라진다. 이것은 다른 모든 일반적인 소송과 마찬가지다.

지난 2003년 10월, 지율이라는 법명의 승려와 환경단체들이 원효터널 공사의 착공을 금지해달라고 가처분 신청을 한 적이 있다. 그들은 터널이 뚫릴 경우 천성산 주변 습지가 황폐화되면서 도롱뇽들이 서식처를 잃게 될 것으로 봤다. 특이한 것은 소송을 제기한 주체(원고) 중 하나가 도롱뇽이었다는 점이다. 도롱뇽을 공사의 직접적 피해자로 봤기 때문이다. 그러나 도롱뇽이 원고인 소송은 각하되었다.*

'각하'는 소송이 기본적 소송요건을 갖추지 못했기 때문에 소송 자체를 진행하지 않는다는 의미다. 한국 법률 체계에서는 도롱뇽 같은 '인간이 아닌 동물'이 원고로 소송을 제기할 수 없게 되어 있다. 바꿔 말하면, '도롱뇽이 원고인 소송'은 한국 법원의 '관할이 아니다'라고 표현할 수도 있다. 공소시효가 지난 형사사건 역시 검사가 기소를 해봤자 각하된다. 허위 사실로 남의 명예를 훼손한 경우의 공소시효는 7년인데, 7년이 지난 뒤에 상대방을 고소하면 재판(공판)이 열리기는커녕 수사도 진행되지 않는다. 혹시 검사가 기소를 해 재판(공판)이 열리더라도 이미 공소시효 7년이 지났다는 이유로 각하 판결을 받게 된다. 많은 사람들이 '각하'와 '기각'을 착각한다. '기각'은, 소송 자체는 기본적 소송요건을 갖춰 진행되었으나 재판부가 원

● 도롱뇽 소송의 경우, 소송을 제기한 지율과 환경단체 측은 도롱뇽을 원고로 내세우면 소송이 각하되리라는 점을 분명 잘 알았을 것이다. 그럼에도 다른 원고들과 함께 도롱뇽을 원고로 세워 환경보호라는 자신들의 가치를 알리려 했던 것으로 보인다.

고(민사·행정소송의 경우) 또는 검사(형사공판의 경우)의 주장을 배척한 경우다.

다시 한국-엘리엇 ISDS로 돌아가자. 엘리엇은 한국에 ISDS를 제기했고, 이에 대해 한국 측은 사실상 '엘리엇의 시비는 ISDS에서 따져볼 만한 것이 아니다'라며 각하 사유가 있다고 맞섰다. 이렇게 한국이 본안 전 항변을 하자 엘리엇 ISDS의 중재판정부는 본안 전 항변과 본안을 한꺼번에 심리하는 쪽으로 방향을 정했다.

엘리엇 사건이 애초에 ISDS에서 따져볼 성질의 것이 아니라는 주장의 근거는 당연히 한미 FTA다. 한미 FTA가 제시하고 있는 '본안 전' 관련 판단에 필요한 여러 기준을 보자.

우선, 외국인 투자자가 ISDS를 제기하는 대상이 협정 상대국의 행위라는 점에 유의할 필요가 있다. 조금 있다 설명하겠지만, 한미 FTA는 '상대국의 행위'에 대해 나름대로의 규정을 내리고 있다. 또한 한미 FTA는 피투자국이 상대국 투자자 측의 투자를 보호해야 한다고 규정하고 있으나, 이와 함께 그 보호를 받아야 하는 투자('협정 적용대상투자')의 종류에 대해서도 열거하고 있다. '보호받아야 하는 투자'가 있다면 '보호받을 가치가 없는 투자'도 있다는 이야기다. 이와 함께 한미 FTA는 해외 투자자가 ISDS를 제기할 수 없는 경우에 대해서도 규정한다.

정리하자면, 한국과 미국의 투자자는 상대국 정부가 한미 FTA의 규정과 달리 자신의 투자를 보호하지 않았을 때 ISDS를 제기할 수 있다.(본안) 이와 함께 그 ISDS가 제기할 만한 사안인지 여부를 판단(본안 전)하는 근거도 한미 FTA에 규정해놓고 있다. 투자자의 국가와 피투자국 사이에 맺은 협정이 ISDS의 알파이자 오메가다.

이제 한국이 어떤 '본안 전 항변'을 제기하고, 엘리엇은 어떻게 반박하는지 살펴보기로 하자.

본안 전 항변 1—국가의 행위가 있었는가

ISDS는 해외 투자자가 피투자 국가의 협정 위반 행위에 대해 제기하는 국제중재다. 그런데 애매한 부분이 있다. 도대체 '국가의 행위'란 무엇인가?

한미 FTA는 '국가의 행위'를 "국가가 채택하거나 유지하는 조치"라고 규정한다. 만약 미국 투자자가 '아무래도 한국 정부와 관련 있어 보이는 어떤 상황'에서 피해를 입었다고 해도, 그 상황이 '한국 정부가 채택하거나 유지하는 조치(채택·유지 조치)'로 벌어진 것이 아니라면, 해당 투자자는 한미 FTA에 따른 ISDS를 제기할 수 없다는 이야기다. 다만 어느 법률 문구나 그러하듯이, 채택·유지 조치에 대한 해석은 천차만별이다.

엘리엇은 일련의 박근혜 국정농단 재판들에서 어느 정도 사실로 인정된 사안들(2021년 5월 말 현재 대법원의 최종 판결이 이뤄지진 않았지만)을 서면에서 지겨울 정도로 반복해서 제기한다. 예컨대 박근혜가 이재용으로부터 뇌물을 받은 대가로 청와대 비서관들과 문형표 당시 보건복지부 장관에게 제일모직-삼성물산 합병을 지원하라고 지시했다고 주장한다. 청와대와 보건복지부가 국민연금공단 홍완선 당시 기금운용본부장에게 연금공단의 찬성 표결을 압박한 것은 어느 정도 확인되는 사실이다. 홍 본부장은 보건복지부에 "(찬성 표결이 어려워 보이는 전문위가 아니라) 투자위에서 해당 사안을 결정하겠다"라고 보고한다. 홍 본부장은 일부 투자위원들을 접촉했으며, 공단 내 리서치팀(투자위에 의결사항과 관련된 연구자료 제공)에게 삼성물산-제일모직 합병의 시너지 효과를 급조하도록 지시했다고 한다. 이는 물론 투자위 논의를 합병 찬성 쪽으로 유도하기 위해서다. 엘리엇은 이 같은 일련의 상황을 박근혜·문형표·홍완선 등 개인들의 행위가 아니라 '국가의 행위'라고 주장한다. 국가의 채택·유지 조치를 광범위하게 규정한 것이다. 그 상황들이 국가의 행위여야 한국이란 국가에 손해배상을 요구하는 엘리엇의 ISDS가 성립될 수 있기 때문이다.

한국 측은 엘리엇이 주장하는 당시 상황 중 일부는 팩트라고 대체로 인정한다. 다만 청와대·보건복지부·국민연금공단의 주요 인물들이 비위를 저질렀다고 해도 그것을 국가의 채택·유지 조치로 볼 수는 없다고 주장한다. 한국 측은 채택·유지 조치를, '국가주권 차원의 권한이 특정한 형식(법률이나 행정적 규칙의 제정 등)을 통해 행사되는 경우'로 가급적 좁게 규정하려고 시도한다. 당시 청와대·보건복지부·국민연금공단 등의 행위를 국가주권의 행사로 볼 수 없다는 것은 명약관화하다. 국민연금공단을 압박하기 위한 법률이나 행정규칙을 제정한 적도 없다. 그 행위들이 채택·유지 조치, 즉 한국 국가의 행위가 아니라면 엘리엇 ISDS의 근거 자체가 허물어진다.

또한 국가의 행위만이 ISDS의 대상이라면, 엘리엇이 국민연금공단의 찬성 표결에 ISDS를 제기한 것은 적절하지 않다. 공단의 찬성 표결은 법률이나 행정적 규칙의 제정·시행 같은 주권적 권한 행사가 아니라 상업행위에 불과하기 때문이다.

국민연금공단은 일종의 보험사다. 시민들로부터 받은 보험료로 조성한 기금을 국내외 기업에 투자해서 가급적 큰 수익을 내야 한다. 그래야 수십 년 뒤까지 안정적으로 한국의 가입자들에게 연금 급여를 지급할 수 있다. 국민연금은 삼성그룹을 포함한 한국 내 대기업들에게 엄청난 자금을 투자하고 있다. 2015년 당시에 삼성물산 등 삼성그룹 22개 계열사의 대주주 지위를 갖고 있었다. 합병이 실패하는 경우, 이에 따라 다른 삼성 계열사들이 주가가 떨어질 가능성까지 고려해야 한다.

더욱이 세계적으로 악명 높은 엘리엇이 승리(즉 합병 실패)해서 삼성그룹에 큰 영향력을 확보하게 되면, 한국 경제의 중추라고 해도 과언이 아닐 이 거대 기업집단이 앞으로 어떻게 될지 장담할 수 없다. 국민연금공단이 투자자로서 자기 조직의 이익을 극대화하려면 삼성물산은 물론 삼성그룹 전체의 장기적 운명에 무관심할 수 없었다는 의미다. 만약 삼성물산-제일모직 합병이 삼성그룹의 지배구조를 개선해서 계열사들의 주가를 장기적으로 상승시킬 것으로 봤다면, 국민연금공단의 합병 찬성 표결은 자신들의 장기적 투자수익을 높이기 위한 것으로 볼 수도 있다.

이처럼 국민연금공단이 장기적 투자 수익을 높이기 위해 합병에 찬성(의결권 행사)했다면 국가의 '주권적 권한 행사'가 아니라 보험사(연금공단)의 '상업행위'로 봐야 한다는 것이 한국 측 서면의 주장이다. 한국 측은 설사 정부가 하는 일이라도 그것이 어떤 정책을 관철하기 위한 법률이나 행정규칙을 만드는 것 같은 주권적 권한 행사가 아니라, 특정 거래에서 수익을 내기 위한 상업적 행위라면 한미 FTA 같은 국제협정의 규율을 받지 않는다고 주장한다.

사실 국가 역시 상업적 거래에 끼어 있는 경우, '특권적 권한(주권)'을 행사한다고 볼 수는 없다. 앞서 본 콜트와 한국 정부의 분쟁에서 한국 정부가 '국가'로서의 입장이 아니라 '거래 상대방'으로서의 입장이었던 것처럼 말이다. 적어도 (국제)거래에서 국가는 수요-공급의 변동에 종속되는, 다른 거래 당사자들과 마찬가지 지위를 가질 뿐이다. 그러므로 국가들끼리 주권적 권한 행사의 범위를 조정하는 것이 주된 내용인 국제협정(자유무역협정도 그중 하나)이 국가의 상업 행위까지 규율할 수는 없다는 이야기다. 엘리엇의 한국 정부를 향한 ISDS 제기는 한마디로 번지수를 잘못 찾은 것이라는 의미다. 또한 이처럼 국민연금공단의 합병 찬성 표결이 한미 FTA에 규율되는 주권적 권한의 행사 혹은 채택·유지 조치가 아닐진대, 그 찬성 표결을 이끌어내기 위한 청와대와 보건복지부의 압박 역시 국가의 행위(조치)로 볼 수 없다는 주장이다.

한국 측은 엘리엇이 주장하는 '박근혜의 합병 찬성 지시'도 과장된 것이라고 본다. 예컨대 대통령 같은 정치지도자가 어떤 정책적 결과를 원할 때 자신의 공적 영향력을 행사하는 것은 세계적으로도 그리 드물지 않은 사례라는 것이다. 한국 측이 중재판정부에 낸 재반박 서면에 재미있는 비유가 담겨 있다.

"미국 매사추세츠주 상원의원이 매사추세츠 야구팀인 보스턴 레드삭스와 캐나다 야구팀인 토론토 블루 제이스의 경기에 앞서 레드삭스의 승리를 원한다고 발언했다고 치자. 엘리엇식 과대 해석을 따르면, 이 발언은 미국의 '조치'이며 블루 제이스는 차별을 이유로 항의할 수 있다."

중재판정부가 이 같은 한국 측의 주장을 인정한다면, 엘리엇의 ISDS는 각하된다. 본안으로 넘어가 대우의 최소기준 부여나 내국민 대우 위반 등을 판단할 필요가 없게 된다.

그러면 엘리엇은 어떻게 한국 측의 주장에 반박했을까? 엘리엇은 '조치'가 "입법적 또는 행정적 법규를 제정하고 시행하는 것에 그치지 않는다"고 강조한다. 엘리엇의 주장을 요약하면, 국가기관 혹은 이에 속하는 자의 모든 행위는 주권적 권한 행사인지 아닌지와 상관없이 '국가의 행위'로 봐야 한다는 것이다. 더욱이 그 행위의 범위도 넓다. 국가기관에 속한 자가 적극적이고 의도적으로 저지른 행위(작위)는 당연히 국가의 행위에 해당된다. 이와 함께 국가기관의 구성원이 '마땅히 해야 할 일을 하지 않는다'면 이 또한 '국가의 행위(부작위)'로 간주해야 한다고 주장한다. 이 논리에 따르면, 박근혜 당시 정부의 구성원들이 국민연금공단에 합병 찬성을 압박했다면(작위) 당연히 한미 FTA 위반이다. 또한 설사 국민연금공단이 정부 압박 없이 자율적으로 합병 찬성을 결정했다고 해도, 국가기관 구성원들이 이를 저지하면서 합병에 반대하도록 했어야 한다는 주장이다.

'조치' 개념에 대한 엘리엇의 주장대로라면, 박근혜 청와대와 문형표 보건복지부의 압박, 이를 수용한 홍완선 기금운용본부장, 투자위원들의 찬성 결정, 합병 주총에서 연금공단의 의결권 행사 등이 모두 국가의 조치에 해당되는 셈이다.

본안 전 항변 2—엘리엇의 투자는 보호받아야 할 투자인가

또한 한국은 엘리엇의 투자가 한미 FTA에서 보호하기로 약속한 투자의 범주에 들어가지 않는다고 주장한다. 그러므로 엘리엇의 ISDS는 각하되어야 한다는 것이다.

조금 심한 비유지만, 미국의 범죄조직이 한국의 마약상에게 자금을 제공(투자)해서 필로폰을 제조하도록 하청했다고 치자. 한국의 정부 당국이 그 마약상을 적발하면 미국 범죄조직은 엄청난 투자손실을 감수할 수밖에 없게 된다. 그러나 미국 범죄조직이 한국 정부에게 ISDS를 걸지는 못할 것이다. 그 투자가 반사회적인 것이라서가 아니라 한미 FTA가 마약 관련 해외투자를 '보호받아야 할 투자'로 규정하고 있지 않기 때문이다.

엘리엇은 2015년 6월~9월 당시 적잖은 삼성물산 주식의 소유자였다. 엘리엇이 그만큼의 삼성물산 주식에 '투자'해서 보유하고 있었다는 의미다. 그런데도 한국 정부가 '그 투자는 투자도 아니'라는 식으로 대응하는 이유는 무엇일까? 엘리엇의 투자 경과를 살펴볼 필요가 있다.

엘리엇이 스스로를 삼성물산의 대주주(7.12%)라고 밝힌 것은 2015년 6월 4일이다. 삼성이 제일모직-삼성물산 합병을 발표한 날(5월 26일)로부터 불과 9일 뒤였다. 그런데 그 7.12% 가운데 상당 부분은 합병 발표 전까지만 해도 엘리엇의 '소유'가 아니었다.

양측의 서면에 나오는 관련 부분을 종합해보면, 엘리엇의 삼성물산 투자 경과는 대충 다음과 같다.

우선, 삼성이 2013년~2014년부터 그룹 재편 작업에 착수했으며 그 움직임이 어느 정도 언론에 보도되어왔다는 점을 감안할 필요가 있다. 2014년 중반부터 증권가에선 이미 '당시 비상장사였던 제일모직이 상장한 뒤 다른 계열사와 합병할 것'이라는 설이 파다했다. 같은 해 9월엔 제일모직이 상장 이후 삼성물산을 합병해서 삼성그룹의 새로운 지주회사로 부상할 것이란 언론 보도가 나왔다. 엘리엇이 삼성물산에 대한 투자를 개시한 것은 2014년 11월쯤이다. 제일모직의 상장이 그해 11월에 성사되면서 삼성물산과의 합병이 대체로 예상되던 시기였다.

엘리엇 측 서면에 따르면, 엘리엇은 2015년 1월 29일 삼성물산 지분의 1.5%(235만 주)를 '총수익스왑TRS: Total Return Swap'의 형태로 보유(?)하게 되었다고 한다. 다만 여기서 '보유'란 용어를 사용해도 될지는 모호하다. 그 1.5%의 '공식적 소유자'는 엘리엇이 아니었기 때문이다. 너무나 당연한 이야기지만 엘리엇은 그 1.5%의 의결권도 행사할 수 없는 처지였다. 좀 낯설겠지만 총수익스왑은 엘리엇 ISDS의 주요 이슈니만큼 잠시 설명하고 지나가도록 하자.

가상의 인물 철수 씨가 성삼이란 회사에 투자하고 싶은데 그 주식을 장기적으로 보유하는 데는 부담을 느낀다고 치자. 더욱이 성삼 주식이 앞으로 꽤 오를지도 몰라서 10억 원쯤 투자하고 싶은데 실제로 가진 돈은 6억 원밖에 없다. 이런 경우, 철수 씨는 영희뱅크란 금융회사와 다음과 같은 계약을 맺을 수 있다.

'내가 6억 원을 맡길 터이니 그 돈에 영희뱅크 자금 4억 원을 보태서 10억 원 상당의 성삼 주식을 사라. 그 10억 원치 성삼 주식의 소유권은 영희뱅크가 갖는다. 대신 성삼 주식이 오르면 그 수익금을 나(철수)에게 다오. 반대로 성삼 주가가 떨어진다면, 내(철수)가 그만큼을 영희뱅크에 지급하겠다. 또한 나는 영희뱅크로부터 4억 원을 빌려 성삼 주식 투자에 활용한 것으로 볼 수도 있으니, 그 이자 격으로 4억 원에 대한 수수료를 영희뱅크에 주겠다.'

이 사례에서 철수 같은 사람을 '스왑 매수자'라고 부른다. 성삼 주식(이런 계약에서 기초자산이라고 불린다)의 소유권을 갖진 않았지만, 성삼 주가가 오르거나 내릴 때 그 수익/손실을 받을 권리를 보유했다. 철수는 이 권리를 수수료(4억 원의 이자격)를 주고 영희뱅크로부터 매수한 것으로 볼 수 있다. 영희뱅크는 철수로부터 수수료를 받는 대신 '성삼 주식의 수익/손실만 감당할 권리'를 판매한 '스왑 매도자'다.

성삼 주식이 10억 원에서 11억 원으로 오르면, 철수는 그 1억 원을 수익금으로 받는다. 반대로 9억 원으로 내린다면, 영희뱅크는 철수로부터 1억 원을 받는다. 철수가 맡긴 6억 원(담보금)에서 1억 원을 빼면 된다. 철수의 담보금은 5억 원으로 줄어든다.

총수익스왑은 매우 위험한 투자다. 스왑 매수자 입장에서 볼 때, 주가가 오르면 당초의 자기 돈(6억 원)으로 벌 수 있었던 금액(이 사례에서 성삼 주가는 10% 상승했으니, 6억 원을 투자했다면 6000만 원) 보다 훨씬 큰 수익(1억 원)을 올린다. 그러나 주가가 떨어질 때의 손실은 당초 감수해야 했던 6000만 원이 아니라 1억 원이 된다. 주가가 오르면 다행이지만 계속 떨어지면 매수자는 자기 돈만으로 투자했을 경우보다 훨씬 큰 손실을 보게 된다. 2020년 한국을 떠들썩하게 했던 '라임 사태' 역시 사모펀드인 라임이 증권사들로부터 총수익스왑을 매수했다가 치명적인 투자 손실을 보면서 터진 사건이다.

아무튼 2015년 1월 말(제일모직-삼성물산 합병 발표 4개월여 전) 엘리엇의 신분은 삼성물산 주식 1.5%를 기초자산으로 하는 총수익스왑의 매수자일 뿐이었다. 그 1.5%의 공식적 소유자로 의결권을 가졌던 스왑 매도자가 어느 회사인지는 양측의 서면에 나오지 않는다. 같은 해 2월 4일, 엘리엇 측은 삼성물산 이사회에 서신을 보낸다. '모직과 물산이 합병된다는 소문이 있는데 매우 우려된다'는 내용이었다.

이는 사실 엘리엇이 투자(?)하는 전형적 패턴이다. 특정 기업의 일부 주식을 인수한 뒤 이사회에 압박을 가한다. 이사회가 겁을 먹으면 엘리엇이 큰 수익을 얻을 수 있는 조건(배당, 자사주 매입, 엘리엇 측 인사를 해당 기업 이사진에 포진 등)을 제시한다. 듣지 않으면 다른 투자자들을 모아 투쟁하겠다고 위협한다. 그 투쟁의 방법으론 소송, 나아가 ISDS가 있다. 만약 해당 기업이 어떤 계획을 추진중이라면 이에 딴지를 거는 것으로 엘리엇의 수익 기회를 늘릴 수 있다. 상대방이 절실히 원하는 어떤 것을 방해할 수 있다고 신호를 주는 것은 '나'의 협상력을 극대화할 수 있는 좋은 전략이다. 그러나 여기에는 대상 기업이나 국가경제의 선순환과 장기적 발전 따위에 대한 고려는 전혀 존재하지 않는다.

엘리엇은 어떤 회사?

엘리엇은 본거지인 미국에서도 '벌처 펀드'로 불리는 악명 높은 회사다. '벌처vulture'는 시체를 뜯어 먹는 탐욕스러운 독수리를 의미한다. 이렇게 불리는 펀드들은 어려운 상황에 처한 나라나 기업의 약점을 잡아서 큰 수익을 낸다.

그 수법 중 하나는 국가부도 상태인 가난한 나라의 국채를 싸게 사들이는 것이다. 국채란, 국가가 돈을 빌릴 때 발행하는 증서다. 예컨대, 투자자가 100만 원짜리 국채를 사면(=해당 국가에 100만 원을 빌려주면), 만기에 이자와 원금을 합쳐 120만 원을 돌려받도록 약속되어 있는 식이다. 앞의 100만 원을 '국채 가격'으로 부를 수 있다. 국채는 약속된 날짜에 정해진 금액(여기서는 120만 원)을 받을 수 있는 증서인 만큼 시장에서 거래된다. 수요-공급에 따라 그 가격도 변한다. 해당 국가가 부도를 내면 국채 가격이 폭락한다. 심지어 10만 원 이하로 내려갈 수도 있다. 그 국채를 갖고 있어봤자 해당국 정부로부터 한 푼도 돌려받지 못할 가능성이 크기 때문이다.

엘리엇은 이런 상황에서 예컨대 6만 원에 해당 국채를 산다. 다음엔 그 나라가 국제기구나 부자 나라의 원조금(물품)을 받기까지 기다린다. 때가 오면 불쑥 '국채에 약속된 120만 원 전액을 돌려달라'고 요청하며 관련 소송을 낸다. 가난한 나라가 거부하면, 채권자 자격으로 그 나라의 무역 및 금융거래를 동결시킨다. 해당국의 경제 시스템 전체가 엘리엇의 '인질'이 된다. 이런 상황에서 각종 동결을 풀어주는 조건으로 '전액 상환'을 요구하면 버티기 힘들다.

엘리엇은 실제로 콩고·페루 등의 국채를 싼값에 매입해서 수백%의 수익률을 기록한 바 있다. 페루의 알베르토 후지모리 전 대통령은 2000년 말 반정부 시위의 격화로 탈출 계획을 짜고 있었다. 그런데 대통령 전용기가 엘리엇에 압류된 상태였다. 후지모리가 마지막 내린 대통령 명령은 엘리엇에 5800만 달러(1140만 달러에 매입한 국채의 원리금)를 상환하는 것이었다. 지난 2014년 아르헨티나의 국가부도 역시 엘리엇 등 헤지펀드들의 '투자 계획'에 의해 초래되었음은 공공연한 사실이다.

글로벌 자동차 부품업체인 델파이 사례도 유명하다. GM과 크라이슬러 등에 핵심 부품을 공급하는 델파이는 2005년 '파산 보호'를 신청한다. 이 무렵부터 엘리엇 등 헤지펀드들은 델파이의 회사채를 싼값으로 매집했다. '델파이 측이 돌려주기로 약속한 원리금' 액수의 20% 정도로 샀다고 한다. 2008년 세계금융위기로 GM과 크라이슬러가 파산 위기에 몰렸다. 2009년 취임한 오바마 미국 대통령은 '자동차 산업 구조 프로젝트'를 세우고 거액의 대출금을 지원하기로 한다. 델파이도 금융지원의 대상이었다. 델파이의 부품이 없으면 GM과 크라이슬러까지 망한다.

사실상 파산 상태였던 델파이의 실권자는 이 기업의 회사채를 대량 매집해둔 채권자들이었다. 엘리엇 등 헤지펀드들은 채권자로서 경영진도 장악하고 있었다. 당시 미국 정부 측이 델파이를 살려내려면 그 채권자인 헤지펀드들과 협상해야 했다. 그런데 엘리엇 등 헤지펀드들은 델파이를 살리려면 수억 달러 규모의 공공자금(자동차산업에 대한 구제자금)을 내놓으라고 요구했다. 수틀리면 델파이의 문을 닫겠다는 이야기다. 그러면 GM과 크라이슬러도 파산할 것이었다. 『뉴욕타임스』기자 마이클 콜커리는 이를 빗대어 「헤지펀드들에게 델파이는 또 하나의 제3세계인가?」라는 칼럼을 쓰기도 했다. 제3세계 국가의 국채를 싸게 산 뒤 그 나라의 경제 시스템을 인질로 삼아 거액을 뜯어내는 행태를 델파이에게도 반복하고 있다는 풍자다.

결국 엘리엇 등 헤지펀드들이 미국 정부에 승리했다. 당초 델파이 회사채를 매입한 자금의 몇 배를 돌려받을 수 있도록 인정받고, 그 금액을 주식으로 바꿔 경영권을 장악했다. 채권자에서 주인(대주주)으로 변신한 것이다. 이후 엘리엇 등 헤지펀드들은 델파이의 노동조합을 무력화했다. 델파이 본사는 저세율의 영국 내 조세피난처로 옮겨 등록했다. 이처럼 채무 없고, 노동비용 적고, 세금 안 내는 기업이니만큼 '기업가치'는 상승할 수밖에 없다. 헤지펀드들은 2011년 11월 델파이의 주식을 주당 22달러에 상장해서 각각 수억에서 수십억 달러에 이르는 규모의 이익을 거둬들였다. 수익률이 무려 3000%로 추산된다. 미국 정부가 델파이를 정상화하기 위해 퍼부은 공적자금은 모두 129억 달러였다고 한다. 이 돈 중 상당 부분이 엘리엇 같은 헤지펀드로 빨려들어간 것이다. 더욱이 이렇게 살려놓은 기업의 세금은 해외로 빠져나가고 있다.

엘리엇은 미국의 거대 IT 기업 EMC, 주니퍼 네트웍스 등에 대한 투자로도 화제가 되었다. 주가가 낮게 형성된 기업을 골라 그 지분을 매입하고, 언론플레이를 통해 '주주이익을 위해 주가를 올리겠다'고 홍보한다. '기업 분리' '다른 거대 기업과 합병' '자사주 매입' '비용 삭감' 따위의 방법이 있다. 기업의 주요 사업부를 독립 기업으로 만들어 분사시키거나, 심지어 해당 기업 전체가 다른 기업과 합병하면 들뜬 분위기를 통해 단기적으로 주가를 크게 올릴 수 있다. 그러나 해당 기업이 장기적으로 건강한 경영을 지속할 수 있을지는 의문이다. 또 기업이 사내유보금으로 시중에 풀려 있는 자사주를 사들이면, 그만큼 해당 기업의 총 주식수는 줄고 이에 따라 주가가 오르는 경향이 있다. 하지만 기업의 투자는 차질을 빚을 가능성이 크다. 그리고 '비용삭감'은 사실상 노동자들의 해고를 의미한다.

엘리엇의 '명성'은 다른 주주들을 결집해서 경영진을 타격하기에 충분하다. 그래서 실제 확보한 지분보다 훨씬 큰 힘을 행사할 수 있다. 엘리엇은 단지 2%의 지분으로 EMC 경영진에 분사·합병·비용삭감 등을 압박하다가 결국에는 이사 두 명을 경영진으로 집어넣는 데 성공했다. 이후(2015년 9월) EMC는 '델 테크놀로지'에 합병되었다. 주니퍼 네트웍스 역시 엘리엇(지분 8.3%) 측의 이사를 받아들이면서 비용삭감, 30억 달러 규모의 자사주 매입, 조직 축소 등에 동의해야만 했다.

삼성 창업자 가족과 일전을 벌였고, 이를 한국 정부에 대한 ISDS로 연결시킨 엘리엇은 이런 조직이다.

엘리엇의 보호조치

2015년 2월의 어느 시점에서 엘리엇은 모종의 결단을 내린 것으로 보인다. 제일모직과 삼성물산이 합병되는 경우, 삼성 창립자 일가가 다수 지분을 가진 제일모직이 상대적으로 훨씬 유리한 조건으로 삼성물산과의 합병을 시도할 것이란 점은 쉽게 예측할 수 있는 바였다. 이는 삼성물산 주주가 제일모직 주주에 비해 손해를 볼 수 있다는 이야기다. 물론 새로운 합병회사의 기업가치가 오른다면, 절대적 액수 기준으로는 삼성물산 주주도 이익을 볼 수 있다. 그러나 삼성물산 주주가 제일모직 주주보다 합병에서 상대적으로 불리한 처지라는 점은 어쩔 수 없다.

이런 상황에서 엘리엇 측도 고민했을 것이다. 합병이 공식화된 뒤 그 여파를 타고 삼성물산 주식이 어느 정도 오르면 팔고 총수익스왑 계약을 청산해버리면 된다. 그러나 주주들 간에 치열한 분쟁이 발생하고 주가가 위아래로 진동할 '삼성그룹 재편'이라는 질풍노도에 뛰어들어 엄청난 이익을 쟁취할 수도 있다. 물론 큰 손실을 볼 수도 있겠지만, 엘리엇은 모험을 선택한 것으로 보인다. 그쪽이 부도 가능성이 큰 기업이나 국가의 채권을 매입한 뒤 사실상의 부도 이후 소송이나 교섭을 통해 오히려 엄청난 수익을 얻어온 엘리엇의 체질에도 어울려 보인다.

엘리엇은 그해 2월 말, 총수익스왑 투자에 걸린 1.5% 이외에 삼성물산 지분 약 1.4%를 직접 매입·보유하게 된다. 이에 대해 엘리엇은 서면에서 합병에 대한 '보호조치(=주식 직접 매입)'를 취했다고 표현한다. 3월 초엔 총수익스왑 투자분(약 1.5%) 역시 직접 보유로 바뀌(엘리엇이 공식 소유자의 삼성물산 지분을 매입함으로써 총수익스왑 계약을 청산했다고 보면 된다), 삼성물산 지분율을 3%로 올린다.

이와 관련해 엘리엇은 서면을 통해 삼성물산의 주가가 순자산가치*에 비해 너무 낮은 수준이었기 때문에 이후 크게 상승할 것으로

● 기업이 가진 자산(공장설비, 기계, 현금, 주식, 다른 회사나 사람에게 빌려준 돈)에서 부채를 뺀 금액. 이 순자산가치가 100억 원 주변인데 주가가 1만 원쯤에 머무는 회사들이 많다고 가정하자. 어떤 회사가 순자산가치는 200억 원에 이르는데 주가가 5000원 수

봤으며, 이 때문에 주식에 투자하는 전략을 세웠다고 주장한다. 그런데 삼성 측이 제일모직-삼성물산 합병으로 엘리엇의 전략을 망쳐버릴지도 모른다고 우려하게 되었다. 삼성물산 주가가 앞으로 엄청 올라갈 터인데 제일모직에 합병되어버리면 그 흐름이 막혀버릴 수 있기 때문에 삼성물산 주식에 대한 직접 보유를 3%까지 늘려 합병을 차단하기로 했다는 것이다. '3% 주주'라면 주총 소집, 안건 상정 등의 권리를 가질 수 있게 된다. 삼성 측이 합병을 강행할 때 맞서 싸울 수 있는 무기다. 엘리엇이 삼성물산 주식의 직접 보유를 '보호조치'라고 표현한 이유다.

엘리엇은 이 보호조치를 더욱 강화해서 같은 해 4월 20일엔 삼성물산 지분율을 4.7%까지 늘린다. 그러나 이후 "합병이 물산 주주들에게 엄청난 해악을 끼치기 때문에 실현 가능성이 극히 낮을 것으로 봤"으며, 삼성 측이나 국민연금공단이 이런 문제들을 이해하고 있는 것으로 판단해서 4월 말엔 지분율을 다시 3% 약간 넘는 수준으로 낮췄다고 서면에 썼다.

5월 들어 엘리엇은 '직접 보유'와 '총수익스왑'을 왔다갔다 하면서도 통제 가능한 삼성물산 지분율을 대체로 확대해나간다. 삼성 측이 제일모직-삼성물산 합병을 공식 발표하는 5월 26일의 전날엔 삼성물산에 대한 엘리엇의 직접 소유 지분은 3.1%, 총수익스왑으로 연결된 지분은 3.86%였다.(합치면 6.96%) 삼성물산 주식을 사고 팔고, 총수익스왑으로 투자하며, 직접 보유를 스왑으로, 스왑을 직접 보유

준이라면, 이 기업의 주가가 앞으로 오를 가능성이 크다고 추정할 수 있다. 그러나 주가가 순자산가치에 비해 낮다고 해서, 그 회사의 주가가 반드시 오른다고 볼 수는 없다.

로 바꾸는 등 현란한 투자(?) 활동을 펼친 결과다.

서면에 따르면, 엘리엇은 합병 발표 시점에 즈음해서 삼성 창립자 일가에 '공정하고 상호 이익이 되는 지배구조개편안'을 만들어 전달할 준비를 하고 있었다고 한다. 전달하려다 합병 발표로 무위에 그쳤다는 이 지배구조개편안의 내용은 대충 짐작할 만하다. 엘리엇은 제일모직-삼성물산이 합병된 이후에도 삼성과 현대차 주요 계열사의 소수 지분을 확보한 뒤 이 회사들의 경영진에 '제안서'를 보내 압박·회유하곤 했는데, 그 내용이 알려져 있기 때문이다.

대체로 자식에게 그룹을 승계하는 문제 때문에 골머리를 앓는 창립자 가문에 '당신들의 개인 재산을 들이지 않고 그룹 지배권을 대폭 강화할 수 있는 방법'을 제시하고 이에 적극적으로 협력하겠다며 미끼를 던진다. 그런데 그 대가가 무섭다. 당기순이익보다 많은 특별 현금배당, 그 이후엔 잉여현금흐름(기업이 벌어들인 수익 가운데 세금·영업비용·설비투자액 등을 제외한 현금) 가운데 대부분을 주주들에게 배분(그러면 무슨 돈으로 재투자를 할까?), 사실상의 엘리엇 측 인사를 이사회에 선임, 수조 원대의 자사주 소각, 배당성향 대폭 확대 등이다.

이 같은 '선의의 메시지'를 삼성 측 경영진에게 보낼 예정이었다는 엘리엇은 5월 26일의 합병 발표로 뒤통수를 세게 맞은 기분이었다고 서면에서 술회한다. 서면에 따르면, 엘리엇은 삼성 측이 제시한 합병비율로 제일모직과 삼성물산이 합병되면 자사가 보유한 삼성물산 주식의 가치가 훼손될 것이라고 느꼈다. 결국 합병 반대로 투자방침을 정하고 이를 위해 의결권을 더욱 확대하기로 결정했다고 한다.

엘리엇은 삼성의 합병 발표 이후, 총수익스왑 부분(3.86%)을 직접 소유로 전환하는 데 그치지 않고 심지어 삼성물산 주식을 추가 매입한다. 엘리엇이 '나도 대주주'이며 '합병을 반대한다'고 세상에 나선 그날(2015년 6월 4일), 엘리엇의 지분은 7.12%(11,125,927주)였다.●

　엘리엇은 곧바로 추가 행동에 들어갔다. 닷새 뒤인 6월 9일, 합병을 위한 삼성물산 임시주총 소집을 금지해달라고 한국 법원에 소송(가처분신청)을 제기한다. 이와 함께 6월 24일부터 다른 주주들에게 '의결권 위임'을 요청하며 대대적 홍보를 벌인다. 삼성물산 측도 다음날인 6월 25일부터 의결권 위임 홍보를 시작한다. 7월 17일의 주주총회를 앞두고 양측간에 뜨거운 위임장 대결이 계속되었다.

　그런데 같은 해 7월 1일 서울중앙지법은 엘리엇의 가처분신청을 기각해버린다. 그 이유가 의미심장하다. 첫째, 서울지법은 제일모직-삼성물산의 합병비율을 '명백히 불공정한 것'으로는 간주할 수 없다고 봤다. 문제의 합병비율이 자본시장법의 관련 규정(합병 발표 무렵의 주가에 따라 합병비율을 계산)에 따라 합법적으로 정해진 것은 사실이었기 때문이다. 만약 법으로 정한 이런 계산식 이외의 방법으로 합병비율이 정해졌다면 이에 따른 다른 시비가 불가피했을 것이

● 엘리엇의 이 지분은 어떻게 만들어진 걸까? 금감원 공시자료 DATR에 따르면, 엘리엇은 전날인 6월 4일에 삼성물산 주식 340만 주를 취득했다. 총수익스왑을 직접 소유로 바꾸거나 따로 매수했을 것이다. 나머지 770만 주의 취득 시일은 모호하다. 다만 합병 발표일(5월 26일) 전이라는 점은 확실하다. 엘리엇이 합병 결의로부터 3개월 뒤인 같은 해 9월에 이 770만 주에 대한 주식매수청구권(주총 결의 사항에 반대하는 주주들이 자신의 보유 주식을 정당한 가격에 구입하라고 사측에 청구하는 권한)을 행사하기 때문이다. 주식매수청구권은 합병 공식 발표 이전에 매입한 주식에 대해서만 행사할 수 있다.

다. 더욱이 그 '다른 방법'엔 법률적 근거도 없다. 만약 삼성 측이 합병비율을 이건희·이재용 일가에게 유리하게 만들기 위해 삼성물산의 주가를 떨어뜨리고 제일모직의 주가를 올리는 시세조작을 시도한 증거라도 발견되었다면, 엘리엇의 가처분신청은 받아들여졌을 것이다. 하지만 그런 증거는 나오지 않았다. 사실 엘리엇은 물론 다른 삼성물산 주주들도 합병비율과 주총, 합병무효 등에 대해 여러 차례 민사소송을 냈으나 한국 법원에서는 받아들여진 적이 없다.

두번째 이유는, 엘리엇이 삼성물산 주주가 된 기간이 너무 짧았다는 것이다. 법률적으로는 해당 기업 주식의 0.025% 이상을 최소 6개월 이상 '계속' 보유한 주주만이 주총 금지 신청 같은 권한을 가질 수 있다. 서울지법의 기각은, 엘리엇이 보유한 삼성물산 지분 7.12% 가운데 6개월 이상 보유한 것으로 인정되는 지분이 0.025%도 안 된다는 이야기다. 엘리엇이 삼성물산 주식을 계속 사고팔며 직접 보유와 총수익스왑 사이를 여러 차례 오갔기 때문에 벌어진 일로 보인다.

당시 삼성 재벌에 비판적인 태도를 취하고 있던 한국의 '진보적' 시민단체들은 강경하게 엘리엇 편을 들며, 법원의 이 결정이 삼성의 경영권 승계를 돕는 것이라고 강력히 비난했다. 엘리엇의 이른바 '투자'의 실체가 이런 것이었다는 사실을 알았어도 이렇게 법원의 결정을 비난할 수 있었을까?

총수익스왑은 협정 적용대상 투자인가

한국 측은 엘리엇의 총수익스왑이 한미 FTA로 보호받는 '투자'

가 아니라고 주장한다. 엘리엇은 2014년 11월부터 2015년 6월 4일에 이르는 기간 동안 외부인은 명확히 알 수 없을 정도로 현란하게 삼성물산 주식을 수없이 사고팔며 투자 형태도 바꾼 것으로 보인다. 6개월 동안 계속 보유한 주식이 0.025%도 안 될 정도로 말이다. 한국 측은 이 같은 엘리엇의 투자 행태를 협정이 보호하는 투자로 봐도 되느냐고 묻고 있는 것이다.

한국 측 서면에서 엿보이는 투자관投資觀이 교과서적으로 매우 순수하고 순진하다는 것이 흥미롭다. 사실 국제투자협정이란 그것이 당사국들에게 모두 이롭다는 전제가 깔려 있기 때문에 성립되는 것이다. 예컨대 A라는 나라의 영역 내에선 어떤 이유로 인해 투자가 잘 이뤄지지 않고 있다. 그러나 협정 상대국인 B국의 투자자가 볼 땐 A국에 투자할 이유가 충분하다. 싼 노동력이나 고급 기술자들의 존재 혹은 넓은 시장이거나 그 모두가 이유일 수 있다. 어쨌든 B국 투자자의 돈이 A국으로 '실제로' 흘러들어가 공장을 세우고 노동자를 고용하며 기술을 확산시킨다면 두 나라 모두의 경제에 기여할 수 있을 터이다. 국제투자협정은 수많은 학자와 운동가들로부터 호된 비판을 받아왔지만 적어도 이런 호혜적 순기능에 대한 기대 덕분에 어느 정도 정당화되어왔다.

다만 투자가 투자로 인정되려면 몇 가지 요건을 준수할 필요가 있다. 투자자는 일정한 수익을 기대할 수 있기 때문에 투자한다. 그러나 투자로 손실을 입을 위험도 감수해야 한다. 위험 감수는 꽤 중요하다. 투자자가 자기 돈을 '실제로 걸어야 한다'는 의미기 때문이다. 그래야 투자를 받은 피투자국 내의 업체가 그 돈을 활용할 수 있다. 너무나 당연한 소리기에 오히려 이상하게 들릴지도 모른다. 대다수의 평범한 시민들은 주식 등에 투자할 때 당연히 자신의 돈을 해당 자산에 걸고 잃을 위험을 감수하기 때문이다.(잠시 뒤에 왜 이런 이야기를 하는지 설명하겠다.)

또한 피투자자는 그 돈을 자신의 사업에 '충분한 기간' 동안 활용할 수 있어야 한다. 이를 위해서는 투자자가 자신의 투자계약을 아무렇게나 철회할 수 있다면 곤란하다. 투자자가 손실 가능성이 조금만 보여도 투자금을 빼갈 수 있다면, 그 투자로 피투자국 내에서 진행되는 비즈니스 또한 지속성을 갖기 힘들기 때문이다. 피투자자가 '충분한 기간' 동안 투자금을 활용할 수 있으려면, 투자자가 그 투자금으로 발생한 자산(예컨대 투자한 기업의 주식)에 대한 소유권을 갖고 있는 쪽이 좋다. 소유권이 있다면 투자계약 철회도 어려울 것이다.

즉 투자자와 피투자자 모두에게 이익을 줄 수 있어야 '투자다운 투자'다. 국제적으로 이뤄지는 투자라면, 한 협정 당사국에서 다른 당사국으로 실제로 자본이 넘어가 '충분한 기간' 동안 머물러야 한다. 그렇게 되려면 그 투자자는 이익을 기대하면서도 위험을 감수해야 하고, 위험을 감수하려면 그 투자로 발생한 자산(예컨대 주식)의 소유권을 가져야 한다고, 한국 측 서면은 주장한다. 그래야 양국 간 투자를 활성화해서 두 나라 모두의 경제적 이익을 증진한다는 국제투자협정의 취지를 충족시킬 수 있다는 것이다. 각종 자유무역협정들의 투자챕터는, '자기 나라에 들어온 상대국의 투자(예컨대 한국의 영역에 들어온 미국 측 투자)'를 보호해야 한다는 규정들로 이루어져 있다. 한국 측의 서면은 이에 대해 '투자다운 투자'만이 FTA의 보호

대상이라는 주장을 추가하고 있는 셈이다.

한미 FTA엔 '충분한 기간 동안 투자를 유지해야 한다'와 같은 규정이 명시적으로 들어가 있지는 않다. 그러나 한국 측은 양국이 협정을 체결한 취지(양국 간 투자를 활성화해서 두 나라 모두의 경제적 이익을 증진)에 비춰볼 때 '충분한 기간'이 암묵적으로 들어 있는 것으로 봐야 한다고 주장한다. 이는 협정문에 있는 '투자자' 규정에 '도룡뇽 같은 인간 이외의 동물은 투자자에 해당되지 않음' 같은 문구를 일부러 삽입할 필요가 없는 것과 같은 이치란 얘기다.

그런 측면에서 보자면 엘리엇의 총수익스왑은 보호해야 하는 투자로 보기 어렵다. 그 계약은 어디 사는 누군지도 모르는 매도자와 엘리엇 사이에서 이뤄져 있을 뿐이다. 한국과는 무관하다. 엄밀히 말해서 엘리엇은 '한국의 영역'에 투자한 것이 아니라 스왑 계약의 단순한 이해관계를 보유했을 뿐이라는 게 한국 측 주장이다. 엘리엇이 한국에 자본을 실제로 출자한 것으론 볼 수 없다는 이야기다. 또한 엘리엇이 총수익스왑으로 갖게 된 것은 '삼성물산 주식의 소유권(의결권)'이 아니라 '삼성물산 주식의 등락에 따른 수익/손실'일 뿐이다. 그렇기 때문에 삼성물산 주식이 하락하면 스왑 계약을 해지함으로써 손실 위험을 피할 수 있다. 한마디로 엘리엇이 스왑 계약으로 삼성물산 주식의 소유권을 얻은 것이 아니고, 그 계약을 한국 측과 맺은 것도 아니며, 투자 위험까지 손쉽게 피할 수 있고, 엘리엇의 투자 행태에서 봤듯이 '충분한 기간' 요건도 채우지 못한다면, 엘리엇의 투자는 한미 FTA로 보호받을 수 있는 '한국에 들어온 미국 측의 투자'가 아니라는 이야기다. 당초부터 한미 FTA로 보호받지 못하는 투자였다면, 그런 투자로 손실을 봤다면서 한미 FTA에 기반한 ISDS를 제기해서도 안 된다는 것이다.

물론 한미 FTA의 투자 조항에 '파생상품'이 적시되어 있긴 하다. 통상적으로 스왑을 파생상품의 일종으로 간주하는 것도 사실이다. 그렇다고 해서 엘리엇의 총수익스왑을 자동적으로 한미 FTA의 보호를 받는 투자로 봐서는 안 된다며, 한국 측은 서면에서 이렇게 주장했다.

"이는 영화 〈카사블랑카〉를 시청한 것이 모로코에 있는 릭스 카페Rick's Café에 다녀온 것과 마찬가지라고 주장하는 것과 별반 다를 바 없다.●"

이에 대해 엘리엇 측은 자신들이 문제 삼는 한국 정부의 행위가 벌어진 당시엔(엘리엇이 2015년 6월 4일 7.12% 보유를 밝혔을 때부터 7월 17일 합병 주총이 열린 날까지로 보인다), 엘리엇이 총수익스왑이 아니라 의결권 있는 삼성물산 주식 7.12%의 어엿한 소유자였다는 점을 강조한다. 설사 총수익스왑에 문제가 있다고 해도, 한국 정부의 "범죄행위"가 벌어진 바로 그 시점에 엘리엇이 해당 주식의 공식적 소유자였으니 ISDS를 제기할 수 있다는 이야기다. 엘리엇의 투자 행태를 비판하며 '그것은 한미 FTA로 보호할 투자가 아니다'라는 한국 측의 주장에 대해, 엘리엇은 특정 기간(한국 정부가 한미 FTA를 위반되는 행위를 했다는 2015년 6월 4일~7월 17일) 동안 '우리는 삼성물산 주

● 릭스 카페는 영화 〈카사블랑카〉에서 등장인물 릭 블레인(허프리 보가트 분)이 운영하는 카페로 영화의 주요 무대다. 영화에서 이 카페는 모로코 카사블랑카에 위치해 있는 것으로 설정돼 있다.

식을 직접 보유한 확실한 투자자였다'라고 답하는 셈이다.

엘리엇은 한국 측이 공격하는 총수익스왑에 대해서도 적극적으로 변호한다. 우선 한미 FTA가 '보호대상 투자'에 '파생상품'을 명시적으로 규정하고 있다고 주장한다. 이건 사실이다. 물론 협정문이 '스왑'을 명시적으로 보호대상 투자로 지목하고 있는 것은 아니지만, 파생상품에는 스왑이 포함되느니만큼 총수익스왑 역시 보호대상 투자라는 것이 엘리엇의 주장이다. 또한 비록 총수익스왑으로 삼성물산 주식에 대한 법적 소유권을 갖지 못한 것은 사실이지만, 삼성물산 주가의 등락에 따른 수익/손실에 노출되어 있었으니 엘리엇을 투자자로 보는 것이 맞다는 것이다. 한국 측의 주요 공격지점 중 하나인 '투자의 기간 요건'에 대해서도 '그런 규정은 한미 FTA에 없다'고 반박한다.

본안 전 항변 3—절차 남용 문제

'알박기'라는 투기 기법(?)이 있다. 일단 개발될 것으로 예상되는 부지의 일부를 사들인다. 그다음 팔지 않고 버틴다. 개발사업자 처지에선 해당 부지 전체를 확보하지 않은 상태에서 개발을 추진할 수 없다. 결국 '알박은 사람'에게 개별적으로 거래를 요청하게 된다. 알박기로 최대 수익을 창출하려면 이 단계에서 매각을 거부하며 끈질기게 버텨야 한다. 결국 사업자가 '알박기'된 부지의 가격을 시세보다 훨씬 높게 부를 때 거래가 마무리될 수 있다.

한국 측은 엘리엇의 삼성물산 투자가 일종의 알박기였다고 생각하는 듯하다. 개발사업자에겐 알박기 투기꾼에게 시달릴 수밖에 없는 치명적 약점이 있다. 전체 부지를 매입해야 개발을 추진할 수 있다는 것이다. 삼성그룹에도 치명적 약점이 있었다. 창립자 가족의 계열사 지배권을 안정시키고 심지어 더 강화할 수 있는 쪽으로 그룹을 개편해야 한다는 것이다. 말하자면 경영권 승계다. 물론 승계가 그룹 개편의 유일한 목적은 아니었겠지만(삼성물산과 제일모직은 둘 다 건설업을 영위하고 있었으므로, 양사의 합병이 산업적 차원에서 비합리적이었다고 쉽게 평가해버리기는 어렵다), 그렇다고 해서 떳떳하게 공식화할 수 있는 안건도 아니다. 더욱이 한국에서는, 특히 진보 성향 시민사회에서는 삼성의 창립자 일가에 대한 불신이 매우 크다. 2014년 11월의 제일모직 상장은, 창립자 가족(과 특수관계자)의 지분이 과반을 초과하는 이 업체가 다른 계열사를 합병해서 '개편된 삼성그룹'의 새로운 지주회사로 부상하리라는 점을 어렵지 않게 예측할 수 있는 이벤트였다. 제일모직과 합병할 업체를 삼성물산으로 예측하는 전문가들이 2014년 말에 이미 많았다.

돈을 벌려면 상대방의 약점을 찔러야 한다. 더욱이 상대방(여기서는 삼성 창립자 가족)이 어떻게 움직일지도 대충 예측된다. 일반 투자자라면 2014년 말이나 2015년 초의 상황에서 '앞으로 많이 오를 주식'을 살 것이다. 그러나 엘리엇 같은 헤지펀드는 다르다. 일반 투자자는 대세를 따른다. 판을 흔들 수 없기 때문이다. 그러나 엘리엇은 거대한 자금과 정보력으로 자신들이 큰 투자수익을 얻을 수 있는 쪽으로 판을 뒤집을 수 있다.

만약 삼성그룹 창립자 일가가 제일모직-삼성물산의 합병을 추구한다면 자기 가족에게 유리한 시기(제일모직의 주가가 높고 삼성물산의 주가가 낮은 경우)에 단행할 것으로 예상할 수 있다. 심지어 시세조작을 시도할지도 모른다. 이런 창립자 일가의 의도에 쐐기를 박아 합병 계획을 흔들 수 있다면, 헤지펀드로서는 초과수익 기회도 노릴 수 있다. 일단 합병으로 손해를 볼 수 있는 다른 삼성물산 주주들을 규합해서 그룹 측과 '딜'을 시도하는 식으로 말이다.

실제로 엘리엇은 3% 이상 주주 자격으로 2015년 7월 17일의 주총에 다음과 같은 안건을 내걸었다.

"회사가 현금 아닌 주식 형태로 현물배당을 지급하고, 주주들이 이사회 결의 없이 중간배당금 지급에 결의할 수 있도록 삼성물산 정관을 개정하자."

이 안건은 주총에서 부결되었다. 그러나 엘리엇이 삼성물산에 쌓인 현금은 물론 삼성물산이 보유한 삼성전자 지분(4.1%)에까지 눈독을 들인 것으로 짐작할 수 있는 대목이다.

만약 합병이 부결되었다면, 삼성그룹은 그야말로 질풍노도에 휩싸이게 되었을 터이다. 그룹재편에 대한 이런저런 설이 떠돌며, 거대 투자자들은 초과수익을 기대하면서 삼성물산이나 제일모직 혹은 앞의 회사들과 관련된 삼성 계열사들의 주가를 폭등시키거나 폭락시켰을 터이다. 거대한 자금을 계획적이고 모험적으로 운용할 수 있는 헤지펀드에겐 하늘이 내려준 기회다. 엘리엇 정도라면 승계밖에 눈에 보이지 않는 창립자 가족과 별도의 딜을 성사시켜 계열사들의 수중에 있는 현금을 자사주 매입, 배당금 빨아내기 등으로 털어낼 수도 있다.

이런 측면에서 한국 측은 중재판정부에 제출한 서면에서, 엘리엇이 제일모직-삼성물산 합병에 따라 분쟁이 일어나리라 예측하면서 투자했다고 주장한다. 이에 따르면, 엘리엇은 '자산가치에 비해 주가가 낮아 앞으로 폭등할 것으로 예상되는 삼성물산 주식'을 보유하면서 주가 상승을 기다리려 했던 게 아니다. 오히려 의도적으로 합병을 방해해서 분쟁을 일으키는 것 자체가 엘리엇이 행한 투자의 목표였다.

실제로 엘리엇은 2015년 5월 26일 제일모직-삼성물산 합병이 발표된 이후에 오히려 삼성물산 주식에 대한 직접 소유분을 크게 늘렸다. 그 합병으로 '삼성물산 주주가 큰 손실을 보게 되었다'고 주장하면서 도리어 그 '큰 손실을 보게 될 주식'을 매입한 것이다. 일반 투자자라면 상상할 수 없는 행위다.

그래서 한국 측은 엘리엇이 '분규 조장으로 합병을 부결시켜 큰 이익을 보는 옵션'과 '합병 부결이 실패하는 경우엔 소송이나 ISDS 제기로 거액을 뜯어내는 옵션'을 모두 고려하고 있었던 것이 아니냐고 합리적인 의심을 제기한다. 만약 엘리엇이 애초부터 '소송 또는 ISDS를 제기하자'는 생각으로 삼성물산에 투자했다면 이는 '소송할 기회를 만들기 위한' 투자로서 '절차 남용'에 해당된다.

절차 남용은 한마디로 소송이나 ISDS 같은 '구속력 있는 판단'의 절차를, 개인(기업)이 자신의 이익을 위해 남용하는 경우라고 할 수 있다. 어떤 개인이나 기업도 다른 사람(이나 기업)과 분쟁에 휩싸이는 경우를 완전히 피하기는 어렵다. 분쟁은 불가피하게 발생하는 법이다. 이런 경우에 중립적인 제3자가 개입해서 시비를 가려줌으로써 분쟁으로 인한 사회적 비용을 최소화하기 위해 소송·중재 같은 분쟁 해결절차를 마련해두었다. 그런데 당사자가 오히려 의도적으로 분쟁을 일으킨 다음 그 해결절차를 악용해서 이익을 취하려는 경우가 있다. 이게 바로 절차 남용이다.

절차를 남용한 당사자는 상대방에게 손해배상을 청구할 수 없도록 다수의 국제협정에 규정되어 있다. 한미 FTA에는 규정이 없지만, 이처럼 명시적인 규정이 없더라도 조약·국제관습법 등과 함께 국제법 법원法源●을 이루는 '법의 일반원칙' 중 하나인 신의성실원칙은 이 같은 소권訴權남용을 금지하고 있다. 한국 측의 주장은 엘리엇의 ISDS 제기가 절차 남용에 해당되므로 중재판정부가 이를 각하해달라는 것이다.

이에 대해 엘리엇은 삼성물산 투자가 '순수한 의도'로 진행되었다고 주장한다. 미리 소송이나 ISDS를 계획한 바가 없었다는 것이다. 엘리엇의 서면에 따르면, 이 헤지펀드는 그야말로 순수하고 지혜롭지만 범죄자들에게 속아 큰 투자손실을 입고만 애처로운 투자자다. 2015년 이전부터 삼성물산의 주가가 순자산가치에 비해 너무 낮기 때문에 조만간 크게 상승할 것으로 믿고 투자하게 되었고, 제일모직-삼성물산 합병설이 돌았지만 삼성물산 주주들의 손해가 너무 크기 때문에 삼성 측이 그런 합병을 시도하지는 못할 것이라고 순수하

● 법원은 '법의 존재형식'을 의미한다. 우리가 통상적으로 말하는 법은 명문화된 규정을 가지고 있는 '성문법'(국제법 법원의 경우 조약, 국제기구의 결의 등)이고, 이 밖에 명문화되지 않았으나 법으로서 존재하며 규율하는 것으로 국제관습법, 법의 일반원칙 등이른바 '불문법'이 있다.

게 믿었다고 한다. 그래도 너무 걱정이 되어 2015년 초엔 삼성과 국민연금 관계자들로부터 그런 합병은 없을 것이라는 언질까지 받았다고 주장한다. 심지어 어려운 상황에서 승계를 위해 고군분투하는 삼성 창립자 가족이 안타까워 '모두가 만족할 만한 그룹 재편 계획'으로 한 수 가르쳐주려 하기도 했단다. 즉 엘리엇은 소송을 계획하기는커녕 소송을 피하기 위해 모든 노력을 기울였다는 이야기다.

이런 엘리엇의 선의를 삼성과 한국 정부는 무참하게 배신한다. 삼성 측은 5월 26일 제일모직-삼성물산 합병을 발표했고, 한국 정부는 그 합병을 심지어 한미 FTA까지 위반해가며 불법적으로 지원했다는 것이 엘리엇의 주장이다. 엘리엇에 따르면 자신들의 잘못은 하나밖에 없다. 그것은 한국이 정부 차원에서 천인공노할 계략으로 범죄행위까지 서슴지 않을 것이라곤 미처 상상도 예측도 못했다는 점이다. 이런 선의의 투자자에게 소송을 미리 계획해서 투자했다는 식으로 '절차 남용의 누명'을 뒤집어씌우면 안 된다고, 엘리엇 측은 중재판정부에 간절하게 호소한다.

제**6**장

얽히고설킨
엘리엇 복마전

우 리는 5장에서 엘리엇이 한국 정부에 ISDS를 제기한 이유와
그 과정에 대해 살펴보았다.

다만 2021년 5월 말 현재, 엘리엇 ISDS의 중재판정부는 '본안 전'
을 판단한 이후 '본안'으로 들어가는 것이 아니라 두 부문을 한꺼번
에 다투게 하는 방식으로 중재를 진행하고 있다. 앞서 5장에선 '본안
전'의 이슈를 살펴봤으니, 여기 6장에선 한국 정부와 엘리엇이 '본
안'에서 각자 어떤 논리로 싸우고 있는지 살펴보자.

인과관계를 찾아서

프랑스 작가 알베르 카뮈의 대표작 『이방인』에서 주인공 뫼르소
는 햇빛이 이글거리는 어느날 아랍인을 총으로 쏘아 죽인다. 상대방
의 몸에 다섯 발이나 쏘아 넣었다. 뫼르소는 "왜 죽였나"는 판사의

질문에 "햇빛이 눈부셔서"라는, 시쳇말로 굉장히 '중2병스러운' 답변을 내놓는다. 결과는 유죄 판결. 뫼르소는 사형을 선고받는다.

　100보를 양보해도 『이방인』을 아주 재미있는 소설이라고 말할 수는 없다. 더욱이 "햇빛이 눈부셔서"라는 살인 동기는 얼마나 황당한가. 문학을 많이 공부하신 분들은 뫼르소가 아랍인에게 총을 쏜 맥락을 대충 '삶의 부조리'라고 정리하는 모양이다. 이 부조리란 개념을 정확히 이해하시는 분이 얼마나 될지 모르겠으나, 이런 문학적 해석을 존중해서 일단 '삶의 부조리'라는 것을 살인 동기로 간주해보자.

　그런데 소설을 읽다 보면 다른 살인 동기를 유추할 수 있다. 뫼르소가 사살한 아랍인은, 그와 초면이 아니었다. 살인사건이 발생한 당일, 뫼르소의 친구 레몽이 옛 연인의 오빠와 다투다 다쳤다. 그 자리에 뫼르소도 함께 있었다. 뫼르소는 다른 장소로 이동했다가 피해자(아랍인)를 마주치게 된다. 아랍인은 그 오빠의 친구 중 하나로 레몽을 칼로 찌른 사람이었다. 피해자가 칼을 꺼냈는데, 그날의 강렬한 햇빛이 칼날에 반사되면서 뫼르소의 눈을 찔렀다. 이런 정황을 보면, 뫼르소의 살인 동기는 눈부신 햇빛이라기보다 피해자의 칼로부터 자신을 지키기 위한 정당방위일 수도 있다.

　살인사건 전후에 뫼르소가 벌인 여러 행위들을 보면, 그가 아무렇지도 않게 사람을 죽일 수 있는 사이코패스일 가능성도 배제할 수 없다. 어머니가 죽었는데도 슬퍼하지 않고 여성과 코미디 영화를 보러 갔으며, 햇빛 때문에 살인을 저질렀다고 법정에서 태연히 증언하는 자다. 조금 무리하게 추정해보면 뫼르소는 아랍인을 혐오하는 인종차별주의자인지도 모른다.

'뫼르소 살인사건'에서 결과는 살인이다. 그런데 이 결과의 원인(동기)으로는 삶의 부조리, 아랍인이 먼저 칼을 뽑은 데 따른 정당방위, 사이코패스, 인종차별 등 다양한 가능성을 제기할 수 있다. 어떤 결과가 어떤 원인에서 비롯되었느냐를 따지는 인과관계는 법정에서 굉장히 중요하다. 형사는 물론 민사에서도 마찬가지다. 손해배상을 청구하는 쪽은 손해 발생과 손해 규모 이외에도 그 손해가 상대방이 하지 말아야 할 어떤 행위를 했거나(작위) 상대방이 마땅히 해야 할 어떤 행위를 하지 않았기(부작위) 때문에 발생했다는 '원인'을 입증해야 한다. 형사재판인 '뫼르소 살인사건'의 경우, 뫼르소가 정당방위(원인)로 살인(결과)을 저질렀다고 입증되었다면 무죄를 선고받았을 수도 있다. 그러나 소설을 읽어보면 뫼르소는 사실상 사이코패스(원인)라서 아랍인을 죽인 것(결과)으로 법정에서 간주되었던 것 같다. 그 결과는 사형이다.

다만 원인과 결과 사이의 인과관계가 법정에서 무한정으로 인정되는 것은 아니다. 아침에 출근중이던 당신은 테이크아웃 커피를 든 행인과 부딪치는 바람에 옷에 얼룩이 지고 말았다. 옷을 갈아입고 가느라 평소 타고 다니던 버스 대신 택시를 탔다. 그 택시를 타고 가다가 교통사고가 발생했다. 그 사고로 인해 사업상 중요한 약속장소에 제때 도착하지 못하는 바람에 계약서에 서명하지 못했다. 이로 인해 수억 원 규모의 손해를 보고 말았다. 당신 입장에서는 '그 행인이 나와 부딪치면서 커피를 엎지르지 않았다면…'이라고 생각하며 이를 갈 수 있다. 그렇다 하더라도 그 행인에게 당신의 계약이 성사되지 못한 것에 대한 법적 책임을 지우기는 쉽지 않다.

세상의 모든 사건들은 서로 조밀하게 연관되어 있다. 작은 사건들이 꼬리에 꼬리를 물면서 어떤 결과로 이어진다. 이런 수없이 이어지는 인과관계들 사이에서 누군가에게 법적인 책임을 묻는 일은 결코 쉽지 않다. 인과관계를 적절한 단계에서 단절시킬 필요가 있다. 그렇지 않으면 수억 원 규모의 손해배상 책임을 아무에게나, 예컨대 테이크아웃 커피를 들고 가다가 실수한 행인에게 묻게 되는 굉장히 비합리적인 사태가 불거질 것이다. 소송에서는 평범한 누구라도 'P라는 행위로부터 Q라는 결과가 발생한 것에 충분한 개연성이 있다'고 판단하는 경우에만 P(행위)와 Q(결과) 사이의 인과관계를 인정한다. 이를 '상당인과관계'라고 부른다.

'엘리엇 ISDS'의 본안 심리를 꿰뚫고 있는 기본 쟁점은 인과관계다. 여기서 결과는 제일모직-삼성물산 합병 성사에 따른 엘리엇의 손해다. 좀 있다가 설명하겠지만 '엘리엇이 정말 손해를 봤느냐' 여부에 대해서도 한국과 엘리엇 사이엔 큰 이견이 존재한다.

아무튼 엘리엇이 큰 손해를 봤다고 간주하자. 그 원인은 무엇인가?

엘리엇은 당시 '합병을 도와주라'는 박근혜 대통령의 지시, 문형표 보건복지부 장관의 국민연금공단 압박, 합병 찬반을 전문위가 아니라 투자위에서 논의하도록 한 결정, 홍완선 기금운용본부장의 투자위원 회유, 투자위원회의 합병 찬성 결정, 7·17 삼성물산 주총에서 연금공단의 찬성 표결, 합병 성사 등의 사건들이 마치 도미노에서 앞선 패가 다음 패를 연쇄적으로 쓰러뜨려 큰 그림이 펼쳐지는 것처럼 '엘리엇의 손해'로 귀결되었다고 주장한다.

여기서 한국 측이 엘리엇의 주장을 분쇄할 수 있는 가장 간단한 방법은 손해의 원인으로 주장한 '사건들'이 발생하지 않았다고 논증하는 것이다. 그러나 엘리엇은 그 사건들의 근거를 한국의 국정농단 재판들의 기록에서 찾아내고 있다. 아직 대법원에서 확정되진 않았으나, 사건들 중 일부가 2021년 5월 말 현재 이미 지방법원과 고등법원에서 사실로 인정되어 있다.

이에 따라 한국 측은 엘리엇 ISDS에서 다른 변론 전략을 밀어붙이고 있다. 엘리엇이 제기한 사건들이 일부 사실이라 할지라도 '엘리엇 손해'를 가져온 원인으로 보기엔 부족하다는 것이다. 한국 측은 '사건들(원인)'과 '엘리엇의 손해(결과)' 사이에 존재할 수 있는 인과관계를 완전히 부정하지는 않는다. 그러나 그 인과관계가, 엘리엇이 주장하는 이른바 손해의 원인을 한국 정부에 전적으로 덮어씌울 수 있을 만큼 "충분히 확실하고 개연성이 아주 높지는 않다"라고 주장한다.

뫼르소 살인사건의 경우 삶의 부조리가 살인동기 중 하나일 수는 있다. 그러나 '오로지 부조리 때문에 뫼르소가 아랍인을 살해했다'라고 판시하면 삶의 부조리가 너무 억울한 처지로 몰리게 된다. 삶의 부조리는 뫼르소 이외에도 현대사회의 모든 인간들에게 해당되는 것이지만, 그렇다고 해서 모든 사람들이 살인을 범하지는 않기 때문이다. 한국 측 서면에 나오는 표현을 빌리자면, 삶의 부조리와 뫼르소의 살인 사이엔 "충분히 확실하고 개연성이 아주 높"거나 "명확하고 단절되지 않은" 관련성이 없다. 지나가던 행인이 당신에게 커피를 쏟은 일과 계약 성사가 무산된 사실 사이에 연관성이 아예 없다고는 할 수는 없지만, 그 책임이 행인에게 있다고 볼 수 없는 것과 마찬가지다.

즉 한국 측은 2015년 당시 박근혜 정부 관계자 및 국민연금공단의 행위와 엘리엇의 손해 간엔 '명확하고 단절되지 않은 관련성'이 존재하지 않는다고 주장한다. 조금 전에 이야기했듯이, '명확하고 단절되지 않은 관련성'이란, P라는 원인이 없었다면 Q라는 결과가 절대 나타나지 않는 정도의 인과관계다.

다시 뫼르소 살인사건의 사례로 돌아가면, 변호인은 '아랍인이 먼저 칼을 빼들었기(원인) 때문에 생명의 위협을 느낀 뫼르소가 살인을 범했다(결과)'고 주장할 수 있다. 삶의 부조리 따위보단 뫼르소에게 훨씬 유리한 변론 전략이다. 그러나 이것만으로 뫼르소가 승소하긴 힘들다. 살인 전후의 행적을 볼 때 뫼르소는 일종의 사이코패스일 가능성이 농후하기 때문이다. 사이코패스에다 인종주의자라면 피해자가 먼저 도발하지 않았더라도 범행을 저질렀을 수 있다. 이 변론 전략이 성공하려면, 아랍인이 칼을 먼저 빼들지만 않았다면 뫼르소가 설사 사이코패스에 인종주의자라도 총을 쏘지 않았을 것이라는 논리를 개발할 필요가 있다. '아랍인이 칼을 빼들었다'는 원인이 없었다면, '뫼르소가 총을 쏜다'는 결과가 절대 나타나지 않았을 것이라고 판사를 설득해야 한다. 이쯤 되어야 '칼을 빼든 아랍인의 소행'과 '뫼르소의 살인' 간에 '명확하고 단절되지 않은 관련성'이 존재한다는 걸 입증해서 무죄나 가벼운 형량을 선고받을 수 있을 것이다.

엘리엇 역시, 박근혜 정부 관계자나 국민연금공단이 2015년 5월

~7월에 시행한 일을 하지 않았다면, 제일모직-삼성물산 합병이 절대 이뤄지지 않았고 이에 따라 엘리엇이 큰 손해를 보지 않았으리라는 것을 입증해야 한다. 그 입증 책임은 손해배상을 주장하는 엘리엇에게 있다.

예컨대, 엘리엇은 연금공단이 2015년 7월 17일의 삼성물산 임시주총에서 합병에 찬성 표를 던지지 않았다면 제일모직-삼성물산 합병도 성사되지 않았을 것이라고 주장한다. 당시 삼성물산 주총에서 합병이 승인되려면 참석 주주의 2/3(66.67%) 이상이 찬성해야 했다. 실제로는 69.53%가 찬성했다. 찬성표가 반대표보다 불과 2.86% 많았다. 그런데 한국 측 서면에 따르면, 2.86% 이상의 지분을 가진 다른 주주들이 있었다. 싱가포르투자청, 사우디 국부펀드, 한국투신운용 등인데, 모두 합병을 찬성했다. 연금공단이 찬성표를 던졌다 해도 이들 중 한 곳만 반대했어도 합병은 성사되지 않았을 것이다. 그러므로 '연금공단의 찬성'과 '합병 성사' 간에 '명확하고 단절되지 않은 관련성' 따윈 없었다는 것이 한국 측의 주장이다.

당연한 일이지만 엘리엇은 한국 측에 비해 인과관계를 훨씬 느슨하게 설정한다. 특정 결과가 있다면 이와 관련된 다양한 원인들을 모두 인정해야 한다는 것이다. 제일모직-삼성물산의 합병은 물론 국민연금공단 이외에 싱가포르투자청, 사우디 국부펀드, 한국투신운용 등이 찬성했기 때문에 가능했다. 그러나 국민연금공단의 찬성 표결이 합병을 성사시킨 원인들 중의 하나라는 점은 부인할 수 없다. 그러므로 한국 정부는 엘리엇의 손해에 대한 책임을 회피할 수 없다고 주장한다.

이처럼 한국과 엘리엇은 인과관계란 개념에 대한 해석에서부터 천양지차로 입장이 다르다. 양자 간 해석의 차이는 최소대우기준과 내국민대우를 한국 정부가 위반했는지 여부를 다투는 과정에서 여러 가지 형태로 변주되어 나타난다.

대우의 최소기준

이제 본안에서 가장 중요한 이슈인 최소대우기준으로 들어가자. 엘리엇은 박근혜 정부 당시의 한국이 엘리엇에 대해 한미 FTA에 규정된 최소대우기준을 위반했다고 주장했다.

이 단락에 들어가기 전에 미리 독자들에게 말씀드릴 것이 있다. 이 최소대우기준이란 개념은 매우 까다롭다. 그러나 엘리엇 ISDS의 본안을 이해하려면 최소대우기준을 건너뛸 수 없다. 사실 최소대우기준 자체가 국제 법조계에서 이미 논의가 끝나 그 의미와 용도가 확정되기는커녕 그 내부에서도 의견이 분분한 개념이다. 개념을 만들고 생계 활동에 사용하는 법조인들마저 헷갈리는 개념인 셈이다.

따라서 이 단락에선 최소대우기준에 대해, 독자들이 엘리엇 ISDS의 본안을 이해하는 데 필요한 '최소한'의 지식만 전달하는 것을 목표로 삼는다. 그러니 이 단락의 전반부에 등장하는 한미 FTA의 최소대우기준 관련 조항들을 너무 꼼꼼히 읽으려다 지치기보단 차라리 가볍게 훑어 나가면서 후반부에 이르시길 권한다. 미리 말씀드리지만, 엘리엇 ISDS 이해에 필요한 최소대우기준에 대한 '최소'한의 지식은 이 단락 후반부에 있다.

다시 엘리엇이 주장하는바 '한국의 한미 FTA상 최소대우기준 위반'으로 돌아가자. 한국이 정말 이 조항을 위반했는지 여부를 판단하려면, 한미 FTA에 '최소대우기준'이 어떻게 기술되어 있는지부터 봐야 한다. 협정문 어딘가에 '정부가 외국인 투자자에게 어떤 짓을 저지르면 최소대우기준 위반'이라는 조항이 있지 않을까? 협정문 제11.5조는 최소대우기준을 다음과 같이 규정하고 있었다.

□ 제11.5조 대우의 최소기준

1. 각 당사국은 공정하고 공평한 대우와 충분한 보호 및 안전을 포함하여, 국제관습법에 따른 대우를 적용대상투자에 부여한다.

2. 보다 명확히 하기 위하여, 제1항은 외국인의 대우에 대한 국제관습법상 최소기준을 적용대상투자에 부여하여야 할 대우의 최소기준으로 규정한다. "공정하고 공평한 대우"와 "충분한 보호 및 안전"이라는 개념은 그러한 기준이 요구하는 것에 추가적인 또는 이를 초과한 대우를 요구하지 아니하며, 추가적인 실질적 권리를 창설하지 아니한다.

　가. 제1항의 "공정하고 공평한 대우"를 제공할 의무는 세계의 주요 법률 체계에 구현된 적법절차의 원칙에 따라 형사·민사 또는 행정적 심판절차에 있어서의 정의를 부인하지 아니할 의무를 포함한다.

　나. 제2항의 "충분한 보호 및 안전"을 제공할 의무는 각 당사국이 국제관습법에 따라 요구되는 수준의 경찰보호를 제공하도록 요구한다.

이해되시는가? 이 암호문 같은 조문에서 1항부터 한미 FTA 협상가들이 전달하려고 의도했던 의미를 하나씩 짚어 나가기로 하자.

1항을 보면, '국제관습법'이란 것이 존재한다는 것을 알 수 있다. 이 국제관습법엔 정부가 외국인 투자자를 어떻게 대우해야 하는지에 대해 국제적으로 합의된 내용이 있을 것으로 추정할 수 있다.

그렇다면 국제관습법이란 무엇인가? '국제관습법'이란 제목의 버젓한 법전이 존재하고 그 법전 안에 국가들이 지키거나 어겨서는 안 될 조항들이 촘촘히 적혀 있는 것은 아니다. 국제관습법은 국제적으로 형성된 일종의 '암묵적 합의'다. 국가들은 이 합의에 '법적 의무감'을 느끼며 관행적으로 따른다. 그래야 국제공동체에서 다른 국가들과 관계를 유지해나갈 수 있기 때문이다.

국제관습법의 대표적 사례 중 하나가 '외교관 면책특권'이다. 외교관이 적어도 그가 주재하는 나라에서는 체포·구금·기소를 당하지 않도록 배려해서 신분상 안전을 보장받도록 하는 국제적 관행이다. 이는 고대로부터 지금까지 외국의 사신이나 전령을 억류하거나 살해하는 것이 사신을 보낸 국가는 물론 살해한 국가에도 실익이 없더라는 경험이 축적되면서 어느새 '국가의 법적 의무이자 지켜야 할 관행'으로 정착된 것이라고 볼 수 있다.

이처럼 국제관습법은 국가들이 오랜 상호교류의 경험을 통해 '국가로서 이 정도는 지켜야 다른 나라들과 일정한 관계를 유지할 수 있다'고 암묵적으로 합의한 규범의 집합이라고 할 수 있다.

이런 국제관습법 가운데는 국가가 '외국인 투자자에게 제공할 대우'도 포함되어 있다. 1항은 그 '국제관습법에 따른 대우'의 대표적 사례로 '공정하고 공평한 대우(이하 공정·공평 대우)'와 '충분한

보호 및 안전(이하 충분한 보호·안전)'을 제시한다.●

그런데 정작 국제관습법에 따른 '공정·공평 대우'와 '충분한 보호·안전'이 구체적으로 무엇인지에 대해서는 기술해놓지 않았다. 엄청나게 길고 복잡한 한미 FTA 협정문을 샅샅이 뒤져봐도 그런 내용은 없다.

이런 상황이라면 한미 FTA 협상가들도 예상하지 못했을 의외의 문제들이 발생할 수 있다. 미국인 투자자가 한국에서 투자 관련 중요 문서를 소매치기를 당한 뒤 '나는 한국 정부(경찰)로부터 충분한 보호·안전을 제공받지 못했으니, 한국 정부가 한미 FTA를 위반한 것'이라고 우기며 ISDS를 제기해버릴지도 모른다. 물론 한국 경찰이 수많은 미국인 투자자들을 졸졸 따라다니며 경호할 수는 없는 노릇이다. 그러나 한국 정부 입장에서 '충분한 보호·안전'에 '경찰의 개인 경호는 포함되지 않는다'라고 단언할 수도 없다. '포함된다'는 규정은 없지만 '포함되지 않는다'라는 근거도 한미 FTA 협정문에서는 찾을 수 없기 때문이다. 즉 1항만 본다면 외국인 투자자가 말도 안 되는 황당한 이유로 체약 상대국 정부에게 마구 ISDS를 걸 가능성을 배제할 수 없다.

● 공정·공평 대우는 대체로 외국인 투자자에 대한 적법절차due Process 제공, 사법거부denial of justice 배제, 투명성transparency, 합리적 기대legitimate expectations에 대한 보호, 합리성reasonableness, 신의성실good faith, 비차별non-discrimination 등의 의무를 의미하는 것으로 이해된다. 충분한 보호 및 안전FPS: Full Protection and Safety은 '물리적 안전physical security을 위한 경찰 보호 제공 의무'를 뜻하는 것으로 알려져 있다. 한미 FTA는 공정·공평 대우를 제공할 의무와 관련해서는 적법절차의 제공 및 사법거부의 배제를, 충분한 보호·안전을 제공할 의무와 관련해서 경찰 보호 제공을 각각 명시적으로 규정하고 있다.

그래서 제11.5조엔 2항이 있다. 2항은 1항의 내용을 "보다 명확히 하기 위"해 비로소 '대우의 최소기준(=최소대우기준)'이란 개념을 제시한다. 이 최소대우기준은 '공정·공평 대우'와 '충분한 보호·안전'의 '한계'를 정한다. 즉 외국인 투자자는 피투자국 정부에 최소대우기준을 초과하는 수준의 '공정·공평 대우'와 '충분한 보호·안전'을 요구할 수는 없다. 그리고 이 최소대우기준은 '외국인의 대우에 대한 국제관습법상 최소기준'으로 정해진다.

앞의 사례를 다시 인용해서 설명해보자. 예컨대 '충분한 보호·안전'은 외국인 투자자에 대한 경찰의 보호와 관련된 조항이다. 보호엔 여러 가지 수준이 있다. 투자자 개인에 대한 경찰 경호가 아주 높은 보호 수준이라고 할 때, 이보다 낮은 수준의 보호로는 투자업체 주변에 보안 시스템을 설치하는 것이나, 그 나라 시민과 동등한 치안 서비스를 외국인 투자자에게 제공하는 것 등을 제시할 수 있다. 그런데 국제적으로 합의된 '국가가 외국인 투자자에게 제공할 최소한의 대우(최소대우기준)'가 '피투자국 시민과 동등한 치안 서비스를 외국인 투자자에게 제공'하는 것이라고 치자. 그렇다면, 설사 한국 경찰이 미국인 투자자를 개인 경호하지 않아서 그가 소매치기를 당했다고 하더라도 이를 한미 FTA 위반으로 몰아갈 수는 없다는 것이다.

다시 한 번 정리해보자. 외국인 투자자들은 적어도 '외국인의 대우에 대한 국제관습법상 최소기준'에 해당하는 대우를 피투자국에게 요구할 수 있는데, 그게 구체적으로 뭔지 알 수 없는 상황인 것이다. 그렇다면 이 국제관습법상 최소기준이 뭔지 한미 FTA 협정문에서 찾아보자. 부속서에 관련 조항이 존재한다.

□ 부속서 11-가 국제관습법

양 당사국은, 일반적으로 그리고 제11.5조 및 부속서 11-나에 구체적으로 언급된 대로의 "국제관습법"이 국가가 법적 의무감으로부터 따르는 일반적이고 일관된 국가관행으로부터 기인하는 것이라는 양 당사국의 공유된 양해를 확인한다. 제11.4조에 대하여, 외국인의 대우에 대한 국제관습법상 최소기준은 외국인의 경제적 권리와 이익을 보호하는 모든 국제관습법상 원칙을 지칭한다.

이 부속서에 따르면, '외국인의 대우에 대한 국제관습법상 최소기준'은 '외국인의 경제적 권리와 이익을 보호하는 모든 국제관습법상 원칙'이다. 이는 법률 문외한에게는 끔찍한 동어반복으로 들릴 뿐이며, 법조인에게도 상황은 크게 다르지 않다.

'국제관습법상 최소기준은 국제관습법상 원칙'으로 정리되는 위의 문장이 우리에게 제공하는 정보값은 0이다. '영희는 영희고, 철수는 철수다' 같은 문장의 정보값과 다를 바 없다. 정부가 최소대우기준 규정을 지키려면 무엇을 해야 하는지 혹은 위반하지 않으려면 어떤 짓을 하지 않아야 하는지에 대해 솜털만큼도 말해주지 않는다. 한미 FTA 협정문은 한·미 양국 정부에 '뭔가 하면 혼난다(ISDS 당한다)'라면서도 정작 그 '뭔가'가 무엇인지는 제대로 말해주지 않고 있는 것이다.

그렇지만 협정문을 쓴 사람도 할 말이 없는 건 아니다. 아마 다음과 같이 변명할 것이다. "그 '뭔가'를 어떻게 일일이 협정문에 쓸 수 있겠나? 국제관습법에 따르라고 했잖아. 그러니 국제관습법을 살펴보렴~"

결국 최소대우기준을 위반하지 않으려면 국제관습법을 살펴야 한다는 말이 된다. '최소대우기준을 위반했다'는 이유로 ISDS에 걸린다면 역시 국제관습법을 샅샅이 뒤져 '우리나라는, 국가가 외국인 투자자에게 최소한으로 해야 하는 도리를 어긴 바가 없다'라고 입증해야 한다.

그런데 국제관습법은 이름에서 드러나듯 성문법이 아니다. 즉 '국제관습법 몇 조 몇 항의 최소대우기준 조항' 따위는 없다. 그래서 주로 과거 국내외의 비슷한 사건에 대한 소송이나 ISDS에서 예컨대 '충분한 보호·안전의 최소대우기준이 어떻게 판시되었는지', 그리고 '관련하여 어떤 판정이 내려졌는지'를 제시하여 주장의 근거로 삼게 된다.

아마도 그 기준이 최초로 판시된 것(중재판정은 잘 공개되지 않으므로 최초인지 여부를 확인하기는 어렵다)은 1998년 마이어스Myers라는 미국 회사가 북미자유무역협정NAFTA 위반을 주장하며 캐나다를 상대로 제기한 사건이다.(S.D. Myers v. Government of Canada) 여기서 중재판정부는 "투자자가 국제적 관점에서 용인될 수 없을 정도로 부당하고 자의적인 방법으로 대우를 받았음이 증명되어야 한다"고 판단 기준을 제시했다. 이후의 다른 중재판정부들도 이 표현을 빌려다 썼다. 그러나 이 또한 모호하고 추상적이기는 마찬가지다. '국제적 관점에서 용인될 수 없을 정도'란 도대체 어느 정도란 말인가?

사실 국제법 학계에서도 '공정·공평 대우'와 '충분한 보호·안전'의 최소대우기준에 대해서는 지금도 격렬히 논쟁중이다. 기껏 합의된 내용이 '국가간 합의에 의해 일반적으로 승인된 국제관행을 따르라'는 정도인데, 그 '국가간 합의'는 아직 이뤄지지 않고 있다. 아마 앞으로도 이뤄지기 어려울 것이다.

최소대우기준을 둘러싼 지금의 혼란은 굳이 따지고 들자면, 이렇게 모호한 개념을 조약문에 마구 삽입하는 협상가들의 잘못이다. 특히 '최소대우기준'에서처럼 '최소'라는 수식어가 들어간 용어는 개념적 모호성을 피하기 어려운 경우가 많다. '최소대우'라면 국가가 최소한 이 정도는 대우해줘야 한다란 의미인데, 그 '최소한'을 어떻게 확정할 수 있단 말인가.

두 남녀가 결혼하는데 신랑 측이 신부에게 구체적 액수를 정하지 않고 '최소한의 예단을 해오라'고 한다면, 그런 결혼은 깨뜨리는 편이 나을지도 모른다. 신부 측이 고심해서 1억 원의 예단비를 내밀었는데 신랑 측이 '어떻게 최소한의 예단도 해오지 않냐'라고 불평할 수도 있다. 신랑 측은 '사회적 상식에 비춰볼 때 신부 측이 신부 측답지 않은 아주 나쁜 결례를 했다'고 본 것이다. 최소한의 기준이 저마다 달라서 생기는 일이다. 건물주 집안이라면 최소한의 예단비가 수억 원에 달할 수 있겠지만 평범한 봉급 수령자들 사이라면 수백만 원밖에 안 될 수도 있다. '최소한'이란 단어는 '예단은 1억 원 이상' 혹은 '1000만 원 이상' 같은 구체적인 정보값을 담고 있지 않다.

국제조약과 관련된 최소대우기준이란 용어를 결혼 과정에서 흔히 발생하는 일상적 시비에 유비한 것을 뜬금없다고 할지도 모르겠다. 그러나 의외로 쓰임새가 크게 다르지 않다. 실제로 '국가가 최소대우기준을 위반했다'는 문장은 '국제적 차원에서 암묵적으로 합의된 국제관습법에 비춰볼 때, 저 국가는 외국인 투자자에게 해서는 안될, 국가답지 않은 아주 나쁜 짓을 했다'는 의미로 통용된다고 봐도 무방하다.

엘리엇 ISDS가 실제 사례다. 한국과 엘리엇이 주고받은 서면을 보면, 인과관계라는 개념에도 합의하지 못하는 양측이 최소대우기준의 정의에서만큼은 거의 유일하게 일치하는 의견을 나타낸다. 다음과 같다.

피투자국가가 해외 투자자에게 "명확한 자의성, 노골적인 불공정성, 적법절차의 완전한 결여, 명백한 차별성 또는 근거의 명백한 결여를 포함하는 '상당히 터무니없고 충격적인' 행위를 범하는 경우가 바로 최소대우기준 위반이다."

결국 '최소대우기준 위반'은, 위의 문장에 나오는, '국가의 상당히 터무니없고 충격적인 행위'로 정리할 수 있다. 즉 '국가로서 해서는 안 되는 아주 나쁜 짓'이다. 문제는 여기서도 '아주 나쁜 짓'이 무엇인지는 명확하지 않다는 것이다.

이제 한국 정부의 최소대우기준 위반 여부를 판단하려면, 박근혜 정부 관계자들이 제일모직-삼성물산 합병 당시 구체적으로 벌인 일들이 국제관습법상 '상당히 터무니없고 충격적인 행위'인지 아닌지 가려야 한다. 쉽지 않은 일이다. 만약 어떤 정부가 그 나라에 들어와 건전하게 장사하고 있는 외국인 투자자의 기업을 어느날 갑자기 어떤 이유도 없이 국유화하고 일체의 보상도 해주지 않는다면 이는 '상당히 터무니없고 충격적인 행위'로 최소대우기준 위반의 확실한 사례가 될 수 있다. 그러나 이 정도로 국가가 일관되고 공개적으로

'아주 나쁜 짓'을 하는 경우는 드물다. 박근혜 정부가 한 짓도 마찬가지다.

결국 어떤 기업이 피투자 국가의 정부로부터 최소대우기준을 부여받지 못했다고 주장하며 ISDS를 제기하면, 중재판정부는 사건의 구체적 정황과 양측이 제시하는 '비슷한 성격을 지닌 국내외의 다른 분쟁들이 받은 판정(이 판정들은 국제관습법에 따른 사례로 제시된다)' 등을 종합적으로 따져 결론을 내릴 수밖에 없다.

이처럼 최소대우기준이 명확히 규정되어 있지 않은 탓에 ISDS가 남발되는 일들이 일어난다. 투자자들이 피투자 국가를 ISDS에 제소하고 싶지만 해당 정부가 딱히 '협정의 구체적 조항'을 어겼다고 주장하기 힘들 때 '최소대우기준 위반'을 걸고 넘어지면 되기 때문이다. 심하게 말하면, 투자 당시 정부가 했던 일들을 열거하며 이런저런 방법으로 '아주 나쁜 짓을 당했다'라고 주장하면 최소대우기준 위반으로 일단 무조건 ISDS를 걸 수 있다.

이제 최소대우기준을 둘러싸고 진행된 한국과 엘리엇의 언쟁을 구경할 차례다.

엘리엇이 주장한 한국 정부의 터무니없는 짓들

엘리엇은 한국을 최소대우기준 위반으로 제소한 만큼 2015년 당시의 박근혜 정부가 '상당히 터무니없고 충격적인' 짓을 저질렀다고 주장해야 한다. 이에 대해 한국 측은 박근혜 정부 관계자들의 당시 행위가 오판의 결과이거나 국내법 위반일 수는 있지만 최소대우기준 위반으로 걸릴 만큼 '상당히 터무니없고 충격적'이지는 않았다고 반박한다.

엘리엇의 논증부터 살펴보자.

엘리엇 측은 우선 제일모직과 삼성물산의 합병비율 자체가 터무니없이 잘못되었다고 주장한다. 조금의 합리성이 있지만 비합리적인 부분이 훨씬 더 많거나 혹은 결과적으로 문제가 있다는 정도가 아니라, 오로지 삼성 총수 일가의 승계만을 위해 조작된, 완전히 그릇된 합병비율이라는 의미다. 엘리엇으로서는 이렇게 주장할 필요가 있다. 박근혜 정부 관계자들의 합병 찬성 압박이 어느 정도 사실로 드러나 있기 때문이다. 합병이 비합리적일수록 한국 정부가 터무니없이 충격적인 짓을 했다고 논증하기가 쉬워진다.

이런 측면에서 엘리엇은 2014년 9월 15일, 박근혜와 이재용의 독대를 주목한다. 당시 박근혜는 삼성에 대한 '정부 지원'을 언급한 바 있다. 엘리엇은 서면에서 이 '정부 지원'이 "정부가 지원하지 않았다면 명백히 승인되지 못했을 합병의 승인을 보장하는 것을 의미한다는 것에 다툼의 여지가 없다"라고 단언한다. 또한 박근혜가 '정부 지원'의 대가로 이재용으로부터 뇌물까지 받았다고 주장한다. 뇌물 수수는 최소대우기준 위반을 입증하는 데 매우 중요한 정황 자료다. 박근혜 청와대가 '한국 경제의 중추인 삼성그룹을 망칠 투기자본을 견제한다' 같은 어느 정도 공익적 목적에 기반해서 합병 성사를 지원하려 했다면 적어도 정부가 터무니없고 충격적인 행위를 했다고까지 몰고 가기는 어려울 것이기 때문이다. 따라서 박근혜가 뇌물을 받은 대가로 말도 안 되는 합병을 국가조직을 통해 강행했다는 시나리오가 훨씬 터무니없고 충격적이라고 할 수 있다.

엘리엇에 따르면, 박근혜 청와대의 당시 행위엔 외국 자본에 대한 극도의 차별의식과 적의가 깔려 있었다. 역시 국정농단 재판들에서 나온 증언과 자료들이 그 근거다. 제일모직-삼성물산 합병과 관련된 여러 청와대 문건들을 보면 '해외 헤지펀드의 국내 기업에 대한 공격적 경영권 간섭에 대해서는 국민연금 등을 적극 활용'이라고 서술되어 있다고 한다. 보건복지부 관료들은 엘리엇을 '해외 벌처펀드'라고 비난했다. 앞서 봤듯 벌처펀드는 어려운 기업이나 국가의 약점을 악용해서 큰 수익을 얻는 헤지펀드를 가리킨다. 홍완선 연금공단 기금운용본부장은 "합병 반대는 국가 배신"(투자위가 잘못 결정해서 합병이 무산되면) 연금공단이 이완용으로 몰릴 것 같다" 등과 같은 극언으로 투자위원들의 합병 찬성을 압박했다고 한다. 실제로 박근혜 본인도 탄핵 2개월여 전의 기자회견에서 "헤지펀드의 공격을 삼성 같은 우리나라의 대표적 기업이 공격을 받아서" 운운한 적이 있다. 엘리엇은 이런 발언들을 통해 '한국 정부가 해외 투자자를 향한 맹목적인 적의 때문에 터무니없는 짓을 저질렀다'라며 최소대우 기준 위반 주장을 강화한다.

엘리엇은 박근혜 정부 관계자들의 압박이 국민연금공단을 통해 관철되어나가는 과정도 서면에 세세하게 적었다. 그에 따르면, 한국 정부는 그 과정에서 국민연금공단의 기금 운용 관련 법규를 '노골적'으로 어기면서 박근혜·이재용 등 소수 개인들의 이익만 추구했다. 한국 정부가 단지 실수가 아니라 명확하게 자의적인('적법절차에 대한 의도적 무시') 조치로 엘리엇에 엄청난 불이익을 입혔다는 이야기다.

그러면 국민연금공단에서 어떤 노골적 법규 위반이 자행되었는지에 대해 엘리엇은 어떤 증거를 들이밀고 있을까.

국민연금공단은 가입자들로부터 모은 보험료를 잘 운용해서 수십 년 뒤까지 연금 급여로 돌려줘야 하는 일종의 보험사다. 당연히 보험료로 조성된 기금을 운용하기 위한 '연금기금 운용 지침'을 갖고 있다. 이런 지침이 없다면, 기금 운용 담당자가 자신과 친하거나 뇌물을 받은 기업에 부당하게 투자할 위험이 있다. 연금공단의 지침은, 자신이 주주인 대기업의 주총에서 의결권을 어떻게 행사할 것인지도 규정하고 있다. 합병 같은 엄청난 이벤트가 발생한다면, 연금공단은 당연히 그 합병이 주주가치 증대(연금공단이 가진 해당 기업 주식 가치의 상승)에 기여하는지 따져서 의사를 결정해야 한다.

엘리엇은 그러나 제일모직-삼성물산 합병에 대한 국민연금공단의 의사결정 과정이 그런 지침을 전혀 따르지 않았다고 주장한다. 우선 합병에 대한 의사결정이 보건복지부 산하의 전문위원회가 아니라 연금공단의 내부 기구인 투자위원회에서 진행된 것 자체를 문제 삼는다.

투자위원회는 연금공단의 투자 의사(예컨대 합병을 찬성할 것인가, 반대할 것인가)를 결정하는 상례적 기구다. 지침에 따르면, 투자위가 결정하기 "곤란한" 안건은 전문위에 넘길 수 있도록 되어 있다. 엘리엇은 제일모직-삼성물산 합병이 이 "곤란한" 경우에 해당되며, 전문위에서 합병 찬반이 논의되었다면 당연히 '반대'로 결정되었을 것으로 확신한다고 서면에 썼다. 그러나 당시 문형표 보건복지부 장관과 국민연금공단 홍완선 기금운용본부장이 지침에 규정된 합법적 절차를 위반하고 합병 찬반 논의를 억지로 투자위에 몰아줘서 찬성 의견이 나왔다는 것이다.

엘리엇은 2015년 7월 10일(주총 7일 전) 투자위에서 합병 찬반을 논의한 과정 역시 터무니없었다고 주장한다. 근거는 연금공단 리서치팀의 자료다. 리서치팀은 의결권 행사에 대한 투자위의 판단을 돕기 위해 관련 자료를 만들어 제공한다. 7월 10일의 투자위에 제공한 자료 중에서 리서치팀이 자체적으로 작성한 '제일모직-삼성물산 합병비율' 및 '합병 시너지' 보고서가 문제로 떠올랐다.

연금공단 리서치팀은 삼성 측이 제시한 합병비율이 객관적으로 타당한지를 따지기 위해서 자체적으로 합병비율을 계산했다. 국민연금공단은 삼성물산의 주주다. 만약 삼성 측의 합병비율대로 합병이 이루어졌을 때 삼성물산 주주들이 큰 피해를 입는다면, 자신도 주주인 연금공단으로서는 합병을 지지할 수 없다. 그래서 자체적으로 양사의 기업가치를 따져 합병비율을 산정한 다음 삼성 측의 그것과 비교해보려고 한 것이다. 리서치팀이 가늠해본 합병비율이 삼성 측의 합병비율과 크게 다르다면, 투자위로선 합병에 찬성할 명분을 잃게 된다. 비슷하다면 반대할 이유가 없다.

그해 7월 10일 당일, 리서치팀이 투자위에 제시한 합병비율은 '1(제일모직) 대 0.46(삼성물산)'이었다. 삼성 측이 제시한 '1대0.35'보다는 삼성물산 가치가 약간 높게 산정되었지만, 이 정도면 근소한 차이라는 평가가 가능하다. 투자위가 합병 찬성을 결정할 수 있었던 근거 중 하나로 보인다. 그러나 엘리엇은 리서치팀의 이 합병비율이 조작된 것이라고 주장한다.

그다음은 '제일모직-삼성물산 합병 시너지' 보고서다. 두 회사가 합병되어 탄생할 신규 회사의 기업가치를 추정한 내용이다. 합병에서 삼성물산 주주가 상대적으로 불리하다고 해도, 두 회사가 합칠 때의 시너지가 커서 합병회사의 기업가치가 상승한다면, 그 손해를 만회할 수 있다. 즉 시너지가 크게 보고될수록 투자위원들이 합병을 찬성할 가능성도 커진다. 리서치팀은 시너지 효과가 굉장히 크다고 투자위에 보고했다. 문제는 이 시너지 보고서가 홍완선 본부장의 지시로 불과 몇 시간 만에 급조되었다는 것이다. 사실이라면 엘리엇이 서면에서 다음과 같이 분노할 만하다.

"(국민연금공단의 합병 찬성은) 대통령과 보건복지부의 지시에 따르기 위한 절차적 안전장치의 무시, 해외 투자자를 향한 적의, 조작된 가치평가, 날조된 시너지 효과 등으로 인해 가능했다. (당시에 벌어진 일은) 오도되었거나 오판 또는 요인의 잘못된 형량이 있는 결정이 아니라 놀라운 수준의 범죄성과 부정의 절정을 보여준, 정부의 고의적 개입이다."

한국 정부가 고의적으로 개입했는데, 그 개입은 부정의 절정이며 놀라운 범죄성마저 갖고 있다는 극언이다. 엘리엇으로서는 타당한 변론 전략이다. 한국 정부가 단지 잘못 판단한 것이 아니라, 고의적으로 천인공노할 범죄행위를 저질렀다고 중재판정부를 설득해야 한국의 최소대우기준 위반을 입증할 수 있을 터이다.

한국 측의 반박

이 같은 엘리엇의 공격에 한국은 어떻게 대응했을까?

한국 측엔 약점이 있다. 엘리엇이 지적하고, 한국의 시민들도 알고 있는 박근혜 정부 관계자들의 소행이다. 그들이 삼성물산에 대한 국민연금공단의 의결권 행사에 영향을 미쳤거나 혹은 미치려고 시도했다는 것은, 일련의 국내 재판에서도 '사실'로 판시되었다.(2021년 5월 중순 현재까지 대법원 판결은 나오진 않았다.) 사실 국민연금공단은 외부 압박이 없었어도 자체적으로 제일모직-삼성물산의 합병을 찬성할 수 있었다. 지난 세월 동안 세계 각지에서 엘리엇이 벌여온 일을 감안하면, 설사 삼성그룹 승계를 위한 이건희·이재용 일가의 음모가 합병 계획 밑에 깔려 있다 하더라도 합병을 찬성할 이유가 전혀 없다고 단언하긴 힘들다. 그러나 박근혜 정부 관계자들의 개입이 어느 정도 확인되었으며, 그들이 원했던 것(합병 찬성)과 국민연금공단의 결정이 일치한 것도 부인할 수 없는 사실이다. 중재판정부가 '한국 정부의 압박대로 연금공단이 결정했다'라고 판단할 정황이 있는 것이다.

이런 상황에서 한국 측은 박근혜 정부의 개입이 설사 국내법을 위반한 소지가 있다 하더라도, 국가경제의 장기적 미래를 염려해야 하는 정부의 입장에선 공익적 측면을 가진 것으로 볼 수 있다고 해명한다. 공익적 측면이 있었으니, 그 개입을 '터무니없고 충격적'이라고까지 평가할 수는 없다는 의미다. 이와 함께 박근혜 정부 구성원들의 개입이 투자위의 합병 찬성 결정에 큰 영향을 미치지 못했다고 주장한다. 투자위가 정부의 압박에도 불구하고 자율적 논의를 통해 합병 찬성을 결의했다면, 결과적으로 한국 정부는 합병 찬성에 큰 영향력을 미치지 못한 것이 된다. 한국 정부를 겨냥한 엘리엇 ISDS의 정당성도 어느 정도 무너뜨릴 수 있는 것이다.

엘리엇은 국민연금공단이 '연금기금 운용 지침'을 어기고 합병 찬반 결정을 전문위가 아니라 투자위에 맡겼다고 비난해왔다. 한국 측 서면은 엘리엇이 전가의 보도처럼 꺼내는 이 '지침'에 대해서도, 당시 합병 찬반 결정이 투자위에 맡겨진 것은 오히려 지침을 충실히 따른 "지극히 정상적이고 합법적인 절차"였다고 항변한다.

다시 강조하지만 최소대우기준 위반은, 정부가 '명확한 자의성, 노골적인 불공정성, 적법절차의 완전한 결여'를 범하는 경우다. 지침에 충실히 따랐다면 자의적이지도 불공정하지도 적법절차를 어긴 것도 아니다.

합병비율

엘리엇이 제기한 시비에서 주춧돌이라고 할 수 있는 것은 제일모직-삼성물산 합병비율이다. 만약 삼성 측의 합병비율이 '아주 공정한' 것은 아니라고 할지라도 이럭저럭 합리적 범위 내에 있다면, 엘리엇의 강력한 주장(최소대우기준 위반)에 흠집을 낼 수 있을 것이다.

이미 수차례 이야기했듯이 삼성 측의 합병비율 자체는 법률(자본시장법)을 위반한 수치가 아니다. 이건희·이재용 일가의 지배력 확대 및 승계에 큰 도움이 되었을 수 있으나, 그 합병비율 자체는 자본시장법의 규정을 충실히 따라 산정된 것이라고 할 수 있다. 게다가 누구나 수긍할 수 있는 합병비율 따위는 원천적으로 존재하지 않는다. 합병비율은 두 회사의 기업가치를 계산해서 비교하는 작업이다. 그런데 기업이란 것의 가치를 어떤 방식으로 계산해야 하는지에 대해서는 다양한 이론과 입장이 존재한다. 누가 계산하느냐에 따라, 기업의 어떤 측면(자산? 주가? 영업이익?)을 중시하느냐에 따라 같은 기업들에 대해 아주 다른 합병비율이 나올 수 있다.

예컨대 2015년 제일모직-삼성물산 합병 논란 당시 글로벌 의결권 자문사(투자기관들이 어떤 기업에 대해 의결권을 행사할 때 방침을 제공하는 회사)인 ISS는 제일모직 대 삼성물산의 합병비율을 1대0.95로 평가하다가 불과 6일 뒤에 1대1.21로 바꾼다. 제일모직의 기업가치가 삼성물산보다 약간 더 높은 것으로 평가했다가 불과 며칠 만에 삼성물산의 기업가치가 더 크다는 입장으로 돌아선 것이다. 영국의 유력 회계법인인 딜로이트는 제일모직-삼성물산 합병비율을 1대0.38로 평가했다. 또 다른 글로벌 회계법인인 KPMG도 1대0.41로 봤다. 이는 삼성 측이 내놓은 합병비율과 비슷하다. 이에 비해 글로벌 컨설팅 업체인 에른스트앤영은 1대1.61로, 즉 제일모직보다 삼성물산의 기업가치가 훨씬 높은 것으로 평가했다. 제일모직의 자회사 중에 삼성바이오로직스(삼바)란 회사가 있다. 삼바는 제일모직의 자산이기 때문에 삼바의 기업가치가 오르면 제일모직의 기업가치도 오른다. 삼바의 기업가치 역시 합병 발표 전후를 통틀어 평가 주체에 따라 1조5000억 원에서 36조 원까지 천차만별로 오르내렸다.

만약 다른 모든 기업가치 평가 전문기관들이 삼성(1대0.35)이나 연금공단(1대0.46)의 합병비율과 완전히 동떨어진 수치를 내놓았다면, 삼성의 합병비율이 터무니없다는 주장은 더욱 설득력을 발휘할 수 있을 터이다. 그러나 누가 계산하느냐에 따라 합병비율이 널뛰는 정황을 보면, 삼성 측의 합병비율 자체가 아주 황당한 수치는 아니었고 (아주 황당했다면 국내외 투자자들 중 상당수가 합병을 지지한 이유는 무엇일까?), 그러므로 연금공단 리서치팀이 자체적으로 산출한 합병비율 역시 "조작되었다"고 단언할 수 없다고, 한국 측은 주장한다.

더욱이 삼성 측 합병비율의 책임을 한국 정부에게 물을 수는 없다. 박근혜 정부가 합병비율을 그렇게 정하라고 삼성에 지시한 것은 아니기 때문이다.

청와대의 개입

한국 측은 또한 박근혜가 참모진에게 합병 상황을 '챙겨볼' 것을 지시하고 문형표 장관과 홍완선 본부장이 엘리엇을 벌처펀드·투기자본 등으로 비난했다고 하더라도 이를 국가의 터무니없고 충격적인 행위로 볼 수는 없다고 주장한다.

국제적으로 악명 높은 헤지펀드 엘리엇이 관여하고 있는 대상은 한국 경제의 중추라고 해도 과언이 아닐 삼성그룹이다. 제일모직-삼성물산 합병은 삼성그룹의 지주회사를 만들기 위한 사전 작업이었다는 점을 감안하면, 엘리엇이 삼성물산이라는 한 계열사가 아니라 삼성그룹 전체의 구조나 경영기조에 영향력을 미치려 한 것이 아닌지 의심할 수밖에 없다. 이후 엘리엇 측이 삼성과 현대차 등에 보낸

'제안서'를 봐도, 이 헤지펀드의 야망은 단지 계열사 하나의 주식을 보유하면서 그 가치가 오르기를 기다리는 '수동적 투자 행태'를 훨씬 넘어서고 있다. 엘리엇은 투자 대상이 망하든 말든 공격적이고 모험적으로 목표 기업이나 국가에 덤벼들어 초과수익을 내고 마는 것으로 이미 유명한 펀드다.

그리고 만약 이른바 한국의 토종 헤지펀드가 제일모직-삼성물산 합병에 개입했더라도, 정부라면 그 개입이 해당 기업과 한국 시장에 어떤 영향을 미칠지 고려하는 것은 당연하다. 더욱이 엘리엇은 2015년 초부터 삼성물산 이사진은 물론 금감원·공정위·연금공단에 이르기까지 자기 뜻대로 하지 않으면 소송을 벌이겠다는 사실상의 협박문을 꾸준히 보내고 있었다. 한국 정부로서는 엘리엇과 얽힌 이러한 제반 사정을 고려할 수밖에 없는 일이다. 설사 그 어조가 지나쳤다 하더라도 당시 관계자들의 엘리엇에 대한 경계를 단지 해외자본에 대한 터무니없는 차별이라고 보기는 어렵다는 것이 한국 측 서면의 주장이다.

더욱이 엘리엇은 2014년 9월의 박근혜-이재용 회동을 강조하지만, 엘리엇은 정작 같은 해 11월에 삼성물산에 투자하기 시작했다. 두 사람이 그 2개월 전부터 엘리엇의 투자를 미리 알고 경계하면서 대책을 논의했다고 보기는 어렵다.

국민연금공단이 합병 찬성을 결정한 과정

한국 측은 국민연금공단 전문위가 아니라 투자위에서 찬반을 논의한 것이 더할 나위 없이 적법했다고 주장한다. 오히려 합병 안건을 전문위에 넘기는 경우가 지침 위반이라는 것이다. 그렇다면 해당 절차가 법률적으로 어떻게 규정되어 있는지 살펴볼 필요가 있다.

국민연금공단은 대통령령에 의해 국민연금기금(보험료를 기반으로 조성된)의 관리·운용 업무를 위탁받고 있다. 연금공단 내부의 기금운용본부는 공단의 기금을 이용해 주식투자를 하며, 제일모직-삼성물산 합병 같은 이벤트에서 의결권을 어떻게 행사할지 결정한다. 이 결정을 실무적으로 수행하는 조직이 바로 기금운용본부 산하의 투자위원회다. 투자위는 위원장인 기금운용본부장과 11명의 기타 위원으로 구성된다. 이 12명 중 8명은 당연직 상근 위원. 본부장은 재량에 따라 연금공단 팀장(11년 이상의 실무투자 경험이나 이에 준하는 자격을 갖출 것이 요구됨)들 중에서 3명의 위원을 선임할 수 있다.

엘리엇이 좋아하는 '주식 의결권 행사 전문위원회'는 보건복지부 산하 기구다. 여러 이해관계 단체들(사용자, 근로자, 학계, 지역 연금 가입자 등)이 추천한 9명의 위원으로 구성된다. 이 위원들은 투자위 위원들과 달리 실무투자 경력을 요구받지 않는다.

엘리엇의 주장에 따르면, 제일모직-삼성물산 합병은 투자위 판단이 '곤란'한 사안에 해당되므로 마땅히 전문위로 넘겨야 했다. 그렇게 하지 않고 투자위에서 결정한 건 자의적이고 불공정하며, 터무니없고 충격적인 범죄행위라고 공격해왔다. 정말 그럴까?

역시 엘리엇이 좋아하는 '국민연금기금 의결권 행사지침'에 따르면, 기금이 보유하고 있는 주식의 의결권은 투자위의 심의·의결을 거치도록 되어 있다. 물론 기금운용본부가 찬반을 결정하기 곤란한 안건은 전문위로 넘길 수 있다. 그런데 이 '곤란한' 경우란 뭘까? 지침에 따르면, 투자위에서 과반수 이상의 결정이 나오지 않는 때다. 즉 투자위에서 안건을 논의하는 과정에서 과반수 이상의 찬성 투표를 얻는 의견이 없는 경우에만, 그 안건을 전문위로 넘기는 것이 적법절차라는 의미다.*

2015년 7월 10일, 투자위에서 합병 찬반을 논의한 것은, 적어도 엘리엇이 좋아하는 지침에 따르면 지극히 합법적인 절차였다. 만약 투자위에서 합병 찬반을 논의하지도 않은 채 안건을 전문위로 넘겼다면 이야말로 불법에 해당된다.

투자위에서 합병 찬반이 논의된 것이 합법이라면, 박근혜 정부 관계자들이 투자위에서 논의하라고 압박한 것 역시 불법으로 보긴 어렵다고 한국 측 서면은 주장한다. 법률을 충실히 이행한 데 불과하므로 이를 '명백히 자의적인 행위'로 몰아세워선 안 된다는 것이다.

투자위에서 있었던 일

엘리엇은 7월 10일의 투자위원회 회의에서 위원들이 리서치팀의 조작 자료에 속고 정부 압박에 굴복해 합병 찬성이라는 결과가 나왔다고 주장한다. 한국 측 역시 홍완선 기금운용본부장이 위원들에게 찬성을 유도하는 등의 위법 행위를 저지른 점은 대체로 인정한다. 그

● 다만 현재는 전문위가 투자위에 '안건을 넘겨달라고 요구할 수 있는' 권리를 갖고 있다. 그러나 이는 제일모직-삼성물산 합병 논란 이후인 2018년의 의결권 행사지침 개정 이후 가능해진 일이다.

러나 다른 부분에선 엘리엇의 주장에 전혀 동의하지 않는다.

한국 측 서면에 따르면, 지침에 규정된 대로 투자위원들은 3시간 동안 숙의한 끝에 12명 중 과반 이상인 8명이 7월 17일 삼성물산 주총에서 합병을 찬성하는 의견에 표를 던졌다. 과반수 이상의 찬성이었으니 해당 안건을 전문위로 넘길 필요 자체가 없었다.

한국 측은 투자위 회의록을 근거로 위원들이 자율적인 판단을 내렸다고 주장한다. 예컨대 위원들은 삼성 측의 합병비율이 자본시장법에 따른 합법적 수치이긴 하지만 삼성물산 주주(연금공단도 삼성물산 주주 중 하나)들에겐 상대적으로 불리하다고 인식하고는 있었다. 그런데도 위원들이 합병 찬성에 손을 들어준 이유가 있다. 연금공단은 삼성물산 이외에도 삼성 계열 상장사 17곳(공단이 주식에 투자한 자금 중 25%로 모두 23조여 원)에 투자하고 있었기 때문이다. 제일모직의 주식도 갖고 있었다.

만약 연금공단이 삼성 계열사 중 삼성물산의 주식만 갖고 있었다면 합병에 반대하는 쪽으로 갔을 가능성도 있다. 그러나 삼성물산뿐 아니라 17개 삼성 계열사의 주주라면 입장이 달라진다. 삼성그룹의 새로운 지주회사를 만들기 위한 합병이 실패하는 경우 다른 계열사 주가(기업가치)가 크게 떨어질 가능성까지 고려해야 한다. 새로운 합병회사가 삼성그룹의 지주회사가 될 경우, 삼성의 지배구조가 안정화되어서 장기적으론 연금공단이 보유한 삼성 계열사 주식들의 가치가 전반적으로 상승할 수도 있다. 삼성이 한국 경제 전반에 미치는 영향력도 감안해야 한다. 한국 경제가 장기적으로 순조롭게 성장해갈 때 연금공단으로 들어오는 보험료가 늘어나면서 연금재정도 튼

튼해질 수 있다. 그래서 한국 측은 투자위원들이 이 같은 점들을 종합적으로 고려해서 합병 찬성이란 결정을 내렸다고 주장한다. 지침의 의결권 행사 원칙대로 '장기적으로 주주가치 증대에 기여하는 방향으로 의결권을 행사'했다는 것이다.

투자위원들이 리서치팀이 내놓은 자료에 속았다는 엘리엇의 주장에도 반격한다. 이미 합병비율 자료에 대해서는 논의했으므로 더 이상 설명하지 않겠다. 그러나 홍완선 본부장의 지시에 따라 불과 수시간 만에 작성된, 두 회사의 시너지 효과를 과장한 보고서가 위원들에게 제출된 것은 명백한 사실이다. 하지만 한국 측은 투자위원들이 이 보고서에 속아 잘못된 결정을 내렸다고 볼 수는 없다고 주장한다. 한국 측 서면에 따르면, 설사 보고서가 시너지 효과를 과장했다 해도 정작 투자위원들은 두 회사가 합병할 때 이로 인한 시너지 효과를 미리 예측하는 것엔 큰 의미가 없다고 생각했다. '시너지 효과란 정확하게 산정할 수 없고, 그것을 근거로 새 합병회사의 기업가치가 크게 상승할 것으로 주장할 수도 없다'는 위원들의 발언이 회의록에 나와 있다. 어떤 위원은 해당 시너지 보고서에 대해 "지나치게 낙관적인 것 아니냐"며 이의를 제기하기도 한다.

또한 투자위원들은 합병을 찬성하라고 정부로부터 뇌물을 받거나 위협당하지도 않았다. 이처럼 한국 측 서면은 당시의 투자위원들이 박근혜 정부 구성원들과 홍완선 본부장의 부적절한 행위에도 불구하고 합리적 결정을 내렸다고 주장한다. 심지어 국정농단 재판에서도 7월 10일 투자위에서 위원들의 행위가 위법했다거나 '투자손해 또는 주주가치 손해를 발생시켜서는 안 되는' 의무를 위반했다는 취지로 판결한 사례는 없다. 설사 연금공단의 행위가 엘리엇의 주장처럼 한국 국가의 행위에 포함된다고 치더라도, 합병 찬성 결정이 최소대우기준을 위반할 정도로 터무니없지는 않았다는 이야기다.

투자자답지 않은 엘리엇

사실 2015년 엘리엇이 투자할 당시엔 이미 합병이 승인될 가능성이 매우 컸었다는 점도 고려해야 한다. 엘리엇은 이런 위험을 무릅쓰고 투자한 것이다. 물론 위험이 크면 수익도 크기 때문이다. 한국 측은 엘리엇이 일단 삼성물산 지분을 확보해놓고 합병비율을 바꾸거나 합병 자체를 무산시키는 쪽으로 '베팅'해서 아주 높은 수익을 얻으려고 했던 것으로 본다.

한국 측은 서면에서 엘리엇이 투자 위험을 감수했다면 그 결과도 받아들여야 했다고 주장한다. 그러나 엘리엇은 자사의 투자 실패를 감수하기보다 한국에 ISDS를 제기하고 말았다. 이에 대해 한국 측 서면은 한미 FTA(엘리엇 ISDS의 근거)는 "엘리엇의 잘못된 경영상 판단에 대한 보험증권이 아니며, 투자 손해를 입었을 때 우발적 소득을 약속하는 장치도 아니"라며 강력하게 반박한다. 한마디로 엘리엇 측이 투자위험을 감안하고서 그 투자에 뛰어들어놓고 '지금 와서 왜 이러냐'는 소리다.

이에 대해 엘리엇도 독한 언어로 응수한다. 엘리엇 역시 투자자로서 투자에 수반되는 위험을 감수하고 있으며 그 위험이 손해로 실현되면 기꺼이 받아들인다고 말이다. 문제는 그 위험이 투자자로서 감수할 만한 적절한 위험이냐는 것이다. 예컨대 엘리엇이 투자하던 당시엔 '박근혜 정부의 개입'이라는 위험을 예상하지 않았고 예상할 수도 없었다고 한다. "부패범죄를 동력으로 한 대한민국의 명백한 자의성과 차별의 리스크"는 투자자가 당연히 감당해야 할 위험이 아니며, 그래서 ISDS를 제기했다는 것이다. 한마디로 불공정한 게임에서 진 것에 대해선 패배를 인정할 수 없다는 이야기다.

내국민대우

엘리엇이 서면에서 박근혜 정부가 위반했다고 주장하는 내국민대우란, 피투자국 정부가 외국인 투자자에 대해 '동종同種 상황'의 국내 투자자와 동일한 대우를 부여해야 한다는 규정이다. 예컨대 한국이 국내 IT 기업에게 어떤 도움이 되는 정책을 시행한다면, 한국에 들어와 있는 해외 IT 기업에게도 특별한 사정이 없는 한 같은 정책을 시행해야 한다.

여기서 '동종 상황'이 매우 중요하다. 엘리엇은 2015년의 일부 기간 동안 삼성물산의 주주였다. 당시 삼성물산의 주주로는 삼성 창립자 일가, 국내 기관투자자, 해외 기관투자자 등이 있었다. 엘리엇은 외국인 투자자인 자신들과 '동종 상황'에 있었던 내국민(한국인) 투자자는 삼성 창립자 일가인데, 당시 한국 정부가 삼성 창립자 일가의 이익(그룹 지배력 강화와 승계)을 우대 및 촉진하기 위해 제일모직-삼성물산 합병에 개입해서 미국 투자자인 엘리엇을 차별했다고 주장한다. 즉 내국민대우 위반이다. 심지어 정부 관계자들이 자신들을 혜지펀드로 찍은 것조차 동종 상황의 한국 투자자인 삼성 창립자 일가를 우대하기 위한 목적이었다는 것이다.

이에 대해 한국 측은, 삼성물산 주주지만 제일모직 주주는 아닌 내국민(한국인)을 엘리엇과 동종 상황에 있는 투자자로 봐야 한다고 반박한다. 만약 엘리엇이 삼성물산 주주지만 제일모직 주주는 아닌 한국인들보다 불리한 대우를 받았다면 모르되, 당시 상황을 볼 때 엘리엇은 삼성물산 주식에만 투자한 한국인 주주들과 같은 상황이었다. 엘리엇은 주식매수청구권(187쪽 참고) 역시 한국인 투자자들과 동등하게 행사했었다. 그래서 한국 측은 엘리엇이야말로 자의적으로 삼성 창립자 일가만을 자기들과 동종 상황으로 설정해놓고 내국민대우 위반이라는 억지를 부린다고 비판한다.

또 하나, 내국민대우 위반과 관련해 주의 깊게 봐야 할 지점이 있다. 한국 측은 중재판정부가 '본안 전'에서 국민연금공단이 합병 찬성을 '한국 국가의 행위'로 인정한다면, '본안'에선 엘리엇의 내국민대우 위반 주장을 기각해야 한다고 서면에 썼다. 엘리엇은 본안 전에서 국민연금공단은 '국가기관'이므로 공단의 행위는 곧바로 국가 행위이고 그래서 한국 정부에 ISDS를 제기하는 것이라고 주장했다. 반면 한국 측은 본안 전에서 '국민연금공단이 법률상 국가기관이 아니'므로 한국 정부에 대한 엘리엇의 ISDS 제기는 부당하다고 주장한 바 있다.

그런데 본안 전에서 엘리엇의 주장('국민연금공단은 국가기관')이 인정된다면 본안의 엘리엇 주장('내국민대우 위반')은 성립될 수 없다는 한국 측 논지의 근거는 무엇일까? 역시 한미 FTA다.

한미 FTA는 국가의 공공서비스가 외국인 투자자로부터 훼방받을 가능성을 방지하기 위해, 설사 외국인 투자자가 피투자국의 공공기관이나 공공서비스 때문에 자신의 투자이익이 훼손된다 해도 내국민대우 위반을 주장하기 어렵게 규정해놓았다. 예컨대 미국의 민간 보험사가 한국에 지사를 만든 뒤 '우리 회사의 영업을 방해하는' 국민건강보험제도를 폐지하라고 주장하는 등의 사태를 차단하기 위해서다.

한미 FTA에 따르면, 다음의 사안에 대해 해외 투자자는 피투자국 정부에게 내국민대우 위반을 주장할 수 없다.

첫째, 공기업 또는 정부기관이 보유한 지분 또는 자산의 이전 또는 처분. 둘째, 공공의 목적을 위해 설립 또는 유지되는 사회서비스의 제공(소득보장 또는 보험, 사회보장 또는 보험, 사회복지, 공공훈련, 보건, 보육).

엘리엇의 주장대로 국민연금공단이 정부기관이라고 치자. 이 경우, 2015년 7월에 국민연금공단이 한 일은 삼성물산과 제일모직의 주식을 처분하고 그 대가로 신규 합병회사의 지분을 취득하기 위한 의결권 행사다. 마침 한미 FTA는 정부기관(이 경우엔 국민연금공단)이 보유한 '지분 또는 자산(삼성물산 주식)'을 이전·처분(삼성물산 주식을 처분해서 소유권을 합병회사 주식으로 이전)하는 것을 내국민대우 위반으로 볼 수 없다고 규정해놓고 있다. 이에 더해 국민연금공단이 하는 일은 공공의 목적을 위한 사회서비스다. 합병 찬성 역시 장기적으로 연금공단의 투자수익을 늘리고 이를 통해 시민들에게 연금 급여를 지속적으로 제공하기 위한 행위로 볼 수 있다는 것이다. 이 또한 당시 국민연금공단의 행위가 내국민대우 위반에서 제외된다는 근거가 된다.

이에 대해 엘리엇은 연금공단의 합병 찬성 표결이 한미 FTA의 내국민대우 조항에 나오는 '처분'이 아니라고 받아친다. 처분은 '무언가를 처리하다, 제거하다'라는 의미인데, 연금공단의 찬성 표결 결정은 삼성물산 주식을 처리하거나 제거한 것이 아니었다는 이야기다. 더욱이 두 회사를 결합해서 새로운 회사를 만든 것이 왜 처분이냐고 되묻는다. 이 국면에서 엘리엇 ISDS의 논변은 마치 어휘력 시험처럼 느껴지기도 한다.

더욱이 엘리엇은 사회서비스를 내국민대우에서 제외한 한미 FTA의 취지가, 해외 민간 보험업자들이 피투자국의 관련 서비스를 민영화하라는 요구를 하지 못하도록 막기 위한 것이라고 주장한다. 그런데 당시 한국 정부 구성원들의 합병 개입은 공공의 목적이나 사회서비스 제공이 아니라 삼성 일가의 이익을 위한 것이므로 내국민대우 조항의 예외에 해당되지 않는다는 것이다.

엘리엇은 정말 8600억 원의 손해를 입었나

엘리엇이 한국에 대한 ISDS를 통해 청구하고 있는 손해배상액은 무려 7억7000만 달러(8600억 원)다. 엘리엇은 삼성물산에 대한 투자 실패로 정말 이 정도의 손해를 본 것일까? 손해배상의 규모는 손해가 발생했다고 주장하는 측, 즉 엘리엇이 입증해야 한다. 그렇지만 엘리엇의 서면을 들여다보아도 7억7000만 달러의 손해를 어떻게 산정했는지 바로 이해하기는 어렵다. 양측의 서면을 종합해서 대충 계산해보면 이렇다.

엘리엇이 확보한 삼성물산 주식은 모두 1100만여 주였다. 이중 770만 주는 2015년 5월 26일의 제일모직-삼성물산 합병 발표 이전에 매입했다. 덕분에 합병 성사 이후 엘리엇은 주식매수청구권을 행사할 수 있었다. 엘리엇에 따르면, 이 770만 주에 대해 모두 4698억 원을 투입했으나 주식매수청구권을 행사해서 받은 금액은 4020억 원에 불과했다. 680억 원 정도의 손해다. 당시 삼성물산 측의 매수 가격은 주당 5만7234원이었으나, 엘리엇은 매수가 지연된 금액까지 반영해서 주당 5만9050원으로 삼성물산 측에 넘겼다.

엘리엇의 나머지 340만 주는 시장에서 팔아야 했다. 주식매수청구권을 행사해서 삼성물산에 파는 가격보다 낮을 수밖에 없다. 엘리엇은 이 340만 주를 2160억 원에 취득했는데 팔 때는 1798억 원밖에 건지지 못했다고 서면에 썼다. 360억 원의 손해가 발생했다.

결국 엘리엇은 삼성물산 주식 1100만여 주를 6858억 원으로 매입해서 5818억 원에 팔았다. 이로 인한 손해는 1040억 원(680억+360억) 정도다. 일단 엘리엇이 2015년에 부당한 손해를 봤다고 가정하고 이에 이자나 수익률 등을 감안하면 손해배상액은 좀 더 늘어날 수는 있다. 그러나 지금 엘리엇이 요구하는 금액은 무려 1040억 원의 7~8배에 달하는 8600억 원이다. 이 엄청난 차이는 어디서 나온 것일까?

그 이유는, 엘리엇이 투자한 금액과 회수한 금액 사이의 차이를 계산한 것이 아니기 때문이다. 엘리엇은 2015년 중·후반 당시 보유했던 삼성물산 주식 1100만 여주의 '진실한 가치(이른바 내재가치)'를 나름대로 계산한 다음 회수금액을 빼는 방식으로 손해액을 산출했다.

엘리엇에 따르면 당시 6858억 원으로 취득한 삼성물산 지분 7.12%의 진정한 가치는, 이른바 '자산기반 사업별 평가가치 합산기법'으로 산정해볼 때 1조2970억 원에 달했다. 혹은 엘리엇이 합병 반대에 성공한 뒤 이런저런 조치를 취했으면 일정한 시간이 흐르면서 1조2970억 원에 가깝게 삼성물산 주가가 상승했을 것이라고 한다. 합병 부결은 "삼성물산 주가에 치료적 영향을 미칠 사건"이었다는 것이다. 엘리엇은 200%에 가까운 수익률을 노리고 삼성물산 투자에 달려든 것으로 보인다. 그런데 한국 정부의 터무니없는 개입(?) 때문에 6000억여 원을 회수하는 데 그치고 말았으니 얼마나 원통할까. 그러니 당시 엘리엇이 획득할 수 있었던 나머지 금액을 배상하라는 것이다. 그 나머지 금액에 이자 등을 반영해서 8600억 원을 청구했을 터이다.

한국 측 서면은 어이가 없다는 반응이다. 설사 중재판정부가 한국 정부의 잘못을 인정해서 손해배상을 하게 된다 치더라도 그 규모는 당시 삼성물산 주식의 시장가격에 따라 계산되어야 한다고 주장한다. 엘리엇의 기업가치 평가법은, 삼성물산의 자산들이 미래에 창출할 가치를 나름대로 예측한 다음 이를 현재가치로 고치는 식으로 이뤄진 것으로 보인다. 한국 측은 이에 대해 "추론적이고 주관적인 평가에 불과하다"고 강도 높게 비판하며 "엘리엇은 시장이 인정하지 않은 가치를 한국 정부에 지급하라고 요구하고 있다"고 주장한다.

국민연금이 엘리엇 편을 들었어야 했을까

어찌 보면 엘리엇 ISDS의 싸움 구도는 '악당 대 악당'이다. 제이슨과 프레디 혹은 에이리언과 프레데터가 싸우는데, 관객은 싸움의 어느 쪽에도 감정을 이입하기 힘들다. 엘리엇을 비난하자니 삼성그룹과 박근혜 정부를 편드는 것 같고, 삼성의 3대 승계와 박근혜 정부의 비리를 비난하자니 국제 투기자본과 목소리를 같이하는 듯하다. 시민사회에서도 이 사건에 대한 판단이 혼란스러운 이유일 듯하다.

엘리엇부터 보자면, 세계적으로 악명 높은 사모펀드다. 일단 국가나 기업에 대해 주주·채권자의 지위를 확보해서 자리를 잡은 다음엔 수단과 방법을 가리지 않고 돈을 뽑아낸다. 엘리엇 입장에선 그렇게 해야 '고객(엘리엇이 투자할 돈을 모아준 사람들)'에 대한 사모펀드로서의 신의와 성실 의무를 다할 수 있으므로 쉽게 욕할 건 아니다. 그러나 엘리엇이 높은 수익률을 올린 결과가 국가·기업엔 장기적 손실로 귀결될 수 있는 만큼 그 투자행태를 신중하게 관찰할 필요가 있다. 엘리엇이 삼성과 현대자동차에 보낸 지배구조 개선 관련 제안서 등을 보면, 창업주 가족의 지위를 보장해주는 대신 순이익 중 대부분을 재투자보다 '주주 환원'에 사용하라는 식이다. 대기업에서 창업주 가족의 지배력이란 재벌의 폐단은 유지하면서 순기능인 대규모 투자 성향을 제거하자는 식이다. 엘리엇 ISDS는 결국 삼성그룹에 대한 이런 식의 투자전략이 실패한 것에 대한 엘리엇 측의 대응인 셈이다.

그렇다고 해서 삼성물산-제일모직 합병 논란 당시 박근혜 전 대통령, 문형표 전 복지부 장관 등 한국 정부 관련자들이 합리적이거나 올바른 행위를 한 것도 아니다. 박근혜 전 대통령이 이재용 삼성전자 부회장으로부터 받은 뇌물의 대가로 한국 정부 관계자들이 국민연금공단을 압박해서 삼성그룹의 혈족 승계를 지원하려 했다는 것은 관련 재판들의 판결(고등법원까지의)에서 어느 정도 사실로 드러나고 있다.

한국 정부와 엘리엇은 지금까지 나온 상대방의 약점에 초점을 맞춰 국제중재위에서 치열하게 서로를 공격하고 있다. 그렇다면 일반 시민들의 입장에선 엘리엇 ISDS를 어떻게 봐야 할 것인가? 이 ISDS가 앞으로 국제사회에서 한국의 공공정책 결정 및 국가경제 유지·발전에 어떤 영향을 미칠지를 기준으로 판단하는 것이 그나마 현실적이지 않겠는가.

우선 엘리엇 ISDS는 정부의 자주적인 공공정책 결정 권한을 훼손하는 측면이 있다는 점을 부인할 수 없다. 엘리엇은 이 ISDS에서 한국의 자본시장법에 정면 도전하고 있다. 엘리엇이 '터무니없다'고 공격하는 삼성물산과 제일모직의 합병비율 자체는 자본시장법의 관련 조항에 따라 합법적으로 산정된 것이기 때문이다. 이번 ISDS에서 엘리엇이 승리한다면, 한국의 행정부와 입법부는 자본시장법의 관련 조항을 개정하는 쪽으로 압박당할 가능성이 크다. 어느 법률이나 그렇듯이 자본시장법에도 문제가 많을 수 있다. 그러나 이 제도를 국내의 합의가 아니라 일개 해외 사모펀드가 제기한 ISDS에 의해 바꿔도 되는 것일까?

국민연금공단 측의 합병 찬성 결정 자체가 그릇된 것이었는지도 고민할 필요가 있다. 결정 과정에서 당시 정부의 부당한 압박이 있었다는 사실과 찬성 자체가 잘못되었는지 여부는 좀 다른 문제다. 오히려 국민연금공단은 민간 펀드들과 달리 단기수익 극대화에만 치중해서 투자 의사를 결정해서는 안 된다. 국민연금공단이 피투자 기업의 주가 상승으로 단기 수익률을 극대화한다고 해도 이로 인해 해당 기업과 국가경제의 장기적 발전 가능성이 훼손된다면, 공단으로 들어오는 보험료가 줄어(보험료는 경제성장률과 고용률이 높을수록 커진다) 이후 70년 동안 연금 급여를 무리 없이 지급해야 할 기본 임무를 수행하지 못할 위험이 커지기 때문이다. 그래서 '국민연금기금 수탁자 책임에 관한 원칙'에 따르면, "국민연금기금은 운용자산 가치를 보호 증진하는 장기 투자자"로서 "투자대상기업의 중·장기 발전과 기업가치 향상을 추구함으로써 기금의 중·장기적 수익 제고를 도모"해야 한다. 즉 "국내 자본시장과 상장기업 전반에 미칠 수 있는 영향을 고려하여, 대외적으로 신뢰를 얻을 수 있도록 노력하며, 단기 수익만을 추구하지 않아"야 한다.

삼성물산-제일모직 합병 논란에 돌연 엘리엇이 등장하면서 '정체불명의 해외 사모펀드가 한국의 최대 기업집단인 삼성을 어떤 방향으로 몰고 갈지 모른다'는 불안감이 당시에 조성되었던 것도 사실이다. 단기수익 극대화뿐 아니라 한국경제의 안정적 성장까지 고려해야 하는 국민연금공단의 투자의사 결정기관(투자위)으로서는 한국 내 대표적 기업의 창립자 가족과 낯선 해외펀드가 정면 충돌하는 상황이라면, 설사 박근혜 정부 관계자들의 압박이 없었더라도 고심할 수밖에 없었을 터이다. 더욱이 합병 불발로 인한 혼란이 국민연금공단이 보유한 삼성 계열사 주식의 가치를 전체적으로 낮출 가능성도 없지 않았다.

만약 엘리엇이 ISDS에서 의미 있는 승리를 거둘 경우, 국민연금공단은 이후의 투자의사 결정에서 '수탁자 책임에 관한 원칙'에 규정된 '장기 투자자로서의 입장'을 상당 부분 포기할 수밖에 없게 될 것이다. 또한 국내 기업에 투자하는 해외자본의 전략을 좀 더 민감하게 의식하며 순응하는 체질을 갖게 될지도 모른다. 한국 복지제도의 가장 큰 축 가운데 하나로 국민연금을 운영하는 기관이 한국 경제의 미래에 큰 책임감을 느끼지 않는 투기성 강한 펀드들에 휘둘리는 것은 누가 봐도 결코 바람직한 일이 아니다.

더욱이 엘리엇 ISDS가 시사하고 있는 것처럼, 한국 정부와 대기업들이 해외 투기자본의 의도(주주가치 극대화)대로 움직이고 이런 흐름을 거스를 때 ISDS를 당해야 한다면, 국가의 산업정책 자체가 무너질 수 있다. 많은 사람들이 '정부가 국가경제에 개입하면 안 된다'라고 주장하지만 현실은 전혀 그렇지 않다. 미국 정부만 해도 막대한 정부지원을 통해 실리콘밸리의 테크기업들을 육성해왔다. 물론 박근혜 전 정부가 산업정책 때문에 삼성그룹의 승계를 지원했다고 볼 수는 없다. 그러나 엘리엇 ISDS의 충격은 자칫 정부의 산업정책 자체를 부정하는 쪽으로 기울 소지가 크다.

무엇보다, 지금까지 봤듯이 엘리엇 ISDS와 관련해서 제기되는 여러 이슈들(민간기업에 대한 정부의 개입이나 불법행위, 투기자본의 재벌 가족 경영권 공격, 국민연금기금의 운용 방향 등)은 한국 내에서도 지난 십수 년간 가장 뜨거운 공공정책 관련 사안이었다. 이런 문제에 대한 판단을 오로지 3명의 외국인 중재인들에게 의탁하는 것을 정당하다고 볼 수 있을까?

　더욱이 엘리엇은 최소대우기준으로도 한국에 ISDS를 걸었다. 최소대우기준은 '코에 걸면 코걸이 귀에 걸면 귀걸이'로, 외국인 투자자들이 투자한 국가의 정부에 무조건 ISDS를 걸 수 있도록 보장하는 조항이란 비판이 최근 거세게 일어나고 있다. 이처럼 해외 투자자들이 최소대우기준 위반이란 명분으로 손쉽게 ISDS를 걸 수 있다면, 투자 또한 무모하게 수행할 수 있다. 투자에 실패하면 그 나라 정부를 최소대우기준 위반으로 제소하고 코나 귀에 뭔가를 걸면 되기 때문이다. 엘리엇만 해도 제일모직-삼성물산 합병 가능성이 매우 큰 상황에서 오히려 삼성물산 투자를 늘려 이득을 도모하는 도박성 짙은 투자를 했고, 이 투자에서 실패하자 한국에 ISDS를 제기했다. 이렇게 ISDS가 해외 투자자들에게 '무모한 투자의 보험' 역할을 하도록 내버려둬도 되는 걸까?

제**7**장

한미 FTA의 ISDS가
드러낸 민낯

20 17년 9월 서진혜라는 이름의 '미국인'이 한국을 상대로 ISDS를 제기하겠다는 내용을 담은 중재의향서를 한국 정부에 보내왔다. 한미 FTA를 근거로 한 첫번째 ISDS였다. '한미 FTA의 첫 ISDS 사건'이라는 역사적 의의에도 불구하고, 이 사건에 대한 언론의 주목이나 국민의 관심은 그다지 높지 않았다. 그러나 이 사건을 구체적으로 들여다보면 한미 FTA 협상 당시 ISDS가 그토록 비판받았던 결정적 이유를 확인할 수 있으며, ISDS의 위험성을 적확히 파악할 수 있다.

한미 FTA의 첫번째 ISDS

배상 청구액이 5조 원을 웃도는 2012년 5월의 '론스타 ISDS'라는 예방주사를 한국인들이 먼저 맞았기 때문일까? '서진혜 ISDS'에 대한 한국 시민들의 충격은 그다지 크지 않은 것으로 보였다. 청구액도 고작(?) 21억 원(이후에 낸 중재신청서에선 30억 원대로 증가)에 지나지 않았다. 그러나 서씨가 제기한 ISDS의 구체적 내용은 꽤 충격적이다. 한국의 부동산 정책을 송두리째 뒤흔들 만한 주장을 담고 있었기 때문이다.

서진혜 씨는 지난 2001년 남편인 박아무개 씨와 함께 서울 마포구에 있는 주택(건물·토지) 한 채를 3억3000만 원에 샀다. 아내인 서씨가 76%, 남편인 박씨가 24%의 지분 비율로 이 주택을 공유했다. 당시까지만 해도 서씨는 한국인이었다.

2013년 서씨는 미국으로 귀화했다. 미국 시민이 된 것이다. 한 해전인 2012년 마포구는 서씨의 주택이 포함된 지역 일대를 재개발정비구역으로 지정했었다. 2015년 3월엔 재개발사업 시행 인가를 고시했다.

재개발은 오래되었거나 불량한 건축물이 밀집하고, 도로·상하수도 등 공공시설이 부실한 낙후지역의 주거환경과 도시 기능을 개선하는 사업이다. 재개발사업은 법률에 따라 공익사업으로 지정되어있다. 단지 해당 구역 개별 주민들의 낡은 집을 허물고 새로운 주택을 허용하는 데 그치지 않고, 공공시설 정비로 도시 기능을 회복시키는 것이 사업 목표이기 때문이다.

이처럼 공익적 사업이라고 해도 반드시 지역 주민 모두의 지지를 얻어내리란 법은 없다. 일부 주민들이 살아온 곳에 계속 머물고 싶어 하거나 혹은 감정평가액(당초 거주해온 자신의 땅과 건물에 대해 받을 수 있는 돈)이 못마땅하다는 이유로 재개발을 반대할 수 있다. 그러나 재개발은 목표 구역 전체에 대해 시행되는 사업이다. 일부 주민의 땅·건물만 빼고 재개발하는 것은 불가능하다. 그래서 '공익사업을 위한 토지 등의 취득 및 보상에 관한 법률'(이하 '토지보상법')이란 것이 있다. 반대하는 주민의 땅·건물 소유권을 일정한 보상금을 대가로 사업시행자(재개발조합)에게 '강제로 이전시킬(수용할)' 수 있도록 허용하는 규정이다. 재개발 반대 주민들은 재개발조합 측과 보상금 등에 대해 협의하게 된다. 이 협의가 원만하게 마무리되지 않으면, 재개발조합이 토지수용위원회의 재결裁決을 얻어 해당 주민의 땅·건물을 수용할 수 있다. 이렇게 보면 개인 소유권에 대한 초법적인 침해지만, 재개발이 공익사업으로 지정되어 있기 때문에 가능한 일이다.

토지수용위원회는 협의에 실패한 땅·건물의 수용 여부와 (수용이 되는 경우 받는) 보상금을 결정하는 독립적 행정기관이다. 1차적으론 해당 부동산이 소재한 지역의 지방토지수용위원회에서 수용 여부와 보상금이 결정된다. 이 결정이 못마땅한 경우엔 중앙토지수용위원회에 이의신청(일종의 '항소')을 낼 수 있다.

이에 서씨와 박씨는 재개발에 따라 주어지는 보상금이 못마땅했던 모양이다. 그들의 주택은 2016년 3월 토지보상법에 따라 서울지방토지수용위원회의 재결을 통해 8억1077만 원에 수용되었던 것이다. 주택의 소유권은 해당 구역의 재개발조합으로 넘어갔다. 서씨와 박씨는 같은 법에 따라 중앙토지수용위원회에 이의신청을 냈고, 수용보상금이 8억5436만 원으로 증액되었다. 수용보상금을 지분에 따라 나누면, 서씨의 몫은 약 6억5000만 원, 박씨의 몫은 약 2억500만

원이 된다.

여기까지는 주택 재개발사업이 시행될 때 그 구역 내에 부동산을 소유한 사람들이 겪게 되는 흔한 일이다. 그러나 그 다음부터의 이야기는 아주 많이 다르게 흘러간다.

부부는 이 수용보상금이 턱없이 적다고 생각했다. 이런 경우, 주택을 수용당한 사람은 한국의 현행법상 재개발조합을 상대로 수용보상금을 증액해 달라는 행정소송을 법원에 제기할 수 있다. 특별한 경우가 아니라면, 다른 불복 방법이 없다. 남편 박씨는 그러했다. 그러나 아내인 서씨는 특별한 경우였다. 서씨가 이 주택을 소유하던 기간 중에 미국 국적을 취득했기 때문이다. 그는 자신이 한미 FTA의 보호를 받는 '미국인'이고, 주택의 소유 자체가 한미 FTA로 보장되는 '투자'에 해당된다고 생각했다. 그리고 이 부부는 함께 재개발조합을 상대로 한국 법원에 행정소송을 제기하는 대신, 서씨만 단독으로 한국 정부를 상대로 ISDS를 제기하기로 결정했다.●

서씨는 왜 ISDS를 선택했던 것일까?

서씨는 왜 행정소송 대신 ISDS를 제기하기로 했을까? 이미 썼던 바와 같이 토지보상법은 주택재개발 같은 공익사업에서 국가나 사

● 남편 박씨가 서씨와 별도로 자신의 주택 지분에 대한 수용보상금을 증액하여 달라고 재개발조합을 상대로 행정소송을 제기했는지 여부는 확인되지 않는다. 그러나 남편 박씨가 행정소송을, 아내 서씨가 ISDS를 각각 제기하는 것은 얼마든지 가능하며, 각 경우의 결과는 얼마든지 다를 수 있다.

한·미 FTA 근거로 첫 ISD 소송

20억원 규모 국제중재 제기···국토부 "적법한 절차 거쳤다"

미국인이 한국에 있는 자신의 부동산이 재개발 과정에서 한국 정부에 의해 위법하게 수용됐다며 한·미 자유무역협정(FTA)에 근거해 투자자-국가소송(ISD) 중재의향서를 접수했다. 한·미 FTA에 따른 ISD 제기는 처음이다.

법무부는 미국 시민권자인 서모씨가 지난달 7일 같은 내용의 중재의향서를 한국 정부에 접수했다고 24일 밝혔다. ISD는 해외투자자가 상대국의 법령이나 정책 등으로 손해를 입었을 때 해당 정부를 상대로 국제중재를 통해 손해배상을 받을 수 있도록 한 제도다. 중재의향서를 상대국에 접수하고 90일 이후부터 ISD 제기가 가능했다.

서씨는 2001년 남편 박모씨와 공동명의로 서울 마포구의 주택과 토지 188m²를 3억3000만원에 사들였다. 서씨와 박씨의 지분율은 76대 24다. 서씨는 2013년 미국 시민권을 취득했고, 박씨는 현재도 한국 국적자다.

2012년 서씨의 땅이 포함된 일대는 재개발 지구로 지정됐고 서울시 토지수용위원회 조정을 거쳐 8억5000만원에 수용됐다. 서씨는 이 액수가 시장가치에 미치지 못한다며 소송을 냈다. 하지만 지난 1월 서울부지법은 서씨 부부에게 패소 판결했다. 이에 서씨는 한·미 FTA를 근거로 다시 법원에 문제제기에나선 것으로 보인다.

중재의향서에서 서씨는 '공공목적, 비차별적 방식, 신속 보상 등을

투자자-국가소송(ISD) 해외투자자가 상대국의 법령·정책 등에 의해 피해를 입었을 경우 세계은행(IBRD) 산하 국제투자분쟁해결센터(ICSID)에 제소해 중재를 통해 손해배상을 받을 수 있도록 하는 제도. 2007년 한·미 자유무역협정(FTA) 체결 때 이 조항이 포함돼 '독소조항' 논란이 일었다.

보장하지 않은 수용이나 국유화를 금지한다'는 한·미 FTA 조항을 근거로 제시했다. 해당 조항에 따르면 토지 등을 수용하더라도 시장가격과 같아야 한다. 서씨는 정신적 고통을 포함해 20억원 이상 피해를 봤다고 주장했다. 국토교통부 관계자는 "토지와 주택에 대해 감정평가를 하고 적법한 절차에 따라 수용이 진행됐다"고 밝혔다.

ISD 제기 이후에는 세계은행(IBRD) 산하 국제투자분쟁해결기구(ICSID)가 중재 절차를 진행한다. 중재재판부는 3인의 중재인으로 구성된다. 중재인은 투자자와 상대국이 1명씩 선임하고, 위원장은 양측의 합의에 의해 뽑힌다. 단심으로 진행된다.

한·미 FTA 협상 당시 한국 정부는 토지 수용은 ISD가 아닌 국내법 절차에 따른 해결을 협정문에 넣을 것으로 요구했으나 미국 정부의 반대로 이뤄지지 않았다.

법무부 관계자는 "국무조정실과 기획재정부, 외교부, 산업통상자원부, 국토교통부 등 관계부처가 합동 대응체계를 구성해 적극 대응하고 있으며 앞으로 진행되는 절차에도 최선을 다해 임하겠다"고 말했다.

정대연 기자 hoan@kyunghyang.com

한미 FTA를 근거로 한 첫 ISDS는 한국의 재개발 정책을 겨냥해 '검은 머리의 외국인'이 제기한 것이었다. 청구액이 크지 않아 주목받진 못했지만, 이 사건은 ISDS의 위험성을 전반적으로 보여준다.(경향신문, 2016년 10월 25일)

업시행자가 부동산 등 시민의 재산을 '수용'할 수 있도록 허용한다. 또한 수용된 토지에 대한 보상금은 공시지가를 기준으로 지가변동률·생산자물가변동률 등을 반영하여 산정된다. 그리고 이 보상금에서 개발이익은 제외하도록 규정하고 있다. 재개발사업 계획이 알려지면 해당 구역이나 주변의 부동산 가격이 급등할 수 있는데, 그렇게 오른 가격 부분은 보상금 산정에 반영하지 않는다는 의미다.

이처럼 법률이 보상금의 기준을 규정하고 있기 때문에, 지방토지수용위원회에서 정해진 최초의 수용보상금이 적다고 중앙토지수용위원회에 이의를 신청하거나 법원에 행정소송을 제기한다고 해도 보상금액이 아주 크게 불어나긴 어렵다. 이의 절차 및 소송을 제기해

도, '공시지가를 기준으로 개발이익을 배제한다'는 수용보상금 산정의 기준이 변경되진 않기 때문이다.

현실적으로, 이처럼 '공시지가 기준, 개발이익 배제'라는 대원칙 아래 산정된 보상금은 수용 시점의 토지 시세보다 훨씬 낮은 금액으로 정해질 수밖에 없다. 토지를 수용당한 시민들 가운데 많은 이들이 이런 상황에 대해 불만을 토로해왔다. 토지 수용보상금 산정방식이 헌법 제23조 제3항의 '재산권 수용에 대한 정당한 보상 원칙'에 위배된다며 헌법재판소에 위헌소원을 제기한 경우도 있다. 그러나 헌법재판소는 2009년 현행 방식이 헌법이 정한 정당한 보상에 해당한다고 판단했다.

즉 서씨가 남편 박씨와 함께 토지 수용보상금을 증액해 달라는 행정소송을 제기한다고 해도 '공시지가 기준, 개발이익 배제'라는 원칙을 벗어날 방법은 존재하지 않았다. 적어도 한국 국적을 가진 남편 박씨는 그러했다. 그러나 '미국 국적'을 갖게 된 아내 서씨는 한국 법률의 한계에 갇힐 이유가 없었다. 그녀는 미국인인 것이다!

한미 FTA에는 '수용'에 관한 조항이 있다. 이에 따르면, 한국 정부가 미국 투자자의 한국 내 자산을 수용할 수는 있다. 다만 그 수용은 "공공 목적을 위한 것"이어야 한다. 더욱이 수용에 대한 보상금은 수용 직전의 "공정한 시장가격fair market value"과 동등해야 한다고 규정되어 있다. 서씨는 한국 정부가 한미 FTA상의 수용 관련 조항들을 위반하는 바람에 손해를 봤다며 ISDS를 제기했다. 무엇을 위반했다는 것일까?

첫째, 서씨는 한국 정부가 자신의 주택을 수용한 명분인 주택재개발이 "공공 목적을 위한 것"이 아니라고 주장한다. 그동안 한국 내에서 숱하게 제기되어온 주택재개발사업에 대한 비판('지역 토착민들을 내쫓고 건설사와 재개발조합만 배불린다')을 참조한 것으로 보인다. 즉 재개발은 공공 목적이 아니라 건설사와 재개발조합의 사익私益에 기여할 뿐이며, 이런 재개발로 미국인인 자신이 땅·건물을 수용당해 손해를 봤다는 논리다. 둘째, 서씨는 미국인인 자신이 '공정한 시장가격'으로 보상금을 받지 못했다고 주장했다. 종합하면, 서씨는 한국 정부가 한미 FTA상 수용의 요건인 '공공 목적을 위한 것'과 '공정한 시장가격 보상'을 위반했다며 ISDS를 제기한 것이다.

한미 FTA의 ISDS가 드러낸 민낯

이 '고작' 30억 원짜리 ISDS 사건은 한미 FTA에 포함된 ISDS 조항의 맨얼굴을 자세히 드러내 보여준다.

첫째, 한국 정부는 서씨의 중재의향서를 접수받은 뒤 언론을 통해 "수용 자체는 적법한 절차에 따라 이뤄졌다"라고 강조했다. 국내법에 따라 적법한 수용이 이루어졌으니, 미국인인 서씨에게 배상금을 물어주는 등 별다른 문제는 없을 것이라는 취지의 설명으로 보인다.

그런데 이는 하나마나한 이야기다. '한국 법률에 따른 적법한 수용'이라는 설명이 국제중재 사건에서는 의미 없는 항변에 불과하기 때문이다. 일단 어떤 수용 시비든 한미 FTA에 근거한 ISDS로 제기되어버리면, '그 수용이 국내법에 적법한지 아닌지' 자체는 더이상 중요한 문제가 아니게 된다. 일단 ISDS로 가면 그 수용이 '한국 법률에 따라 합당하게 이뤄졌는지'가 아니라 '한미 FTA 기준을 충족시켰는지'에 따라 승패가 결정되기 때문이다. 즉 한국 정부는 서씨 주택의 수용이 국내법에서 합법적이었다고 항변할 것이 아니라 '한미 FTA의 수용 기준을 충족시켰다'는 것을 증명해야 했다.

만약 서진혜 씨가 ISDS를 제기한 이유로 내국민대우 위반을 내밀었다면, '수용이 (내·외국인 가리지 않고) 국내 법률에 적법하게 이뤄졌다'는 한국 정부의 항변이 적절할 수 있다.('엘리엇 ISDS' 참조) 서씨가 미국인 투자자라고 해도 재개발 구역 내의 다른 한국인들과 동일한 보상 규정과 절차를 법률에 따라 적용받았다면, 내국인(한국인)과 다른 불평등한 처우를 받은 것은 아니기 때문이다. 그러나 서씨는 '재개발은 공익사업이 아니다' '공정가격으로 보상받지 못했다' 등을 주장하며 ISDS를 제기했다. 이에 대해 '수용이 한국법에 따라 적법하게 이루어졌다'는 답변은 동문서답이나 다름없다.

이 점에 대해서 송기호 변호사(전 민변 국제통상위원장)는 2006년 자신의 저서 『한미 FTA의 마지노선』에서 "투자자 국가제소에 따른 국제중재 절차에서는 한국의 국내법이 우선적으로 적용되지 못한다. 예컨대 NAFTA의 중재 절차에서는 (미국·캐나다·멕시코 3국의 국내법보다—인용자) NAFTA 협정문과 국제법 원칙이 적용된다.(1131조) (…) 그러므로 국제중재 절차에서 한국이 한국법에 따른 조치였다고 주장하는 것은 공허한 얘기가 될 뿐이다"라고 경고한 바 있다.

외국인에게 동일한 대우를 해도 ISDS를 피할 수 없다

둘째, 실제로 '한국 정부가 미국인인 서씨와 한국인인 남편 박씨에게 똑같은 수용 절차와 보상 기준을 적용했으니(내국민대우), ISDS에서 다투는 것을 두려워할 이유가 없다'는 식의 이야기가 많이 나왔다. 한국 정부는 한미 FTA에 근거한 서씨의 첫 ISDS가 제기되기 오래전부터 'ISDS를 무서워하지 말자'고 외쳐왔다. 한국에서 ISDS 논쟁이 한창이던 2007년 4월 9일, 법무부 국제법무과는 「'투자자-국가 소송제' 반대하면 국제사회 설 자리 없어」라는 제목의 보도자료에서 이렇게 주장한 바 있다.

"외국 투자자를 차별하지 않고 공공정책을 위해 합리적인 범위 내에서 법과 제도로 유지해 간다면 제소당하는 경우는 극히 예외적인 사안에 한정될 것입니다."

한국 내에 이뤄지는 투자에 대해 그 투자자가 한국인이든 외국인이든 차별하지 않고 동등하게 대하기만 하면 ISDS를 우려할 필요가 없다는 말이다. 당시 한국 FTA 투자분과 협상을 이끌었던 김필구 투자분과장의 〈국정브리핑〉 인터뷰(2007년 4월 10일)에도 비슷한 주장이 나온다.

"투자협정의 목표는 차별 해소입니다. 투자하는 외국인에게도 우리 국민과 똑같은 대우를 해줘야 한다는 것이죠. 차별이 발생하지 않으면 분쟁 제소는 불가능합니다. 그리고 정부와 분쟁이 생겼을 때 외국인에게 차별적으로 더 적은 보상이 이뤄졌다고 하면, 그 차이분에 대해 ISD에 제소할 수 있는 겁니다. 그런데 과연 정부가 보상을 하면서 내국인과 외국인을 차별할 수 있겠습니까.”

당시 한미 FTA를 비판하는 사회·시민 단체들이 ISDS를 과도하게 해석하는 바람에 국제사회에서 한국이 설 자리를 없애고 있다는 주장이었다. 그러나 한국 정부의 호언장담은 한미 FTA에 근거한 첫 ISDS에서 무참하게 깨져버리고 말았다. 한국은 미국인 아내 서씨에게 한국인 남편 박씨와 똑같은 대우를 하고 전혀 차별적이지 않은 보상을 제공했다. ISDS에 대한 한국 정부의 시각이 옳았다면, 서씨의 ISDS 제기는 성립되지 않았을 터이다. 그러나 일어날 수 없다고 호언장담하던 일이 현실세계에서 실제로 일어나고 말았다. 한미 FTA의 투자챕터는 단지 미국인에게 차별 대우를 하지 않는 것을 넘어, 위에서 본 바와 같이 한국 법령도 뛰어넘는 강력한 수용 요건을 규정하고 있기 때문이다.

미국인 아내에게만 주어지는 위헌적 우대

셋째, 남편 박씨는 아내 서씨와 같은 주택을 공유했고, 같은 내용의 수용을 당했으며, 같은 기준에 따라 산정된 보상금을 받았다. 그런데도 아내 서씨와 달리 한국 정부에 한미 FTA의 수용 요건을 충족해 달라고 주장할 수 없다. 같은 재개발 구역에서 땅·건물을 수용당한 서씨의 이웃들도 남편 박씨와 동일한 상황이다. 서씨와 같은 처지인 한국인들은 재개발에 대한 불만을 ISDS로 해결하려 시도할 수 없다. 즉 한미 FTA 아래에서 내국인(한국인)이 외국인(미국인)에 비해 오히려 불리한 대우를 받는 역차별逆差別이 발생한 것이다. 미국인이든 한국인이든 가리지 않고 동등한 대우를 받아야 한다는 자유무역협정FTA의 기본 정신에 정면으로 위배되는 사태다. 대한민국 헌법에 비춰볼 때 남편 박씨의 평등권이 침해된 사례이기도 하다.

이런 황당한 일이 벌어진 가장 근본적인 이유는 한국 법률에 규정된 수용제도와 한미 FTA의 그것이 다르기 때문일 터이다. 구체적으로 어떻게 다를까?

대한민국 헌법 제23조 제3항은 "공공필요에 의한 재산권의 수용·사용 또는 제한 및 그에 대한 보상은 법률로써 하되, 정당한 보상을 지급하여야 한다"라고 규정한다.

이에 따르면, 국가는 공적인 목적의 달성에 필요한 경우엔 개인의 재산권을 제한하거나 혹은 지자체나 재개발조합 같은 곳으로 이전(수용)시킬 수 있다. 다만 이같은 개인의 재산권에 대한 침해는 반드시 사전에 제정되어 있는 법률(예컨대 토지보상법)에 따라서 이뤄져야 한다. 이는 공익과 개인 재산권 사이의 갈등을 조화시키려는 의도로 볼 수 있다. 또한 여기서 말하는 재산권에 예컨대 '기대이익' 등은 포함되지 않는다.

즉 한국 정부가 재개발 같은 공익사업으로 어떤 부동산을 수용하는 경우, 해당 소유자가 '나는 해당 건물로 10년 뒤에 엄청난 수익을 거둘 것이라 기대하고 있으며, 그 기대이익을 반영해서 보상금을 산정해달라'고 요청해도 한국의 수용제도에서는 인정되지 않는다. 이런 헌법 조항에 근거해 수용 및 그 보상에 관해 규정한 법률이 바로 앞에서 본 토지보상법이다. 그래서 보상금은 기대이익 따위는 고려하지 않은 공시지가를 기초로 산정되며 개발이익도 보상에서 배제

된다.

반면 한미 FTA에 따르면, 한국 정부는 '미국인이 한국에 투자해서 보유한 자산'을 수용하는 경우엔 다음의 4가지 기준을 모두 충족시켜야 한다.

① 수용은 공공 목적을 위한 것이어야 한다.

② 수용은 비차별적 방식으로 이뤄져야 한다.

③ 수용이 이뤄지는 경우, 투자자에게 신속하고 적절하며 효과적인 보상금(수용 직전 시점에서 해당 투자 자산의 공정한 시장가격)을 지불해야 한다.

④ 적법절차와 대우의 최소기준을 충족해야 한다.

이와 함께 한미 FTA는 '보호해야 할 투자'를 다음과 같이 매우 광범위하게 규정하고 있다.

투자자가 직접적 또는 간접적으로 소유하거나 지배하는 모든 자산으로서, 자본 또는 그 밖의 자원의 약속, 이득 또는 이윤에 대한 기대, 또는 위험의 감수와 같은 특징을 포함하여, 투자의 특징을 가진 것.(한미 FTA 제12.28조)

즉 한미 FTA에서는 한 나라의 시민이 상대국의 '어떤 것(기계·설비·부동산 등)'을 매입하면서 이로 인한 이윤을 기대하거나 '손해를 봐도 어쩔 수 없다'고 각오하면(위험의 감수), 그 매입은 투자로 간주된다. 또한 부동산은 투자가 취할 수 있는 형태 중 하나로 명시적으로 규정되어 있다.

다시 말해, 미국인이 이익을 기대하고 한국 부동산을 샀다면 그 부동산은 한미 FTA의 명시적 보호대상이란 얘기다. 그에 따라 그 부동산을 수용할 때 문제가 발생한다. 한국 법률에선 재산권에 포함되지 않는 기대이익이 한미 FTA에서는 그 '매입'을 투자로 인정받게 하는 본질적 요소이기 때문이다.

한편 한미 FTA상 수용의 기준인 공정한 시장가격fair market value이 무엇인지에 대해서는 한미 FTA 협정문에 별도의 규정이 없다. 그러나 한미 FTA 조항들의 해석에 큰 영향을 미치는 미국 판례●에서 '공정한 시장가격'은 통상적으로 다음과 같이 규정된다.

"자발적인 매수인과 자발적인 매도인이 둘 다 거래 자산과 관련된 합리적 지식을 갖추고, 사거나 팔아야 한다는 어떤 압박도 받지 않는 상태에서 부동산 소유권이 바뀌는 가격."

간단히 요약하자면, 그 자산을 잘 아는 사람들이 자유롭게 거래할 때 형성되는 가격이 바로 '공정한 시장가격'이다. 재개발사업에서 공시지가를 기준으로 산정되는 수용보상금은 공정한 시장가격과 상당히 다른 개념일 수밖에 없다. 공시지가는 국가에 의해 정해진다는 측면에서 인위적 '압박'을 받는 가격으로, 자유로운 거래와는 거리가 멀기 때문이다.

서씨는 2017년 재건축조합에 이 주택을 수용당할 당시엔 해당 주택에 살고 있었다. 이 중재의 판정문에 따르면, 주택 구입 이후에 그 주택을 임대해서 임대수익을 얻기도 했다고 한다. 서씨는 중재 심

● 한미 FTA 협정문은 미국이 만들어낸 양자 간 FTA 모델, 즉 '미국식 FTA 모델'을 바탕으로 이를 수정하는 방식으로 작성되었으므로, 미국법의 영향을 받지 않을 수 없다.

리를 진행하는 과정에서 '임대로 수익을 얻었으므로 (해당 주택 매입은) 투자의 속성을 지니고 있다'는 주장을 추가했던 것으로 보인다. 또한 서씨는 자신이 상당한 투자금을 들여 이 주택을 구입했고, 15년 이상 소유하는 동안 주택가격의 변동에 노출되었으므로 해당 주택의 일부를 소유한 것 자체가 한미 FTA 상의 투자에 해당된다고 주장했다.

이처럼 한 체약국의 국내 제도와 FTA 상의 규정이 달라 빚어지는 혼선은 어떻게 해결해야 할 것인가? 결론부터 말하자면, 한국은 이런 혼선에 노출되어 있으나 상대 체약국인 미국은 협정문의 수정을 통해 이미 성공적으로 빠져나간 것으로 보인다.

지난 2007년 5월 25일 한미 FTA 협상이 타결되었다. 그런데 한미 양국 정부는 한 달여에 걸친 추가 협의를 진행했다. 그 결과는 서문Preamble에 슬그머니 추가된 이른바 '투자자 조항'이었다.

국내법에 따른 투자자 권리의 보호가 미합중국에 있어서와 같이 이 협정(한미 FTA―인용자)에 규정된 것과 같거나 이를 상회하는 경우, 외국 투자자는 국내법에 따른 국내 투자자보다 이로써 투자보호에 대한 더 큰 실질적인 권리를 부여받지 아니한다는 것에 동의하면서Agreeing that foreign investors are not hereby accorded greater substantive rights with respect to investment protections than domestic law where as, in the United States, protections of investor rights under domestic law equal or exceed those set forth in this Agreement.

굉장히 알쏭달쏭한 문장이다. 그러나 이 문장을 '미합중국에 있어서와 같이as, in the United States'란 문구에 주목하며 유심히 읽어보면 깜짝 놀랄 만한 의미를 알게 된다. 공식 문건의 번역이 참담한 수준이긴 하지만, 풀어 쓰자면 이렇다.

우선 '국내법의 투자자 권리 보호가 한미 FTA와 같은 수준이거나 더 우월한 경우where as, in the United States, protections of investor rights under domestic law equal or exceed those set forth in this Agreement'를 상정하고 있다. 그런데 여기서 '경우'에 해당하는 건 미국이다. 위 문장에서 where과 protections 사이에 "미합중국에 있어서와 같이as, in the United States"란 문구가 들어 있기 때문이다. 심지어 일부러 모호하게 기술했다는 의심까지 드는 이 문장의 의미는 '미국 국내법은 투자자 권리 보호에서 한미 FTA와 같은 수준이거나 더 우월하다'는 것이다. 그러므로 미국에 투자한 '외국인 투자자'는 미국 법률 이상의 권리를 요구할 필요 자체가 없다. 미국 법은 애시당초 한미 FTA와 동등하거나 더 우월한 수준으로 투자자를 보호하고 있기 때문이다. 그리고 한미 FTA는 한국과 미국 두 나라 간에 체결된 조약이므로, 이 문장에 등장하는 '외국인 투자자'는 한국인일 수밖에 없다. 즉 한국 법은 한미 FTA를 위반할 수 있지만, 미국 법은 한미 FTA와 어긋나지 않는다는 것이 서문에 추가된 '투자자 조항'의 의미다.

서진혜 씨는 '한국 법률로는 나의 투자자 권리를 보장받지 못한다'는 이유에서 한미 FTA를 근거로 한국 정부에 ISDS를 제기했다. 그러나 이 투자자 조항에 따르면, 미국에 투자한 한국인은 미국 법률 체계 내에서 투자자 권리를 보호받지 못했다고 느끼더라도 미국 정부에 ISDS를 제기하기가 어렵게 된다.

당시 민변은 이 이해하기 힘든 투자자 조항이 협상 타결 이후 갑자기 나타난 경위에 대해 정보공개소송을 제기했다. 결국 대법원까지 간 끝에 한국 정부가 "미합중국에 있어서와 같이as, in the United States"를 "미합중국과 한국에 있어서와 같이as, in the United States and Korea"로 수정하려고 시도했다가 결국 실패했다는 사실을 알게 되었다. 이러한 경위에 비추어볼 때, 해당 조항에 따르면 투자자 보호 수준은 '미국법 〉 한미 FTA 〉 한국법' 순으로 강하고, 미국인 투자자는 한국법보다 높은 투자자 보호를 제공하는 것으로 가정되는 한미 FTA에 따라 ISDS를 제기할 수 있지만 한국인 투자자는 그렇게 할 수 없다고 해석된다.

만약 저 문구에 한국이 들어갔다면, 서씨가 한국 정부에 ISDS를 제기하기는 좀 더 어려웠을 것이다. "미합중국과 한국에 있어서와 같이"가 아니라 "미합중국에 있어서와 같이"라고 명시된 덕분에 한미 FTA상으로 볼 때 미국인 서씨는 ISDS를 이용해 남편인 한국인 박씨가 한국법에 따라 부여받는 재산권 보호보다 더 높은 권리를 한국 정부에 요구할 권리를 가진다. "미합중국에 있어서와 같이" 덕분에 한미 FTA는 미국인에게 한국의 모든 국가행위에 대항할 수 있는 보호막을 제공하게 되었다.

한국의 국토정책에 대한 도전

넷째, 서씨가 제기한 ISDS는 한국의 국토 활용과 관련된 내정에 엄청난 파열구를 낼 수 있다. 서씨는 중재의향서에서, 한국의 주택재개발 사업은 민간 부문인 재개발조합과 건축회사가 새로 집을 짓는 것이므로 공익 목적의 사업에 해당하지 않는다고 주장했다. 또한 자신에게 책정된 수용보상금이 '공정한 시장가격'에 미치지 못한다고 울분을 토했다. 이는 우리나라의 도시정비 및 주택 재개발 정책에 대한 중대한 도전이다. 재개발은 법률(토지보상법)로 인정되는 한국의 대표적 공익사업 중 하나다.

한국은 미국이나 다른 선진국보다 훨씬 강력한 수용제도를 통해 국민의 재산권을 제한하고 있다. 한국은 왜 다른 나라들에 비해 강력한 수용제도를 갖게 되었을까? 압축적인 경제성장 과정에서 좁은 국토 위에 기반시설을 닦고, 산업단지를 만들며, 도시를 정비해야 했던 한국 나름의 특수한 사회경제적 상황 때문이었다. 급속한 개발 과정에서 불거지는 부동산 투기를 억제하고 부동산 가격을 안정시켜 서민 주거 안정을 이루고자 했던 정책적 목적도 반영되어 있다. 국내에서도 이런 과정을 거쳐 형성된 현행 수용제도에 대해서 많은 비판이 나오기는 한다. 그러나 이 제도가 그대로 유지되고 있는 것은 그 정책 목적에 대한 사회적 합의가 지금까지도 유효하기 때문이라고 봐야 할 것이다.

그러나 한국의 특수성이 반영된 이 강력한 수용제도는 세계 어느 나라보다 강력한 투자자 보호제도를 가지고 있는 미국 측이나 ISDS 중재인들(대다수가 미국과 유럽 출신 엘리트들로 구성)의 시각에선 후진국에서나 가능한 야만적인 일로 간주될 수 있다. 즉 ISDS 제도를 통해 방지해야 할 후진국가의 횡포인 것이다. '서진혜 ISDS'가 한국의 국토정책을 근본적으로 뒤흔들 수 있다는 우려가 나온 이유다.

사법주권에 대한 침해

다섯째, 한국 사법부는 상위법인 헌법의 테두리 내에서 조약으로서 헌법상 법률과 동등한 지위를 가지는 한미 FTA 조항들을 해석하고, 이를 한국인과 미국인에게 동등하게 적용할 권한을 갖는다. 따라서 서씨 부동산에 대한 수용의 적법 여부를 한국의 사법부가 아니라 외국의 민간 중재인 3인에게 결정하도록 두는 것은, 헌법에 의해 보장되는 한국 사법부의 고유한 권한을 침해하는 것으로 위헌적 요소가 다분하다.

국토정책엔 수천만 명에 달하는 한국인들의 이해관계가 걸려 있다. 그러나 이 국토정책이 일단 ISDS라는 틀에 걸린 뒤엔, 3명의 해외 중재인들이 밀실 안에서 '한국의 주택 재개발사업은 공익 목적을 갖고 있는가' '공시지가를 기반으로 하는 수용보상금은 한미 FTA 조항에 비춰볼 때 적절한 수준의 금액을 제공하는가' 등을 판단하게 된다. 정작 핵심적 이해당사자인 한국인들은 이 중재 절차에 전혀 참가할 수 없다. 이는 모든 재판을 원칙적으로 공개하도록 한 헌법상 공개재판주의에 비추어볼 때 용납하기 어려운 일이다.

승패에 따른 법적 혼란

여섯째, 만약 ISDS 중재인들이 현행법상 공시지가를 기준으로 산정하며 개발이익도 배제토록 한 토지 수용보상금이 '공정한 시장 가격'에 해당되지 않는다고 판단했다면(즉 서씨가 이 ISDS에서 이겼다면) 엄청난 혼란이 불가피했을 것이다.

법무부는 지난 2007년 4월 4일 과천 법무부 청사에서 '법률시장 개방 등 한미 FTA 타결에 따른 후속 보완 대책'을 발표한 바 있다. 당시 세간에서는, ISDS 중재판정부의 판단에 따라 기존의 국내 법·제도가 무효화될 수 있고, 이렇게 되면 국가주권의 근간이 흔들릴 수 있다는 우려가 팽배했다. 이에 대해 법무부는 다음과 같이 답변했다.

"중재판정부는 피소국에 대해 금전적 배상 또는 재산의 원상회복만을 명할 수 있을 뿐이며 문제되는 조치를 무효화하는 효력이 없으므로 이는 사실이 아니다. 또 협정문은 '중재판정문은 당해 사건에 관해 당사자 사이에서만 구속력을 갖는다'고 규정, 선례구속의 원칙을 인정하지 않고 있다."

법무부의 답변을 서씨의 ISDS 사건에 적용하면, 설사 한국이 지더라도 서씨 개인에게 30억 원의 보상만 해주면 끝이라는 이야기가 된다. 즉 주택재개발 관련 법·제도를 고칠 필요는 전혀 없다. 정말 그럴까?

그렇지 않다. 서씨가 이기면, 한국 정부에게 부동산을 수용당했거나 혹은 협의 과정에서 부득이하게 공시지가를 기준으로 보상받았던 미국인(개인과 기업, 재외동포 포함)들이 줄줄이 ISDS를 제기할 수 있다.●

● KB금융지주 경영연구소가 2007년 2월 발간한 보고서 「외국인의 한국 부동산 투자 동향」에 따르면 2016년 말 외국인 중 현재 면적·금액 기준 한국의 토지를 가장 많이 보

한국 정부는 이들에게 손해배상을 해줘야 할 것이다. 이 손해배상액은 액수가 크든 작든 국민의 세금으로 충당될 돈이다.

문제는 여기서 그치지 않는다. 한국 정부에 수용을 당했거나 당할 예정인 한국인들이 '왜 우리를 미국인에 비해 차별하느냐'며 한국 정부를 상대로 위헌소송 등 다양한 법적 절차를 제기할 가능성도 있다. 같은 주택에 대해 남편 박씨와 아내 서씨가 각각 다른 보상을 받는다면(중앙토지수용위원회에서 결정된 남편 박씨의 수용보상금은 서씨가 ISDS에서 승소하면 받게 될 보상금보다 당연히 적을 것이다), 남편 박씨는 그냥 가만히 앉아 있겠는가? 만약 박씨가 서씨와 별도로 한국에 행정소송을 제기했는데, 이 행정소송에서 결정된 수용보상금이 ISDS에서 결정된 수용보상금과 다르다면, 이때의 혼란은 어떻게 정리할 것인가? 아니, 이 혼란이 과연 정리될 수 있는 성질의 것이기는 한가?

결국 한국이 이런 종류의 ISDS에서 패소하는 경우 한국의 현행 부동산 수용제도 자체를 미국식으로 뜯어고치는 것 외엔 다른 대안을 찾기 힘든 초유의 사태가 벌어질 수 있었다. 한국 고유의 국토환경을 고려한 수용제도는 여기에 발붙일 자리가 없게 된다.

한국 정부는 2007년 4월 11일 「ISD는 국내 규제의 혁신·선진화 계기」라는 〈국정브리핑〉을 통해 ISDS를 통해 지적될 한국의 낡은 법과 불합리한 규제를 모두 뜯어고치겠다고 선언한 바 있다.

유하고 있는 것은 미국인이다. 또한 미국 주주행동주의의 여파로 한국 기업이 소유한 부동산에 대한 미국인 주주들의 권한이 강력해지고 있으므로, 관련 여파도 무시하기 어려울 것이다.

"정부는 이 제도(ISDS—인용자)를 통해 우리의 규제 방식을 선진화하는 계기로 삼고자 합니다. 불투명하고, 임기응변적이며, 행정편의적이고, 자의적이며, 국제기준에 미달하는 불합리한 규제들은 이제 설 자리를 잃을 것입니다. 예측 가능성을 주지 못하는 불안정한 규제 관행도 견뎌내기 어려울 것입니다. 그리고 그 혜택은 고스란히 우리 기업과 국민들에게 돌아갈 것입니다."

이랬던 한국 정부의 소망이 10년 뒤에 결실(?)을 맺은 게 바로 2017년 9월의 '서진혜 ISDS'인 셈이다. 현행 수용 관련 법률은 헌법재판소에서도 합헌으로 인정된 제도다. 역대 정권마다 국토균형개발을 주요 정책으로 내세우는 상황을 감안하면 앞으로도 수용제도는 국토정책의 수립에 필요불가결한 법률적 근거가 될 것으로 보인다. 이 제도를, ISDS 때문에 없애야 하는 "불투명하고, 임기응변적이며, 행정 편의적이고, 자의적이며, 국제기준에 미달하는 불합리한 규제" 혹은 "예측가능성을 주지 못하는 불안정한 규제 관행"으로 봐도 되는 것일까? 설사 그렇다 치더라도, 왜 이 제도의 존폐를 한국 국민이 아니라 한국 사정을 잘 알지도 못하는 외국의 민간 중재인 3명이 결정하도록 놔둬야 하는가?

해피엔딩…?

서씨 사건은 다행히 대한민국의 승소로 끝났다. 서씨는 '본안 전'의 문턱을 넘지 못했다. 2019년 9월, 중재판정부는 서씨의 청구를 '각하'했다. 그 이유는 대충 다음과 같다.

"국내 정책의 타당성 여부를 국내 사법기관이 아닌 제3의 국제중재기관의 판단에 맡김으로써 초래되는 사법주권 침해 논란도 불가피하다." 이 기사의 내용처럼 한미 FTA 협정 체결 당시에 이미 ISDS가 주권 침해는 물론 위헌의 소지도 있다는 우려의 목소리가 높았다. 정부는 그것을 과장된 두려움일 뿐이라고 일축했지만, 지금 그 두려움은 현실이 되었다.(경향신문, 2007년 4월 7일)

첫째, 서씨가 매수한 부동산은 한미 FTA에서 정의된 투자라고 볼 수 없다. 둘째, 설사 투자라고 보더라도 서씨는 한미 FTA 발효 당시 대한민국 국적자였으므로 해당 투자는 한미 FTA가 보호하는 투자라고 볼 수 없다.

정부는 판정을 받자마자 즉각 승소의 소감을 밝혔다.

"이번 판정은 ①대한민국 정부의 ISDS 최초 승소 사례로, 중재신청에 대해 관계부처의 협력 하에 신속하고 적극적인 대응을 통해 혈세로 이룬 국부의 유출을 방지하였다는 점 외에도 ②우리 토지수용 제도의 자율성을 유지하였다는 점 ③재개발과 관련한 유사 중재사건이 다수 제기될 우려를 사전에 불식하였다는 점 등의 의의가 있습니다.”

승소는 분명 축하할 일이다. 그러나 정말 정부가 자화자찬할 정도의 의의가 있는 승소였을까?

한국의 승소로 서씨가 주장한 30억 원을 지급하지 않게 된 것은 맞다. 그러나 중재판정부는 한국 정부가 쓴 중재 비용을 스스로 부담하도록 명령했다. 그 중재 비용엔 '한국 정부를 대리한 대형 로펌 화우에 지급할 보수' '중재인 3인의 보수 중 절반' '중재기관인 홍콩국제중재센터에게 지급하는 서비스 수수료 중 절반'이 포함되었다. 한국 정부는 중재 자체를 막을 수 없었고, 중재에 든 비용도 부담해야 했다. 중재인들은 터무니없는 중재신청에 각하 또는 기각 판정을 내리더라도 중재비용만큼은 신청인과 피신청국이 각자 부담하도록 하는 경향이 있다. 그렇지 않으면 투자자들이 패소할 때 감당해야 하는 엄청난 중재비용을 우려해서 중재신청 자체를 기피하게 될 수도 있기 때문이다. 이 경우, 중재 시장이 위축되면서 중재인들이 지금처럼 많은 돈을 벌지 못하게 될 수 있다. 이런 저런 이유로 서진혜 ISDS 사건에서도 대한민국의 혈세가 대형 로펌과 중재인, 중재기관 등의 손으로 흘러들어갔다.

서씨가 이 사건에서 패소한 이유는 투자 수익을 얻기 위해서가 아니라 자신과 가족이 함께 거주할 목적으로 그 주택을 매입했기 때문에 이를 전형적인 투자행위로 볼 수 없다는 것이었다. 실제로 서씨는 남편, 자식과 함께 그 집에서 거주했다. 더욱이 서씨가 부동산을 매입한 시기는 한미 FTA 발효(2012년 3월 15일)로부터 10여 년 전인 2001년이었다. 한미 FTA는 "협정의 발효일 전에 발생한 행위 또는 사실이나 존재하지 아니하게 된 상황에 관하여 어떠한 당사국도 구속하지" 않는다고 규정한다. 서씨가 한미 FTA 발효 이후 해당 주택에 추가적으로 투자한 바도 없었기 때문에 중재판정부는 상당히 깔끔하게 각하를 결정할 수 있었을 터이다.

그러나 따지고 보면 서씨는 한국 정부에게 너무 쉬운 상대였다. 터무니없는 ISDS를 제기했다가 '본안'으론 들어가지도 못하고 각하된 경우이니 말이다. 그러나 만약 서씨가 순전히 이윤을 낼 목적으로 또는 전적으로 가격 상승을 기대하며 부동산을 매수했다가 수용을 당했다면 중재판정부는 어떤 판단을 내렸을까? 혹은 그 주택의 매입이 한미 FTA 발효 이후에 이루어졌다면?

이런 경우엔 중재 절차가 '본안'으로 넘어갔을 가능성이 있다. 그리고 본안에서는 '대한민국 헌법과 토지보상법에 따라 산정되는 수용보상금을 한미 FTA상의 공정한 시장가격으로 볼 수 있는지' 여부가 논의되었을지도 모른다. 서진혜 ISDS의 본안에서 다행히 '수용보상금은 한미 FTA에서 규정하는 공정 시장가격에 해당된다'라는 판정이 나왔다고 치자. 그러나 이 판정이 다음의 비슷한 ISDS에서 되풀이되리라는 보장은 없다. 국제중재 사건에서는 "선례구속의 원칙을 인정"하지 않기 때문이다. 즉 비슷한 사건의 다음 ISDS들에서는 그때마다의 중재판정부가 자신들 나름의 원칙하에 판단할 것이란 얘기다. 서진혜 ISDS 승소를 통해 "우리 토지수용제도의 자율성이 지켜졌다"는 한국 정부의 호언장담이 정말이지 공허하게 들리는 이유다.

마지막으로, "유사 사건이 다수 발생하는 것을 사전에 불식하였다"는 정부의 평가는 뒤이은 중재 사건들로 웃음거리가 되고 만다.

줄을 잇는 '한국계 외국인'의 부동산 ISDS

서씨 사건의 판정이 나온 지 약 반년이 지난 2020년 2월 익명의 미국인이 한국에 중재의향을 통보한다. 서진혜 씨처럼 한국인이었다가 2000년 미국 시민권을 획득한 사람이다. 그는 1987년 강원도 원주 소재의 땅을 공동으로 상속받았고, 1997년엔 단독 소유자가 되었다. 당시 이 땅의 용도는 공원부지로 제한되어 있었다. 그러나 이후 수십 년 동안 공원으로 개발되지도 용도 제한이 풀리지도 않았다. 그는 제한을 풀기 위해 각고의 노력을 거듭한 끝에 2010년 국민권익위원회로 하여금 '4년 내로 공원부지 제한을 풀든지 아니면 보상을 하라'고 원주시에 권고토록 하는 데 성공했다. 그는 원주시가 국민권익위의 권고를 받아들일 것으로 기대해서 그 토지 위에 스포츠 시설을 설치할 계획까지 세웠다. 그러나 원주시는 이로부터 4년이 지나도록 꿈쩍도 하지 않다가 오히려 2017년엔 해당 부지에 공원을 짓겠다는 계획을 발표해버린다. 이어지는 이야기는 서씨와 동일하다. 지방토지수용위원회를 거쳐 2019년 4월 18일에 토지가 수용되었고, 그에게 지급된 수용보상금은 41억 6947만 원이었다.

그는 참을 수 없었다. 바로 옆에 있는 아파트 부지의 땅값이 수용보상금의 7배였다. 더욱이 그는 더 이상 너무나 부당하게 느껴지는 수용을 참아야 하는 한국인이 아니라 한미 FTA의 보호를 받는 미국인이었다. 그는 한국 정부와 강원도 원주시를 상대로 최소한 150

억 원의 손해배상금과 이에 따른 이자를 지급해달라는 청구에 나선다.(정식 중재신청이 이루어졌는지 여부는 확인되지 않는다.) 서씨 사건과 거의 같은 내용이다.

4개월 후인 2020년 6월엔, 역시 이름이 밝혀지지 않은 부부가 한국 정부에 중재의향을 통보했다. 이들은 한국인으로서 캐나다 영주권을 보유하고 있던 2006년 당시 서울 중구에 있는 3층짜리 상업용 빌딩을 공동명의로 구매했다. 부부는 2015년 3월 캐나다인으로 국적을 바꿨다. 참고로 한국-캐나다 FTA의 발효일은 2015년 1월 1일이다. 부부는 그 빌딩으로 임대수입을 올려왔다. 그런데 빌딩 근처의 아파트 단지에 대한 재개발사업이 시작되면서 이 빌딩까지 졸지에 수용대상이 되어버렸다. 수용보상금으로 산정된 금액은 약 20억 원에 불과했다.

한-캐나다 FTA도 수용에 관해서는 한미 FTA와 거의 동일한 규정을 두고 있다. 공공 목적을 위한 것이어야 하고, 공정한 시장가격과 동등한 보상을 지급해야 캐나다인의 한국 내 부동산을 수용할 수 있도록 되어 있다. 부부는 중재의향서에서 위에서 본 한국 출신 미국인들과 같은 주장을 되풀이한다. 재개발사업은 민간 조합과 건축회사가 민간 주택을 새로 짓는 것으로 공공 목적이라고 볼 수 없고, 공시지가를 기준으로 정해진 수용보상금은 한-캐나다 FTA에서 보장하는 공정한 시장가격이 아니라는 것이다. 이들이 원하는 것은 공정한 시장가격에 따른 보상이다. 다른 말로 하면, 수용 당시의 시가를 내놓으라는 것이다. 다만, 이들은 정확히 얼마의 손해배상을 원하는지 중재의향서에서 밝히지 않았다.(정식 중재신청이 이루어졌는지 여부는 확인되지 않는다.)

6개월 뒤인 2021년 1월 또 다른 미국인이 한미 FTA에 근거한 중재를 통보한다. 2018년 미국으로 귀화한 '전 한국인'이었다. 나머지는 지루한 이야기의 반복이다. 2011년 5월 부산에서 10억 원에 산 18개짜리 원룸 빌딩이 재개발사업을 이유로 수용당하게 되었다고 한다. 그런데 수용보상금으로 제시된 약 14억 원은 한미 FTA에서 보장하는 공정한 시장가격에 미치지 못한다는 것이다.(그의 주장에 따르면, 공정한 시장가격의 40%에 미치지 못한다.) 그는 자신이 입은 손해가 약 47억 원이라고 주장하면서, 중재의향서에 따라 한국 정부와 합의가 성립하지 않으면 바로 중재를 제기하겠다고 강조했다. 그의 변호사는 "만약 합의에 실패하면, 바로 ICSID에 중재를 신청해 배상금 총액을 청구할 것이며, ICSID 중재는 공개적으로 진행되므로 이는 다른 외국인 투자자들에게 한국 투자의 위험을 경고하는 역할을 할 것"이라고 위협하는 일도 잊지 않았다.

서진혜 사건의 달콤한 첫 승리는 한국 정부의 기대와 달리 비슷한 사건을 막는 역할을 전혀 수행하지 못했다. 오히려 한국인이었다가 외국으로 국적을 바꾼 사람들에게 한국 내의 부동산이 수용되는 경우, 승소해봤자 공시지가 기준으로 몇 푼 더 쥐게 될 뿐인 행정소송이 아니라 화끈한 배상을 기대할 수 있는 ISDS를 활용해보라는 신호를 주었다. 서진혜 사건은 '본안 전'을 넘지 못했지만, 다음 사건은 어떻게 될지 현재로선 알 수 없다. 한국 정부에게는 이 모든 사건들에 일일이 대응해야 하는 과제가 남았고, 국내외 대형 로펌들에겐 치열한 경쟁과 불황을 헤쳐나갈 먹거리가 잔뜩 생겨났다는 점만 분명할 뿐이다.

대규모 개발사업에는 대규모 중재사건

지금까지의 수용 관련 ISDS들은 30~50억 원 안팎의 손해배상을
이 걸린 '개인이 제기한 국제중재'들이다(다만 이 '개인적 ISDS'들이
한국 부동산 수용제도의 근간을 뒤흔들며 더 큰 사건의 기폭제가 될 수 있
다는 점은 기억에 담아두시기 바란다). 그런데 수용이 포함되는 개발사
업에서는 '개인적 ISDS'들과는 비교가 불가할 정도로 큰 액수가 걸
린 중재 사건이 발생한다. 대형 개발사업엔 대규모 외국자본이 투입
되는 일이 적지 않기 때문이다. 5조원대 론스타 사건에 이어 두 번째
로 큰 중재 사건인 버자야 사건이 대표적 사례다. 청구액이 무려 4조
4000억 원에 달한다.

말레이시아 대기업 그룹인 버자야Berjaya Corporation Verha는 버자
야 레저Berjaya Leisure Limited라는 자회사를 갖고 있다. 조세피난처인
케이먼에 등록되어 있는 것을 보면 페이퍼컴퍼니로 짐작된다. 지난
2008년 4월, 버자야 레저는 제주국제자유도시개발센터JDC●와 제주
서귀포시에 '휴양형 주거단지 개발을 위한 합작투자' 계약을 체결했
다. 서귀포시 예래동 일원 74만4295㎡ 부지에 2017년까지 20억 달
러(계약 당시 기준 약2조5000억 원)를 투자해서 1520실 규모의 콘도미
니엄과 1093실 규모의 호텔, 메디컬센터, 박물관, 쇼핑센터 등을 짓

● 국토교통부 산하 국가 공기업이다. 제주도를 동북아시아 물류와 비즈니스 거점 도
시로 개발하자는 취지에서 2002년 5월 설립되었다.

는 대규모 사업이었다. 제주도는 관광 분야 최대의 외자 유치라고 홍보했다. 버자야의 주가도 치솟았다.

대규모 개발사업을 하려면 먼저 하나의 사업부지에 있는 땅 전체를 확보하는 작업이 필요하다. 사업자가 부지 내에 있는 땅 소유자들 모두와 잘 협상하여 원만하게 땅을 사들인다면 더 이상 좋을 수 없겠지만, 보상액을 둘러싼 다툼은 항상 벌어지기 마련이다. 법령이 공익 목적의 개발사업인 경우 강제로 토지를 수용할 수 있도록 하는 이유가 여기에 있다. 예래휴양단지 사업도 이런 방식으로 진행되었다.

이렇게 토지를 수용당한 것에 불만을 품고 JDC 등을 상대로 '토지수용을 취소하라'는 소송을 낸 사람들이 있었다. 상당수가 JDC와의 화해 등으로 소송을 포기했으나 원고 중 4명이 남아 지난 2015년 3월 대법원으로부터 '토지수용을 취소한다'는 최종 판결을 받아낸다. 원고 승소의 가장 큰 이유는 예래휴양단지의 사업부지가 법적으로 '유원지'를 설치하도록 지정된 토지였기 때문으로 보인다. 예래휴양단지는 국내외 관광객, 특히 고소득 노년층을 유치하여 중·장기 체재토록 하는 휴양형 주거단지로 유원지에 해당하지 않는다는 것이 대법원 판결의 주요 내용이었다. 예래휴양단지의 건설이 불법이라면, 이를 전제로 이루어진 토지수용 역시 자연스럽게 법률 위반이 될 수밖에 없다.

대법원 판결의 여파는 소송을 제기한 원고 4명에게 수용된 땅을 다시 돌려주는 데 그치지 않았다. 유원지 땅에 휴양형 주거단지를 짓지 말라는 판결이었으므로, 사업 자체가 물거품이 될 판이었다. 그런데도 제주도 측이 '사업을 위한 인·허가에 아무런 문제가 없다'는 입장을 고수하자 8명의 다른 토지 소유자들이 다시 소송에 나섰다. 대법원은 2019년 2월, 원고 8명의 손을 들어주었다. 사업은 이렇게 좌초되었다. 원희룡 제주지사는 같은 해 3월 16일 "행정의 인·허가 절차에 문제가 있었다는 법원의 판단을 인정하고 승복한다"며 공식 사과했다.

투자자인 버자야 측도 한국 내 법인을 통해 JDC와 제주도를 상대로 3500억 원 규모의 손해배상 소송을 진행하고 있었다. 이와 함께 2019년 7월엔 대한민국을 상대로 하는 ISDS 중재의향을 통보했다. 이 중재의향서에 따르면, 투자합작 계약서에는 JDC가 "해당 부지의 토지 전체가 JDC의 소유"이며 "토지나 그에 부속하는 (JDC의─인용자) 권리에 아무런 하자가 없다"는 내용이 기재되어 있었다고 한다. 그러나 실은 계약 체결 전부터 토지 소유자들 중 일부가 소송을 제기하여 1심이 진행중인 상황이었다. 버자야는 JDC 측의 2심 패소 이후에야 이런 사실을 언론 보도를 통해 알게 되었다고 주장했다. 당시 JDC는 버자야에 '이 소송이 사업에 중대한 영향을 미치지 않고 해결될 것이니 계속 공사를 진행하라'고 통보했고, 이를 신뢰한 버자야는 사업을 계속 진행했다고 한다. 그러나 결국 위에서 본 것처럼 2015년 3월 대법원 판결로 사업은 중단되고 말았다. 버자야는 자사가 이미 투자한 3028억 원은 물론, 더 나아가 사업에서 기대되었던 4조1000억 원의 미래수익도 손해에 해당한다고 중재의향서에서 주장했다.

이 중재의향서가 '대한민국이 버자야의 손해를 배상해야 한다'고 주장하는 이유는 대충 세 가지다. 첫째, JDC 같은 공기업이나 대법원 등 사법기관의 행위는 '대한민국의 행위'에 해당되므로, 한국이 버자야가 입은 손해를 배상해야 한다. 둘째, JDC는 소송이 진행중인 사실을 알리지 않고, 따라서 사업이 중단될 가능성이 있는 상황에서 버자야 측에 계속 공사를 진행하게 했으므로, 이는 한국-말레이시아 투자보장협정(한-말 BIT)의 투자보호 규정에 반한다. 셋째, 서울고등법원 및 대법원의 판결로 예래휴양단지 사업이 중단되어 투자자인 버자야가 큰 손해를 입었는데, 이 판결 자체도 한-말 BIT의 투자보호 규정에 반한다고 주장했다.

버자야는 JDC·제주도 등을 상대로 민사소송을 진행하면서 이와 동시에 대한민국(JDC와 법원)에게 ISDS 제기의 전 단계인 중재의향서를 보낸 경우다. 버자야는 당초 한국 내 민사소송만을 진행했었다. 그러나 2019년 4월, 제주도 등을 상대로 한 민사소송의 재판부가 약 1년 만에 청구를 기각했다.(버자야는 항소했다.) 이에 앞선 2018년 5월에 버자야가 JDC를 상대로 제기한 민사소송은 재판일이 잡히지 않는 등 진행조차 잘 되지 않았다. 그러자 버자야는 외국인 투자자로서 가진 무기, 즉 ISDS 제기권을 활용해 1심 패소로부터 3개월도 지나지 않은 2019년 7월 ISDS를 제기하겠다는 의향을 대한민국에 통보했던 것이다.

(국내)소송 대응에 집중하고 있던 한국 정부는 버자야가 ISDS를 들고 나오니 협상에 나설 수밖에 없었다. 다만 'ISDS 중재의향 통보에 따른 협의'에 따른 협상을 한 것이 아니었다. 버자야가 JDC를 상대로 제기한 민사소송에서 버자야의 요구를 일부 수용함으로써 ISDS를 포기하게 만드는 전략을 사용했던 것이다. 결국 법원 강제조

정 결정*의 방식으로 "JDC는 투자자의 투자원금(주식대금 납입원금 등)에 상응하는 금액을 지급하는 대신 버자야 그룹은 JDC 및 제주도를 상대로 한 모든 소송을 취하하고, 향후 한국 정부에 대한 ISDS 진행을 중단하기로 했으며, JDC에게 사업을 전부 양도하고, 휴양단지 사업에서는 손을 뗀다"는 해결책이 나왔다. 버자야는 투자를 했고, 그 투자에 실패했지만, 자신이 투자한 원금은 모두 회수했다. 한국인 투자자에게는 허용되지 않는 ISDS를 동원했기 때문에 가능한 일이었다.

여기서 기억해야 할 사항은, 외국인 투자자가 실패한 투자를 회복하기 위해 ISDS를 무기로 사용할 수 있다는 것이다. 특히 이 사건은 한국 내에서 소송을 진행하다가 잘 안 될 것 같으니 ISDS로 위협하는 전형적인 시나리오로 전개되었다. 한-말 BIT의 ISDS 관련 규정은 한국 내에서 소송을 벌인다면 ISDS는 제기하지 않기로 되어 있다. 그러나 버자야처럼 한국 내 소송을 진행하는 동시에 ISDS 중재 의향을 통보하고 이를 무기로 협상을 걸어오는 전략을 막기는 힘들었다.

이 사건에서 기억해야 할 것이 또 있다. 원희룡 제주도 지사가 공식 사과했듯이, 정부가 항상 올바른 처분만 하는 것은 아니다. 스스로 잘못을 시정하기도 하지만, 법원의 행정소송을 통해 잘못이 바로

● 법원이 조정안을 내놓고, 양 당사자들이 일정 기한 내 이의를 제기하지 않으면 법원 판결과 유사한 효력을 가지게 된다. 양 당사자들 한쪽이라도 이의를 제기하면 바로 효력을 상실하므로, 실무적으로는 법원의 개입을 통해 소송 안팎에서 양 당사자가 의견을 교환하여 양측이 모두 받아들일 수 있는 내용으로 합의안이 나오는 경우가 많다.

잡히기도 한다. 버자야가 투자한 개발사업에서 진행된 수용이 그런 과정을 겪었다. 잘못된 수용이 이루어졌고, 그 잘못을 사법부가 바로 잡은 것이라고 할 수 있다. 법치주의가 작동하는 과정이다.

그런데 버자야는 중재의향서에서 고등법원과 대법원의 판결을 문제 삼았다. 행정부의 잘못을 사법부가 바로잡은 일 자체가 투자보호협정의 보호의무를 위반한 것이 될 수 있다는 이야기다. 이렇게 되면 ISDS의 범위는 무한대로 늘어날 수 있다. 근본적으로, 민주주의 근간인 법치주의, 그리고 사법주권이 침해당할 위협에 놓이게 되는 것이다.

이 해괴한 제도를
두고 볼 것인가

지난 2018년 6월, 한국은 이란의 거부인 다야니 일가 6명으로부터 제기당한 ISDS에서 패소 판정을 받았다. 한국의 첫 ISDS 패소다.

이 사건은 다야니 일가 소유인 이란 최대 가전업체 '엔텍합'이 지난 2010년 대우일렉트로닉스(이하 대우일렉)를 인수하려고 시도한 데서 비롯되었다. 1997년 외환위기의 여파로 대우그룹이 해체된 뒤 그 계열사인 대우일렉은 경영난을 겪고 있었다. 기업이 빌린 돈을 갚지 못하면, 그 돈을 빌려준 채권자들(채권단)은 해당 기업을 매각해서 원리금을 회수하려 한다. 엔텍합이 대우일렉을 사고 싶어 하면서, 한국의 채권단(대우일렉에 돈을 빌려준 기관들)과 이해관계가 맞아떨어졌다. 다만 이란에 대한 국제제재 때문에 한국 채권단과 이란 측이 직접 돈 거래를 할 수는 없었다. 그래서 엔텍합은 싱가포르에 D&A라는 법인을 만들어, 이 법인 명의로 2010년 11월에 한국 채권단과

대우일렉 인수계약을 체결하도록 했다. D&A는 인수대금 5778억 원 중 10%인 578억 원을 한국 채권단에 계약금으로 지급했다.

그러나 엔텍합의 대우일렉 인수는 성사되지 못했다. 엔텍합 측이 인수대금을 1500억 원 정도 깎자고 들었고, 채권단도 엔텍합 측이 제시한 대우일렉에 대한 투자계획이 부족하다 느꼈다. 결국 채권단 은 2010년 12월, 계약을 해지했다. (어떻게 보면 당연한 일이지만) 계약 이 이행되지 않았으니, 일종의 보증금 명목인 계약금도 반환하지 않 았다.

그러다 2015년 엔텍합의 주인인 다야니 일가는 한국 정부가 한- 이란 BIT를 위반했다며 ISDS를 제기해왔다. 대우일렉 채권단과의 계약이 결렬된 걸 가지고, 그들은 왜 한국 정부에게 ISDS를 제기했 을까? 그 이유는 채권단(주로 금융회사들로 구성돼 있었다)의 대표가 바로 '공기업'인 한국자산관리공사KAMCO였기 때문이다. 즉 '한국 의 국가기관'인 자산관리공사가 대표인 채권단이 다야니 측과의 계 약을 해지하고 계약금도 돌려주지 않았으므로, 이로 인한 손해배상 을 한국 정부에 청구한다는 의미다.

3년 뒤인 2018년, 중재인 3명(프랑스·호주·벨기에 국적)은 다야니 일가의 손을 들어주었다. 판정 결과를 이행해야 하는 한국 정부는 자 산관리공사 등 채권단으로부터 다야니 일가의 계약금을 정작 단 한 푼도 넘겨받은 적이 없는 데도 말이다. 그러나 계약금 전액은 물론 이자까지 더해 730억 원을 배상해야 할 처지에 놓였다.

자산관리공사의 통상적인 사업 활동을 '국가의 행위'로 본 이 중 재판정은 관계자들에게 충격을 주었다. BIT나 이에 근거한 ISDS의 목적이 '외국인 투자자 보호'라고는 하지만, 그 보호의 범위가 공기업의 행위를 국가의 행위로 간주해서 국가로부터 손해배상금을 받아낼 만큼 광범위할 줄은 아무도 상상하지 못했던 것이다.

결국 한국 정부는 '자산관리공사의 행위를 국가의 행위로 볼 수 없다'며 영국 런던의 법원에 중재판정을 취소해달라는 소송을 제기했다. 잠깐 짚고 넘어갈 부분이 있다. 이 책은 앞의 장들에서, 일단 중재판정이 나오면 그 판정은 국제조약(뉴욕협약)에 따라 손쉽게 집행될 수 있으며, 이런 점 때문에 외국인 투자자들이 ISDS를 선호한다고 서술한 바 있다. 그런데 한국 정부는 어떻게 감히 중재판정을 취소해달라는 소송을 내게 되었을까?

뉴욕협약과 중재법의 내용에 따라, 국제중재기구에 나온 중재판정은 법원 판결과 같은 구속력을 가진다. 다만 뉴욕협약과 각국의 중재법은 중재판정의 취소를 요구할 수 있는 예외적 사례도 인정한다. 가령 중재인들이 당사자에게 제대로 절차에 관한 통보를 하지 않고 중재를 진행했다거나 애초에 중재로 할 수 없는 사건을 중재로 했다거나 하는 등 중재 절차에 중대한 하자가 있는 경우다. 한국 측의 판정 취소 소송은, 한국 정부가 '다야니 ISDS의 절차에는 중대한 하자가 있다'고 판단했다는 것을 의미한다.

아무튼 한국은 2019년 12월 이 소송에서도 패소하고 만다. 결국 꼼짝없이 다야니에 배상금을 물게 되었다. 다시 문제가 불거졌다. 정부는 다야니 측에 배상금을 보내려 했지만 이란 금융제재와 관련된 복잡한 사정 때문에 송금에 실패했다. 다야니 측은 '그런 사정은 우리가 알 바 아니'라며, 한국 정부의 해외 자산에 대해 강제집행을 시도하고 있다. 다야니 측은 한국 정부가 네덜란드에 가지고 있는 채권 및 한국석유공사의 영국 자회사인 다나석유공사 주식 전체를 가압류한 상태다. 사건은 아직도 끝나지 않았다.

지금까지 저자들이 서술한 이야기는 한국 정부가 내놓은 간단한 보도자료와 언론 보도에 근거한 것이다. 정부는 2021년 5월 현재까지도 '다야니 ISDS'의 판정문을 공개하지 않기 때문에 알 수 있는 정보는 굉장히 빈약하다. 시민들은 한국 정부가 대체 다야니 일가에 어떤 무지막지한 잘못을 저질렀기에 세금으로 수백억 원 대의 손해배상을 해야 하는지 알지 못하고 있다. ISDS는 재판이 아닌데다 별다른 공개 의무도 없다는 이유에서다.

앞서 2016년 7월에는 승패 없이 종료된 ISDS도 있었다. 아랍에미리트 왕족인 셰이크 만수르 소유인 네덜란드 소재 IPIC(국제석유투자회사)와 그 자회사 '하노칼'이 한국에 1억6800만 달러(한화 약 1873억 원)를 배상하라고 청구한 사건이다. 하노칼 측은 가지고 있던 현대오일뱅크 주식을 매각하는 과정에서 한국 국세청으로부터 부당한 과세처분을 당했다며, 이는 한국-네덜란드 BIT 위반이라고 주장한 것으로 알려져 있다. 하노칼은 중재 절차가 진행중이던 2016년 7월 중재 절차의 종료(소송에서의 '소 취하'와 유사하다)를 신청했다. 중재에서 어떤 주장이 오갔는지, 하노칼 측이 왜 절차 종료를 신청했는지, 이 과정에서 한국 정부가 얼마만큼의 변호사 비용과 중재 비용을 써야 했는지도 전혀 알려지지 않고 있다.

아직 진행중인 사건들도 있다. 스위스 회사인 쉰들러 홀딩 아게 Shindler Holding AG가 한국을 상대로 2018년 10월 제기한 ISDS다. 쉰들러 측은 자기들이 현대엘리베이터의 2대 주주였던 2013~2015년 시기에 이루어진 유상증자가 경영권 방어를 위해 부당하게 강행되었다고 주장했다. 그런데 이런 사안을 조사·감독할 의무를 지닌 금융감독원이 현대엘리베이터 측의 불순한 유상증자를 차단하지 못했다는 것이다. 이로써 쉰들러 측은 한국과 유럽자유무역연합EFTA● 간에 체결된 자유무역협정의 투자 조항을 위반한 처사라며, 그 책임을 대한민국 정부가 져야 한다고 주장했다. 쉰들러가 청구한 손해배상금은 약 3억 달러.(한화 3345억 원) 이후의 중재 과정은 철저히 비밀에 부쳐지고 있다. 중재 신청이 이루어진 2018년 10월 이후로 관련 언론보도는 단 한 건도 찾아볼 수 없다. 정보가 나오지 않으니 언론도 보도할 게 없고, 한국인들은 2021년 5월 현재 '쉰들러 ISDS'가 어떻게 진행되고 있는지 전혀 알지 못한다.

쉰들러 ISDS처럼 한국 재벌의 경영권 방어와 관련된 가장 유명한 사건은, 이 책에서 상세히 소개한 엘리엇 ISDS다. 엘리엇 ISDS에겐 쌍둥이가 있다. 미국계 사모펀드인 메이슨 캐피탈 L.P.Mason Capital L.P.와 메이슨 LLCMason Management LLC가 제기한 ISDS다. 메이슨은 삼성전자와 삼성물산의 스왑과 주식을 사고파는 '투자'를 했는데(메이슨도 엘리엇과 마찬가지로 합병 발표와 합병 전후로 스왑과 주식을 샀다가 팔기를 반복했다), 삼성물산과 제일모직 합병 때문에 그 투자의 본질가치를 실현할 기회를 박탈당했다고 주장했다. 이들이 청구하는 손해액은 3억 달러(한화 약 3345억 원)다. 이 분쟁의 기초적 사실들은

● 서유럽 국가 중 EU 회원국이 아닌 스위스·노르웨이·아이슬란드·리히텐슈타인 등 4개국이 결성한 경제블록.

엘리엇 ISDS와 거의 같으며, 2021년 5월 현재 본안 심리가 진행중이다. 다만 위에서 소개한 다른 사건들과는 다르게 '메이슨 ISDS'는 한미 FTA에 근거한 중재이기 때문에 관련 문서들은 모두 공개되고 있다.

점점 더 많이 남용되는 ISDS

한국을 대상으로 제기된 최초의 ISDS는 2012년의 론스타 ISDS다. 그 이후 2021년 5월까지, 한국에 제기되었거나 혹은 제기할 의향이 밝혀진 ISDS는 모두 13건이다. 청구액은 30억 원대에서 5조 원대로 다양하다. 이들 청구액을 모두 합치면 10조 원에 이른다. 청구 이유는 부동산 수용, 대규모 개발사업, 정부당국의 부당한 개입, 대기업집단의 경영권 승계 또는 방어, 과세 처분 등 여러 양상으로 나타난다. 금융위원회, 금융감독원, 국세청, 토지수용위원회, 국민연금관리공단, 한국자산관리공사 등 문제가 된 행위를 했다고 지적된 '국가기관'도 광범위했다. ISDS 신청의 근거가 된 협정 또한 한미 FTA처럼 잘 알려진 협정은 물론이고, 한-캐나다 FTA, 한-EFTA FTA, 한-벨기에·룩셈부르크 BIT, 한-네덜란드 BIT, 한-이란 BIT, 한-말레이시아 BIT 등 각양각색이다. 이처럼 한국이 당한 ISDS들에서 어떤 특정한 패턴이나 경향성을 찾아내기란 어렵다. ISDS가 한국에 '투자'했다고 주장하는 외국인들을 보호하는 일반적 제도로 자리 잡아가고 있는 셈이다.

십수 년 전부터 역대 한국 정부는, ISDS는 외국인 투자자에게 몹

쓸 짓을 하는 후진국들이나 당하는 일이므로 '한국은 ISDS를 제기 당할 이유가 없다'고 거듭 공언해왔다.● 대다수의 보수언론들 역시 ISDS 제도를 옹호하며 이를 거들었다. 혹시 한국이 지난 10년 사이에 후진국으로 전락한 것일까? 그렇지 않다면 '후진국들이나 당할 일'이 한국에 자꾸 발생하는 이유는 무엇일까?

사실, ISDS의 증가는 한국뿐 아니라 세계적으로 관찰되는 현상이다. ISDS를 제기당하는 국가도 과거엔 주로 이른바 후진국이나 개발도상국이었다. 그러나 최근 몇 년 동안엔 한국과 미국·네덜란드·영국·독일 같은 선진국들이 ISDS의 타깃으로 부상하고 있다. 이런 현상이 의미하는 바는 분명하다. 전세계 투자자들이 ISDS를 '투자 수익을 실현하는 공격적인 기법'의 하나로 인식하고 활용하는 전략을 본격화했다는 것이다. ISDS가 투자자들을 보호하는 '방패'가 아니라 그들이 휘두르는 '창'이 되어가고 있는 셈이다.

심지어 분쟁과 어떤 관련도 없는 제3자들이 투자자 측에 'ISDS를 걸라'며 자금을 모아주고, 해당 기업이 승리해서 손해배상금을 받으면 나눠 갖는 형태의 펀드들이 늘어나고 있다. 이른바 '제3자 펀딩'이다.

이는 곧 국제적 차원에서 ISDS 제도를 활용해 큰 수익을 내는 법률가들의 수가 늘었다는 의미이기도 하다. ISDS는 흔히 투자자들이 안심하고 다른 나라에 투자하도록 보장해서 후진국이나 개도국들에까

● 법무부 국제법무과 「투자자-국가소송제' 반대하면 국제사회 설 자리 없어」(2007년 4월 9일), 외교통상부 통상교섭본부 「설명자료: 투자자-국가간 분쟁해결절차(ISD), 공정한 글로벌 스탠다드」(2011년 11월) 외 다수.

지 투자가 들어가도록 만드는 좋은 제도로 포장되기도 한다. 그러나 미래 시점에 ISDS를 제기할 수 있다는 점을 미리 고려해서 해외투자를 결정하는 기업이나 개인이 현실 세계에 얼마나 존재할까? 현실에서 실제로 발생하는 일은 다음과 같은 경우에 가깝다.

예컨대 투자자가 변호사를 찾아가 '해외투자를 하다가 이런저런 문제가 생겼는데 어떻게 하면 좋겠냐'고 법률 자문을 구한다. 사실 투자에서 (부당한) 손해가 발생했는지, 그리고 그 손해가 정확히 얼마나 되는지는 법률적으로 확실하게 입증하기 어려운 경우가 많다. 이런 경우, 진짜 실력 있는(!) 국제적 수준의 변호사는 이렇게 말한다. '손해라고 분명히 입증된 금액이나 배상받을 수 있는 쩨쩨한 국내 소송은 걷어치우고, 당신이 투자했던 시점에 기대했던 수익까지 화끈하게 받아낼 수 있는 ISDS를 해봅시다!'

앞의 사례들에서 보았듯, ISDS는 국제무대에서 전방위적으로 이루어지는 분쟁해결 수단이다. 수십억 원은 큰돈 아닌 것으로 느껴질 만큼 판돈(손해배상액)이 크고, 사건이 복잡하며, 2개 이상의 언어가 사용되는 경우가 빈번하다. 이런 사건은 당연히 일반인들은 상상하기조차 어려운 엄청난 규모의 변호사 비용이 요구된다. 이 분야의 변호사들은 ISDS가 늘어날수록 행복해진다. 김&장 법률사무소나 태평양, 광장 같은 국내 대형로펌들이 국제투자분쟁 부서를 확대하거나, 이 분야의 몇 안 되는 유명 변호사들이 대형로펌을 뛰쳐나가 아예 국제중재 전문 로펌을 차리는 데는 그만한 이유가 있는 것이다. 그리고 이들 법조인들의 이해관계는 ISDS가 점점 더 많이 제기되고 있는 추세를 더욱 강화한다.

ISDS 당해 마땅한 일을 하지 않으면 될 것이라고?

이 책을 읽어온 독자 여러분은 이제 ISDS라는 제도가 무엇인지, 그리고 어떤 문제점이 있는지를 아셨을 것이라 생각한다. 마지막으로 ISDS의 문제점을 요약해보겠다.

가장 큰 문제로 지적되는 것은 외국인 투자자에 대한 지나친 우대와 과잉보호다. 이는 복지 등 국내의 다른 공공정책에 쓰여야 할 재정과 맞바꿔 이루어지는 것이다. 사법주권에 대한 도전이나 투명성의 부족도 반복적으로 강조할 만한 부분이다.

또 다른 큰 문제도 있다. ISDS의 존재가 기업인들과 법조인들을 넘어 정치인과 정책입안자 등에게도 인식되기 시작하면서, ISDS 제기 가능성을 이유로 공공정책이 위축되는 사례 또한 늘어나고 있다. 예컨대 금융당국은 2021년 들어 이익공유제*, 금융지주사의 배당제한**, 금융지주회사 회장의 연임 제한 등의 금융권 규제를 추진하고 있다. 그러나 금융회사들은 이에 대해 '은행의 외국인 주주들이 ISDS를 제기할 것'이란 주장을 펴며 반대의 목소리를 내고 있다. 이동통신사의 보편요금제(저소득층 등의 통신비 부담을 줄이기 위해 이동통신사에 저렴한 상품 출시를 유도하는 제도) 및 취약계층 요금 감면 정

● 코로나19 상황에서 생활고로 인한 대출이 증가했을 뿐 아니라 소상공인 및 자영업자들에 대한 대출에 정부보증까지 제공되면서 수익이 사상 최대 수준에 이른 은행권이, 이자상환 유예나 대출만기 연장 등의 수단으로 서민층과 이익을 나누는 제도.

●● 은행·증권사 등을 자회사로 보유한 금융지주회사가 주주들에게 나눠주는 배당금을 제한하는 제도.

책, 협력이익 공유제(대기업과 중소기업이 재무적 이익을 공유하도록 의무화하는 제도), 공영홈쇼핑의 해외 OEM(주문자생산방식) 상품 배제 등 취약계층이나 경제적 약자를 보호하려는 정책들도 ISDS 제기 위협에 직면해 있다. 게다가 대중에게 아예 알려지지도 않은 채 ISDS 제기 가능성을 이유로 좌초되는 공공정책 또한 이미 적지 않으며, 앞으로는 더 증가하리라 보인다.

그런데 한국을 상대로 한 ISDS의 증가나, 신규 정책에 ISDS가 제기될지 모른다는 우려 등에 대한 정부나 재계 및 보수언론의 반응은 좀 기괴하다. 한국 정부는 2020년 '국제투자분쟁의 예방 및 대응에 관한 규정'을 만들고, 이를 근거로 법무부에 '국제분쟁대응과'라는 ISDS 전담 상설조직을 신설하는 것으로써 ISDS에 대한 대응 능력을 갖추었다고 말한다.• 아마 ISDS로 인해 벌어지는 부작용들이 ISDS 자체에 기인한다기보다 ISDS에 잘 대응할 능력만 갖추면 해결 가능한 문제로 보는 듯하다.

재계와 보수언론의 입장은 여기서 한 발 더 나아간다. 그들은 과거에 '한국은 선진적인 제도를 갖추었기에 ISDS를 제기당할 일이 없다'고 목소리 높이다가, 실제로 ISDS가 남발되는 시점에 이르자 도리어 한국의 규제를 문제 삼는다. 한국이 선진적이지 못한 규제를 하고 있거나 계획중인 것은 아닌지 반성해야 한다는 것이다. 즉 최근의 ISDS 증가는 한국이 'ISDS를 제기당해 마땅한 몹쓸 짓'을 했기

● 이 조직에는 변호사 14명이 배치된 것으로 알려져 있다. 정부는 실제 발생했거나 발생할 수 있는 ISDS 사건에 대응해야 한다는 점에서 전담조직의 신설 자체가 문제는 아닐 것이다.

때문이라는 주장인데, 이는 그들이 보기에 못마땅한 규제는 모조리 없애버리자는 것과 다른 말이 아니다. 이런 모순이 또 있을까.

ISDS 폐지하자

ISDS가 전세계적으로 증가하면서 이 책에서 지적된 ISDS의 문제점과 관련해 국제사회의 우려 또한 높아져가고 있다. 최근 몇 년 사이엔 국제무역법위원회UNCITRAL를 중심으로 ISDS 개혁 논의 또한 비교적 활발히 전개되고 있다. 유럽연합EU 측은 민간 중재인을 대체하는 상설 국제투자법원을 신설하자고 주장한다. 근본적인 개혁이라는 평도 있지만, 오히려 ISDS라는 제도를 더욱 공고히 하게 될 것이라는 비판도 받고 있다. '제3자 펀딩'의 금지, 포럼 쇼핑 및 중복 제소의 방지, 도관회사나 페이퍼컴퍼니의 제소 금지, 중재인의 윤리규정 강화, 투자자에 대한 국가의 제소 허용, 상소제도의 도입 등 ISDS의 근간을 그대로 유지하면서 부작용은 줄이려는 다양한 논의도 함께 이루어지고 있다. 이에 대한 한국 정부의 입장은 '제3자 펀딩을 금지하는 데 찬성한다' 정도인 것으로 알려져 있다.

그러나 ISDS를 개혁하자는 논의는 곧 ISDS를 유지하자는 의견으로, 이제껏 지적한 ISDS의 근본적인 문제들을 해결하기엔 역부족이다. 저자들은 오직 ISDS의 폐지만이 ISDS가 가진 문제점들을 제거할 수 있다고 생각한다. ISDS는 폐지되어야 한다!

이러한 ISDS 폐지 주장에 관해서는 크게 2가지의 반론이 가능하다. 먼저, 그러면 해외 투자자들은 도대체 어떤 방식으로 투자한 국가와의 분쟁을 해결할 수 있냐는 비판이다. 이에 대해서는 비교적 간단하게 답할 수 있다. 해외 투자자들이 국내 투자자들과 '동등하게' 국내소송 또는 국제소송(다른 나라 법정에서 이뤄지는 소송)을 통해 분쟁을 해결하면 된다. 이렇게 되면, 상대국 법률과 법원이 공정하지 못하다고 생각하는 외국인 투자자들은 투자를 다소 꺼릴 수도 있겠다. 그러나 그들이 꺼린다고 해서 ISDS의 수많은 폐해를 모두 안고 갈 수는 없다. 근본적으로 '고위험 고수익High Risk, High Return'의 원칙은 법률 제도와 관련해서도 그대로 적용되어야 한다. 법률 제도가 선진국만큼 잘 정비되지 못한 나라에 투자하려는 외국인들은 그만큼 높은 투자 수익을 노리기 마련이다. 그렇다면 법률 제도와 관련된 그만큼의 위험도 감수해야 한다.

다음으로는 이미 국제적으로 보편화되어 있는 ISDS를 과연 폐지할 수 있겠느냐는 물음이 있을 수 있다. 한국만 하더라도 ISDS를 폐지하려면 기존에 체결한 100개 안팎의 FTA와 BIT를 개정 또는 종료해야 한다. 따라서 필연적으로 협정을 체결한 상대 국가와 큰 마찰이 일어날 텐데, 그게 쉽겠느냐는 것이다.

ISDS는 국가간 협정 체결을 통해 마련되지만 근본적으로 자국이든 타국이든 기업에 이익이 되는 제도다. 따라서 갈등과 이해관계의 구조가 '국가 대 국가'가 아니라 '국가 대 기업'의 구도로 짜인다. 한국이나 미국 등 여러 나라의 정부들은 해외에 투자한 자국 기업을 위해서인지 'ISDS가 좋은 제도'라고 강변해왔다. 그러나 이 정부들 역시 ISDS로 피해를 감수해야 하는 상황에 점점 더 직면하고 있다. 현재 ISDS를 제기당한 국가는 100여 국이 넘는다. 한국이 이들 중

ISDS로 인한 피해를 가장 많이 본 국가들을 먼저 설득해 ISDS를 점진적으로 폐지해 나갈 수 있지 않을까? 가령 몇 년 전 에너지 정책을 변경했다가 해외 기업들로부터 수십 건의 ISDS로 두들겨 맞고 있는 스페인에게 먼저 '한-스페인 BIT에 있는 ISDS를 빼자'고 제안해보는 것이다. 그렇게 한국과 다른 나라들 사이의 BIT나 FTA에서 ISDS 조항을 빼는 건수가 늘어나면 국제적 차원에서 ISDS 폐지 흐름이 만들어질 수도 있다.

한국이 국제사회에서 ISDS 폐지의 리더십을 발휘할 수 있다는 생각이 말도 안 되는 허황된 꿈에 불과할까? 냉정하게 말하자면, 지금으로서는 그럴지도 모른다. 그러나 론스타 ISDS 같은 적반하장이 늘어나고, 전세계적으로 일반 시민들의 주머니를 털어 기업을 배불리는 'ISDS 착취'가 증가할수록, 이 꿈은 더 이상 꿈에 머무를 수 없다. 현실적으로 절실한 필요가 될 것이다. 그 꿈이 현실이 되어야 한다고 이 책의 독자들께서도 함께 생각해주신다면, 더할 수 없는 기쁨이겠다.

찾아보기